本书受江西省教育科学规划重点项目
"社会力量在提供普惠性学前教育资源中的角色研究"
(项目号:18ZD014)的资助

墨海学术文萃

社会力量在提供普惠性学前教育资源中的角色研究

SHEHUI LILIANG ZAI TIGONG PUHUIXING
XUEQIAN JIAOYU ZIYUAN ZHONG DE JUESE YANJIU

查明辉　张水华◎著

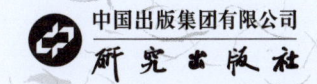

中国出版集团有限公司
研究出版社

图书在版编目(CIP)数据

社会力量在提供普惠性学前教育资源中的角色研究 / 查明辉, 张水华著. -- 北京 : 研究出版社, 2024.11
ISBN 978-7-5199-1674-9

Ⅰ.①社… Ⅱ.①查… ②张… Ⅲ.①学前教育—研究—中国 Ⅳ.①G619.2

中国国家版本馆CIP数据核字(2024)第081025号

出 品 人：陈建军
出版统筹：丁 波
责任编辑：于孟溪

社会力量在提供普惠性学前教育资源中的角色研究

SHEHUI LILIANG ZAI TIGONG PUHUIXING
XUEQIAN JIAOYU ZIYUAN ZHONG DE JUESE YANJIU

查明辉 张水华 著

研究出版社 出版发行

(100006 北京市东城区灯市口大街100号华腾商务楼)
北京金特印刷有限责任公司印刷 新华书店经销
2024年11月第1版 2024年11月第1次印刷
开本：710毫米×1000毫米 1/16 印张：13.75
字数：270千字
ISBN 978-7-5199-1674-9 定价：60.00元
电话（010）64217619 64217652（发行部）

版权所有·侵权必究
凡购买本社图书，如有印制质量问题，我社负责调换。

前　言

中国古代很早就有重视幼儿教育的思想，著名的"孟母三迁"即是经典案例。此后，中国古代有不少思想家、教育家对幼儿教育有重要阐述。例如，南北朝时期，著名学者颜之推在《颜氏家训》说："教妇初来，教儿婴孩。""人生小幼，精神专利，长成以后，思虑散逸，固须早教，勿失机也。""当及婴稚，识人颜色，知人喜怒，便加教诲。"颜之推的大致意思是说，教育子女应从幼年开始；人在幼小时尚未形成固定的思想观念和行为习惯，可塑性大。① 明朝时期，思想家、教育家王守仁提出了顺导性情、循序渐进、因材施教、全面诱导的幼儿教育思想。这些思想在反对传统教育方面有积极意义，在很大程度上符合现代幼儿教育的规律，近代进步的教育学说有较多方面与之吻合，尤其是王守仁的"自然教育论"，比法国启蒙思想家卢梭在《爱弥儿》中所提出的类似思想早两百多年。②

中国古代不仅幼儿教育思想丰富，而且很早就产生了幼儿教育机构的萌芽。东汉元初六年（119年），邓太后在宫廷开设邸舍，将宫室子女5岁以上的40余人、邓太后近亲子弟30余人集中起来，教学经书，亲自督试，并为其中年龄较小的专门设置师保，经常早晚去看望，给予爱抚和教导。虽然这类幼儿教育机构并未制度化、社会化③，但无疑是中国学前教育机构的最早萌芽。

到了宋代，中国已出现由中央王朝和地方官府举办的具有社会性的幼儿机构。宋代以后，各地纷纷出现一些由朝廷诏令或由地方官员自行设置的幼儿机构。它们可分为两类：一是慈幼局。元代京畿各郡都设有慈幼局。二是举子仓或予惠仓。如遇兵、灾之年，民不聊生，各地往往有弃婴，地方官府常常会奏请朝廷批准，由官府拨给钱粮，设立举子仓或予惠仓，收养弃婴。到清代后期，

---

① 吴玉琦，等. 中国古代教育简史 [M]. 长春：吉林教育出版社，1986：87-90.
② 唐淑. 学前教育史 [M]. 北京：人民教育出版社，2007：40-44.
③ 唐淑. 学前教育史 [M]. 北京：人民教育出版社，2007：10.

经一些学者和社会贤达提倡，中国古代的幼儿机构逐渐具备了教育功能。清朝道光年间（1821—1850 年），学者唐鉴在贵州筹款举办及幼堂，不仅收养弃儿，而且按儿童天资，对聪明者教以读书写字，意在培养；粗钝者教以打草绳、编竹器等其他一技之长，为其将来谋生做准备。唐鉴举办的及幼堂是中国学前教育史上的一个创举，与以往的幼儿机构有根本的不同，更像一个学前教育机构。①

1840 年鸦片战争之后，帝国主义列强凭借不平等条约，取得在中国办学的特权，其中包括学前教育机构——幼稚园。19 世纪 80 年代，西方教会开始在中国沿海地区，如福州、宁波等地，兴办学前教育机构。此后，幼稚园的数量逐渐增多。②

可见中国学前教育的思想与实践源远流长，非常值得当代研究者高度重视，我们不宜提及学前教育理论往往仅重视西方理论，而忽视中国本土的历史经验，但是，在近代旧中国积贫积弱、动荡不安的背景下，新中国成立前的教育事业非常落后。

新中国成立后，尤其是改革开放以来，我国学前教育事业取得了突飞猛进的发展，体现在学前教育机构数、在园幼儿数、幼儿园教职工数等方面，都有很大幅度的增长。

然而，由于我国长期处于社会主义初级阶段的基本国情没有变，因而我国的学前教育资源，尤其是普惠性学前教育资源，长期以来，一直很难较好地满足现实需要。例如，1974 年出生的笔者，小时候并未上过幼儿园，只于 1980 年在江西浮梁县一个小山村上过一年学前班。以今天的眼光来看，那时候笔者所上的学前班谈不上什么教育质量，当时我们所在的一个小教室中除了学前班，还有一、二、三年级同时在一起学习，教师的教学任务非常繁重，自然没有太多时间关注学前班。实际上，直至 2022 年，中国仍有 10.3%的学龄前儿童未入园（班）。③

笔者早在 2005 年 8 月进入江西一所民办高校任教，即开始关注民办教育。2007 年 9 月，笔者进入南开大学周恩来政府管理学院社会学专业攻读博士学

---

① 唐淑. 学前教育史［M］. 北京：人民教育出版社，2007：10-11.
② 唐淑. 学前教育史［M］. 北京：人民教育出版社，2007：48-49.
③ 数据来源：《2022 年全国教育事业发展统计公报》。

位，博士论文选题就选择了民办高等教育问题，并于 2010 年 6 月通过论文答辩获得博士学位。毕业后，笔者继续关注民办教育问题，并逐步将关注焦点延伸至学前教育领域，希望为普惠性学前教育问题的研究贡献绵薄之力，以助力解决或缓解入园难入园贵问题。2018 年初，笔者申请获批江西省教育科学规划重点项目"社会力量在提供普惠性学前教育资源中的角色研究"（项目号：18ZD014），随即开启了本课题的研究。

不过，因为随后而来的三年疫情，不便外出影响到笔者组织课题组成员对本课题的调研。最终在全体课题组成员的共同努力之下，2023 年 9 月底，终于完成了本课题的研究，形成本书。

最后，不得不承认，由于诸多方面原因，本书肯定存在一些纰漏、不当之处，敬请广大读者提出宝贵的意见和建议，以利笔者完善，在此表示诚挚的谢意。

江西师范大学马克思主义学院　查明辉

zhaminghui@126.com

2023 年 9 月 26 日

目 录

第一章 绪 论 ··· 1
  一、研究的缘起 ··· 1
  二、研究的目的与意义 ·· 2
  三、概念界定 ·· 3
  四、文献综述 ·· 4
  五、研究的思路与内容 ··· 30
  六、研究方法 ··· 31
  七、理论基础 ··· 32
  八、创新点及不足 ·· 44

第二章 社会力量在提供普惠性学前教育资源中的理论角色 ············· 46
  一、社会力量在提供普惠性学前教育资源中的理论角色的内涵 ······ 46
  二、社会力量在提供普惠性学前教育资源中的理论角色的内在机理 ····· 54

第三章 社会力量在提供学前教育资源中的实践角色 ······················ 62
  一、社会力量在提供学前教育资源中的实践角色的内涵 ················ 62
  二、社会力量在提供学前教育资源中的实践角色的内在机理 ·········· 72

第四章 个体利益取向的社会力量在提供普惠性学前教育资源中的
        角色冲突 ·· 88
  一、个体利益取向的社会力量与政府之间的角色冲突 ···················· 88
  二、个体利益取向的社会力量自身的角色冲突 ······························ 96
  三、个体利益取向的社会力量与幼儿家长之间的角色冲突 ············ 100
  四、幼儿家长与政府教育管理部门之间的角色冲突 ····················· 106

第五章 政府在扶持社会力量提供普惠性学前教育资源中面临的角色失调 …… 114
　一、政府作为普惠性民办学前教育政策供给者的角色失调 …… 114
　二、政府作为普惠性民办学前教育资金支持者的角色失调 …… 125
　三、政府作为普惠性民办学前教育监管者的角色失调 …… 131

第六章 国外社会力量在提供学前教育资源中的角色 …… 142
　一、国外社会力量提供学前教育资源的概况 …… 142
　二、美国社会力量在提供学前教育资源中的角色 …… 155
　三、英国社会力量在提供学前教育资源中的角色 …… 158
　四、朝鲜社会力量在提供学前教育资源中的角色 …… 161
　五、俄罗斯社会力量在提供学前教育资源中的角色 …… 164

第七章 对策与建议 …… 167
　一、重点采用政府主导型普惠性学前教育发展模式 …… 167
　二、政府财政补助重点支持集体利益取向的社会力量办园 …… 173
　三、发挥个体利益取向的社会力量办园的补充作用 …… 176

结　语 …… 183
附录：调查问卷 …… 185
　（一）园长问卷 …… 185
　（二）教师问卷 …… 188
　（三）家长问卷 …… 190

参考文献 …… 193
后　记 …… 209

第一章 绪 论

一、研究的缘起

进入21世纪之后,在学前教育领域,入园难入园贵问题开始凸显出来。它给许多家庭带来较重的负担。有鉴于此,2007年党的十七大正式提出重视学前教育。

2010年7月,《国家中长期教育改革和发展规划纲要(2010—2020年)》提出:到2020年基本普及学前教育;建立政府主导、社会参与、公办民办并举的办园体制;大力发展公办幼儿园,积极扶持民办幼儿园。从这份文件可见,国家很重视社会力量参与提供学前教育资源。

2010年11月,国务院出台的《关于当前发展学前教育的若干意见》提出:发展学前教育,必须坚持公益性和普惠性,保障适龄儿童接受基本的、有质量的学前教育;必须坚持政府主导,社会参与,公办民办并举,落实各级政府责任,充分调动各方面积极性;鼓励社会力量以多种形式举办幼儿园;积极扶持民办幼儿园特别是面向大众、收费较低的普惠性民办幼儿园发展;引导和支持民办幼儿园提供普惠性服务。这份文件正式确立鼓励社会力量参与提供普惠性学前教育资源,并希望社会力量在其中充当重要角色。

2018年11月,《中共中央 国务院关于学前教育深化改革规范发展的若干意见》提出,到2020年,全国学前三年毛入园率达到85%,普惠性幼儿园覆盖率(公办园和普惠性民办园在园幼儿占比)达到80%。按照实现普惠目标的要求,公办园在园幼儿占比偏低的省份,逐步提高公办园在园幼儿占比,到2020年全国原则上达到50%。至此,国家已明确量化了社会力量在提供普惠性学前教育资源中的角色,即到2020年,社会力量提供的普惠性学前教育资源占比要达到30%。

到2020年,普惠性民办园达到11.04万所,占民办园总数的65.71%,占普惠性幼儿园总数的47.16%;普惠性幼儿园在园幼儿总数达到1643.12万人,占民办园在园幼儿总数的69.08%,占普惠性幼儿园在园幼儿总数的40.24%。2022年,普惠性民办园进一步增至11.70万所,占民办园总数的72.76%,占普惠性幼儿园总数的 47.62%；普惠性民办园在园幼儿数为 1643.28 万人，占民办园在园幼儿数的 77.23%，占普惠性幼儿园在园幼儿总数的 39.65%。① 这些数字表明，近些年来，我国在普惠性学前教育方面已取得显著成绩，这似乎显现出，社会力量在提供普惠性学前教育资源中已充当了重要角色。

然而，现有成绩并不意味着入园难入园贵问题已得到彻底解决。事实上，普惠性学前教育政策的执行存在一定偏差②；占普惠性幼儿园相当大比例的普惠性民办园仍有很强的"非普惠性"③；局部地方的入园难入园贵问题仍明显存在，不容过于乐观④⑤。现有成绩与现实问题之间的张力反映出，社会力量在提供普惠性学前教育资源中的角色问题仍需要深入研究。

发现问题是解决问题的开始。对于社会力量在提供普惠性学前教育资源中的角色问题，只要我们不讳疾忌医，不回避问题，深入实地开展广泛调研，是能够找到解决途径的。习近平同志指出，"调查研究是我们党的传家宝，是做好各项工作的基本功"⑥；"调查研究是工作有新思路的源泉，是提高决策水平的有效途径，是领导机关的基础性工作和领导干部的基本功"⑦；"调查研究是谋事之基、成事之道。没有调查，就没有发言权，更没有决策权"⑧。总之，只要我们充分贯彻习近平新时代中国特色社会主义思想，深入调研，全面剖析，社会力量在提供普惠性学前教育资源的角色问题一定能有较好的答案。根据政府出台的关于学前教育的文件，如《国务院关于当前发展学前教育的若干意见》等可知，社会力量包括街道、城镇小区、城镇和农村集体、企业、事业单位、社会组织及公民个人等。

二、研究的目的与意义

本课题旨在通过深入分析社会力量及其组成部分在提供普惠性学前教育资

---

① 数据来源：《2020 年全国教育事业发展统计公报》和《2022 年全国教育事业发展统计公报》。
② 刘颖. 普惠性学前教育政策的执行偏差：表现、原因及对策分析 [J]. 教育发展研究，2016，36 (6)：18.
③ 张水华，查明辉. 普惠性教育政策实施中的问题及其解决 [J]. 江西社会科学，2021，41 (7)：249-251.
④ 王丽娟，沈建洲. 新时期我国学前儿童入园难入园贵问题探析 [J]. 学前教育研究，2021 (9)：79-81.
⑤ 徐枫，毛伟军. "入园难""入园贵"何时了 [N]. 金华日报，2022-07-08 (A06).
⑥ 中共中央党史和文献研究院编. 习近平关于力戒形式主义官僚主义重要论述选编 [M]. 北京：中央文献出版社，2020：90.
⑦ 《秘书工作》采访组. 实干才能梦想成真——习近平同志在福州工作期间倡导践行"马上就办"纪实 [J]. 秘书工作，2015 (2)：10.
⑧ 霍小光，王绚，何雨欣，等. 聆听伟大复兴的时代足音——党的十八大以来习近平总书记国内考察全纪实 [N]. 人民日报，2017-10-09 (1).

源的角色状况，试图科学合理地确立社会力量及其组成部分在提供普惠性学前教育资源中的角色，以助力入园难入园贵问题的解决或缓解。基于系统梳理国内外研究现状和课题研究的理论基础，更具体的目标包括以下几个方面：①对社会力量在提供普惠性学前教育资源中的理论角色进行深入的文献研究；②对社会力量在提供学前教育资源中的实践角色及其内在机理进行深入剖析；③分析社会力量在提供普惠性学前教育资源中面临的角色冲突；④探讨政府在扶持社会力量提供普惠性学前教育资源中面临的角色失调；⑤吸收国外社会力量在提供学前教育资源中角色的经验与启示；⑥基于社会力量在提供普惠性学前教育资源中的角色，提出相应的对策与建议。

本课题研究既具有重要的理论意义，也具有较大的实践意义。

第一，理论意义，主要在于以下几个方面：①对各地推动社会力量提供普惠性学前教育资源的实践，进行总结、提炼，努力将其上升至理论的高度；②增加有关社会力量在提供普惠性学前教育资源中的角色的相关理论知识，为相关研究者进一步研究奠定一些基础，也可为社会大众丰富相关方面的知识；③对于政府学前教育管理及相关部门制定民办学前教育政策具有理论参考意义。此外，对于社会力量举办学前教育也具有一定的理论参考意义。

第二，实践意义，主要在于以下几个方面：①有利于政府学前教育管理及相关部门进一步优化学前教育政策，使其更符合现实的需要，更好地推动普惠性学前教育发展；②有利于社会力量认清现实情况，把握国家当下及未来发展的大趋势，努力服务群众和社会，提升保育教育质量；③有利于提升广大学龄前儿童及其家庭的教育福利水平，增进民生福祉。此外，还有助于解除一些家庭学前教育方面的后顾之忧，提升生育率等。

三、概念界定

(一) 民办幼儿园

民办幼儿园，简称民办园，这一概念存在发展变化的情况。在新中国成立后至改革开放之初的一段时期内，民办园一般是指一部分群众组成的集体举办的幼儿园，它不同于政府教育部门、其他部门举办的幼儿园，也不同于私人举办的幼儿园。[1] 当前，民办园一般是指由公民个人（或私人）举办的幼儿园。在《中国教育统计年鉴（2010）》中，民办园是指非政府或私人举办的幼儿园。但是，在有些政府出台的教育政策中，例如，2010年国务院出台的《关于当前发展学前教育的若干意见》中，"民办园"指的是社会力量举办的幼儿园。然

---

[1] 《中国教育年鉴》编辑部编. 中国教育年鉴（1949—1981）[M]. 北京：中国大百科全书出版社，1984：117.

而，在有的省份，民办园并不包括集体、企事业单位举办的幼儿园，而是将集体、企事业单位举办的幼儿园划归公办园。所以，教育政策中所指的"民办园"的含义要根据具体语境而定。本书所指的"民办园"，一般指由公民个人（或私人）举办的幼儿园。

（二）社会力量

社会力量是指所有国家机构之外的组织和个人。它包括企业、事业单位、部队、集体、公民个人等。社会力量举办的教育与《民办教育促进法》所指的民办教育，二者内涵是一致的。

四、文献综述

截至 2023 年 9 月初，搜索国内外学界关于普惠性学前教育方面的研究成果，关于"社会力量在提供普惠性学前教育资源中的角色"，并未见到专门研究，相关研究主要有以下几个方面。

（一）中文文献综述

中文文献的相关研究成果包括著作与论文。

1. 中文著作综述

关于本课题的相关著作的主要内容如介绍如下。

一是朱昌渝，比较系统地梳理了普惠性民办幼儿园教育质量评价，包括普惠性民办幼儿园的概述，普惠性民办幼儿园教育质量的评价体系、基本要求、评价指南等。[①]

二是杨跃，以西部革命老区 P 县为例，研究了普惠性民办幼儿园政策运行，包括普惠性民办幼儿园政策运行的具体情景、政策运行现状的影响因素分析、政策运行的机制建构、政策运行特征等。[②] 2022 年，杨跃又出版了一本书，在强调其以往一些研究内容的基础之上，研究了普惠性民办园的演进历程，介绍了普惠性民办幼儿园政策运行的现实样态，分析了普惠性民办幼儿园政策运行现实样态的影响因素，探讨了普惠性民办幼儿园政策运行机制建构（即优化政策运行主体行为和提升政策运行客体质量），最后阐述了普惠性民办幼儿园政策运行特征。[③]

三是张进清等，研究了广西普惠性民办幼儿园的发展问题，包括：广西普

[①] 朱昌渝. 普惠性民办幼儿园教育质量评价［M］. 成都：四川教育出版社，2017.
[②] 杨跃. 普惠性民办幼儿园政策运行研究——以西部革命老区 P 县为例［M］. 成都：西南交通大学出版社，2020.
[③] 杨跃. 普惠性民办幼儿园演进历程研究［M］. 长春：吉林大学出版社，2022.

惠性民办幼儿园及发展现状、广西普惠性民办幼儿园发展的政策与典型案例、国内外普惠性民办幼儿园发展的经验、广西普惠性民办幼儿园发展的挑战与对策等。①

此外，江苏省镇江市教育局、21世纪教育研究院基于江苏省镇江市学前教育体制改革的探索与实践，研究了如何构建普惠优质的学前教育公共服务体系，包括：镇江学前教育战略的形成、镇江学前教育的管理体制、经费保障、师资建设、课程实施及区县探索等。②

2. 中文论文综述

在中国知网中，篇名含"普惠"和"民办"的论文有200余篇。这些是2010年国务院出台《关于当前发展学前教育的若干意见》后的研究产物。从不同的角度来看，其中一些重要论文的研究内容主要包括以下几个方面。

（1）关于普惠性民办幼儿园的内涵

学者对普惠性幼儿园中的"普惠性"的界定存在差异。例如，王海英认为，理想状态的普惠性幼儿园应具有收费低、质量高、不以营利为目的、没有排斥与歧视的特征；她还强调学前教育的"普惠性"应是一种面向大众的福利观，它在为社会大众提供学前教育服务时不应限制公民的身份地位、经济条件等，要尊重公民的基本权利，使所有公民都能享有高质量的学前教育服务。③秦旭芳、王默认为，"普惠性"从其内涵来看，应具有普遍性、非歧视性和非互惠性的特点，而学前教育的"普惠性"则是公平性、公益性在教育上的延续，其目的是使广大人民群众特别是弱势群体享受到平等的受教育机会。④ 可见，王海英的界定中包含了质量内涵，而秦旭芳和王默则没有。基于不同看法，有的学者则专门研究了普惠性民办幼儿园的内涵。例如，余中根认为，理论界对普惠性民办幼儿园的概念的认识比较模糊；实务界对普惠性民办幼儿园的概念未能达成共识；普惠性民办幼儿园指的是，国家机构以外的社会组织或者个人，利用非国家财政性经费，面向社会举办的对3周岁以上学龄前幼儿实施保育和教育的机构，在此类机构中，学前教育提供者给予接受者普遍的、非歧视的、非互惠的优惠。⑤ 石纪虎认为，普惠性民办幼儿园可界定为：以向社会大众（普通民众）提供能够满足基本需求的学前教育（园位）资源为办园宗旨的

---

① 张进清，等. 广西普惠性民办幼儿园发展研究 [M]. 桂林：广西师范大学出版社，2022.
② 江苏省镇江市教育局，21世纪教育研究院. 构建普惠优质的学前教育公共服务体系——镇江学前教育体制改革的探索与实践 [M]. 北京：教育科学出版社，2016.
③ 王海英. 试论普惠性民办幼儿园的制度设计 [J]. 幼儿教育（教育科学），2011（6）：1-2.
④ 秦旭芳，王默. 普惠性幼儿园的内涵、衡量标准及其政策建议 [J]. 学前教育研究，2012（7）：22-23.
⑤ 余中根. 普惠性民办幼儿园的内涵及其政策价值 [J]. 聊城大学学报（社会科学版），2016（6）：111-115.

民办幼儿园。①

此外，魏聪、王海英等发现，普惠性民办幼儿园与非营利性民办幼儿园究竟是何关系，成为困扰办园者的核心问题，且各级地方政府对二者关系的认识和定位也不尽相同。作者认为，从学理、法理层面而言，二者都传承公益理念，内含仁爱精神，但不属同一范畴；从情理、事理层面分析，二者在政策组合及路径选择时应考虑家长需求，权衡园所资本，立足我国国情。基于对公益普惠价值的追求和坚守、对世界发展潮流的反思和借鉴，在普惠与否和"选营选非"的组合中，普惠与非营利的融合是初心之选，但任重道远；普惠与营利的联姻虽名利双收，但几无可能；其余两种方式可实践，但各有优劣。鼓励和支持民办幼儿园加入普惠行列，选择成为非营利性质幼儿园，是我国构建学前教育公共服务体系的最佳路径，也是政府应承担的重要主导责任。②

（2）关于普惠性民办学前教育发展的意义

无论是政府还是一些学者，都很重视普惠性民办学前教育发展的意义。例如，庄小满、程立生认为，发展普惠性民办幼儿园，能有效缓解当前公办幼儿园学位紧缺问题，较快满足普通民众对平价保质幼儿园教育的需求；有利于发动民间资本共同参与投资学前教育，减轻政府发展学前教育的负担。③马媛认为民办园"转普"有利于有效缓解当前入园难入园贵等问题，发挥民间资本的作用和减轻政府负担，促进学前教育均衡发展和教育公平。④郭猛认为，建设普惠性民办幼儿园，是扩大公益性学前教育资源的重要举措，是促进教育公平和社会公平的现实途径。⑤黄俊官、林耿芬认为，民办普惠园为我国学前教育事业的发展发挥了积极的促进作用，应推动民办幼儿园管理机制的改革，扩大民资对普惠性学前教育的投入，缓解普惠性学前教育资源紧缺的突出问题，促进民办幼儿园办学质量的全面提升。⑥

（3）关于普惠性民办学前教育发展面临的问题

关于普惠性民办学前教育发展面临的问题，是学界关注的重点。

第一，有的学者集中阐述普惠性民办学前教育发展中的某个问题，主要有以下几个方面。

---

① 石纪虎. 普惠性民办幼儿园的制度意蕴及实现路径思考［J］. 陕西学前师范学院学报，2020（5）：103-105.

② 魏聪，王海英，林榕，等. 普惠性民办幼儿园与非营利性民办幼儿园的关系辨析及路径选择［J］. 学前教育研究，2019（3）：54-70.

③ 庄小满，程立生. 发展普惠性民办幼儿园的意义、困境与对策［J］. 学前教育研究，2012（11）：45-46.

④ 马媛. 普惠性视角下民办园"转普"的困境及出路［J］. 教育导刊（下半月），2017（11）：21.

⑤ 郭猛. 建设普惠性民办幼儿园的价值与路径选择［J］. 基础教育研究，2018（18）：4-5.

⑥ 黄俊官，林耿芬. 民办普惠园生存发展的困境与出路［J］. 广西教育，2019（25）：6-7.

古莉莎、李敏对成都市 229 所普惠性民办幼儿园办园理念进行了分析，结果显示普惠性民办幼儿园普遍存在办园理念缺位、文本表述不当、内涵认识不清等问题。① 王世君研究了普惠性民办幼儿园经费保障问题，认为其中存在财政性经费投入水平较低、经费保障机制尚不健全、保育教育费收取标准偏低、生均公用经费支出水平不均衡等问题。② 杨卫安研究了民办幼儿园与学前教育普惠性的内在矛盾，认为矛盾的总根源是教育公益性与资本寻利性之间的矛盾，还有高收费与学前教育普惠性之间的矛盾、低质量与学前教育普惠性之间的矛盾。③ 李琪、孙晓轲研究了普惠性民办幼儿园的家长满意度，认为与家长的期待相比，现阶段普惠性民办幼儿园在环境建设、收费、师资队伍、保育质量以及家园合作等方面还有很大的改进空间。④

此外，在民办教育的系列分类改革政策与《中共中央 国务院关于学前教育深化改革规范发展的若干意见》提出普惠性幼儿园 2020 年达到占比 80% 的指标限制下，王海英、刘静、魏聪认为，民办园陷入选择"转向普惠"还是"坚守营利"的两难困境。如果选择"转向普惠"，民办园在走向"主动升级"的道路上难免遭遇"被动降级"的困阻；如果选择"坚守营利"，民办园在"投靠大树"还是"自力更生"的抉择过程中不得不面临着三重困扰。⑤ 朱莉雅研究了普惠性民办园的未来走向问题，认为普惠性民办园之所以被看作"过渡模式"，主要是因为普惠性民办园根基不牢、身份不明、保障不力，但理论、实践以及国情决定了发展普惠性民办园必将作为学前教育的长期目标而存在。为保障其健康可持续发展应体现公益属性、明确认定标准、落实支持政策、规范外部监管。⑥

第二，有的学者从不同的角度综合阐述普惠性民办学前教育发展中的多个问题，主要有以下几个方面。

有的学者直接进行阐述。例如，庄小满、程立生认为，当前普惠性民办园发展的困境在于，对普惠性民办园的内涵与作用认识不到位，对普惠性民办园

---

① 古莉莎，李敏. 普惠性民办幼儿园办园理念的问题分析——以成都市 229 所普惠性民办幼儿园为例 [J]. 教育导刊（下半月），2020（4）：64-67.

② 王世君. 发展普惠性学前教育的关键：完善保障机制——基于 X 省普惠性民办幼儿园调查的实证分析 [J]. 现代教育科学，2022（2）：46.

③ 杨卫安. 普惠性民办幼儿园良性发展的机制、成效与问题 [J]. 教育导刊（下半月），2014（2）：4-5.

④ 李琪，孙晓轲. 普惠性民办幼儿园家长满意度的调查研究——以淮北市为例 [J]. 幼儿教育（教育科学），2021（7，8）：58-60.

⑤ 王海英，刘静，魏聪. "普惠之困"与"营利之忧"：民办幼儿园的两难困境与突围之道 [J]. 教育发展研究，2020，40（12）：23-28.

⑥ 朱莉雅. 普惠性民办园的发展逻辑：过渡模式还是长期目标 [J]. 中国教育学刊，2021（8）：50-55.

的扶持政策、宣传与管理力度不足，幼教专职行政管理人员严重缺乏，难以具体落实扶持与管理措施。① 丁秀棠认为，民办学前教育发展实践与"普惠性"目标的主要差距包括：保教质量总体水平需继续提高，与普惠性幼儿园的"有质量"标准还有距离；收费水平总体偏高，缺乏政府支持，难以实现普惠性幼儿园的"低价位"目标；民办学前教育市场效率为先，自身难以实现普惠性幼儿园的"公平性"要求。② 邵媛、李朝辉认为，其困境在于，公益性与逐利性之间的矛盾，政府放权力度与监管制度的失衡，优质保教服务与师资匮乏之间的矛盾。③ 王声平等认为，政府发展和管理普惠性民办幼儿园，存在政府认定与评估内容偏重幼儿园结构性质量，财政投入的数量少、方式单一，缺乏对幼儿园补贴经费使用的监管，提供的专业发展支持环境和条件不足，忽视了普惠性民办幼儿园的自我评估等问题。④ 黄俊官、林耿芬认为，民办普惠园生存发展面临的困境包括：规范教育教学管理与家长实际需要的冲突；平价收费与民办普惠园艰难经营的冲突；高质量诉求与师资队伍建设的冲突；办园特色建设与民办普惠园内涵发展的冲突。⑤

有的从区域的角度进行分析。雷芳着重研究了长、株、潭三市普惠性民办幼儿园建设存在的问题，包括：对发展普惠性民办幼儿园的认识还不到位；发展普惠性民办幼儿园的政策不到位；对普惠性民办幼儿园的经费投入缺口大；对普惠性民办幼儿园的管理和指导不到位；优质资源缺乏，制约普惠性民办园健康发展。⑥ 张嵩研究了长春市普惠性民办幼儿园存在的问题，认为其中存在覆盖面偏小、资源供给不足、园所经营运转困难、教师总体数量不足、园长缺乏专业背景、教师学历层次偏低、工资待遇不高、园所保教质量不高、"小学化"现象严重等问题。⑦ 郑益乐、朱敬通过对六盘山M片区的调查，研究了西部片区普惠性民办园发展面临的问题，认为存在：政府部门的权力切割与掣肘，教育行政部门的统筹协调能力遭遇挑战；"家族式"治理模式盛行，幼儿园面

---

① 庄小满，程立生. 发展普惠性民办幼儿园的意义、困境与对策 [J]. 学前教育研究，2012（11）：46-48.

② 丁秀棠. "普惠性"目标定位下民办学前教育的现状与发展 [J]. 学前教育研究，2013（3）：18-19.

③ 邵媛，李朝辉. 普惠性民办幼儿园发展困境及破解策略 [J]. 南昌教育学院学报，2018（6）：21-22.

④ 王声平，皮军功，关荆晶. 政府发展和管理普惠性民办幼儿园的现状及其改进建议 [J]. 学前教育研究，2018（8）：22-23.

⑤ 黄俊官，林耿芬. 民办普惠园生存发展的困境与出路 [J]. 广西教育，2019（25）：7.

⑥ 雷芳. 长株潭三市普惠性民办幼儿园建设存在的问题与对策建议 [J]. 学前教育研究，2014（11）：26-27.

⑦ 张嵩. 长春市普惠性民办幼儿园存在的问题与对策研究 [J]. 长春教育学院学报，2020（10）：68-71.

临潜在管理与道德风险；"原始竞争力"显著缺乏，教师配备不足且呈现先天"营养不良"趋向；"向上流动"的社会文化意识强烈，助推了幼儿园"小学化"倾向等诸多问题。①

有的从某个理论视角进行分析。杨大伟基于委托代理视阈，研究了普惠性民办园发展的困境及治理对策，认为委托代理视阈下普惠性民办园发展涉及公民与政府、上下级政府、政府与普惠性民办园等多重委托代理关系，客观存在委托人和代理人之间信息不对称和目标函数不一致，造成普惠性民办园发展在认定、激励和监督方面面临着诸多困境，应通过健全和完善包括信息公开机制、激励机制与监管机制在内的综合治理机制，保障普惠性民办园健康发展。② 罗泽意、匡诗文基于组织社会学新制度主义视角，研究了普惠性民办幼儿园的转型发展困境，认为技术环境与制度环境的冲突影响普惠性民办园转型进程，模仿和趋同影响普惠性民办园转型结果。③

有的从民办园转型的角度进行分析。马媛认为，在民办园"转普"的过程中，仍然存在对发展普惠性民办园认识模糊、相关政策制度缺失、民办园监管无力以及园内师资力量不足等问题。④ 雷万鹏、谢静认为，民办园向普惠转型面临收不抵支、教师待遇缺乏保障、公用经费压力较大、园际财政支持不均衡等问题。⑤

（4）关于普惠性民办学前教育政策

第一，有的学者论述了普惠性民办学前教育政策中的某方面政策。

一是关于普惠性民办园的认定管理政策。李芳、姜勇通过对政策文本进行量化分析，总结出当前我国各省市普惠性民办园认定管理政策文件的基本内容结构及问题，并提出政策建议：实行普惠性民办园扶持双轨制；建设普惠性民办园动态追踪信息平台。⑥

二是关于普惠性民办学前教育的扶持政策。王雅君、何显锡通过对15份普惠性民办园扶持政策文本进行编码，发现：在政策扶持内容上，各地政府重资

---

① 郑益乐，朱敬. 西部连片特困地区普惠性民办幼儿园长效发展机制研究 [J]. 教育评论，2021 (6)：43-45.

② 杨大伟. 委托代理视阈下普惠性民办园发展的困境及治理对策 [J]. 现代教育管理，2019 (2)：57-63.

③ 罗泽意，匡诗文. 普惠性民办幼儿园的转型发展困境与突破策略——基于组织社会学新制度主义视角 [J]. 北京教育学院学报，2023，37 (3)：63-66.

④ 马媛. 普惠性视角下民办园"转普"的困境及出路 [J]. 教育导刊（下半月），2017 (11)：21-22.

⑤ 雷万鹏，谢静. 价格约束下民办园向普惠转型的财政支持政策研究——基于湖北省4市6区（县）的实证调查 [J]. 教育发展研究，2022，42 (6)：1-4.

⑥ 李芳，姜勇. 我国普惠性民办幼儿园认定管理政策文本的ROST数据挖掘系统分析 [J]. 教育经济评论，2019，4 (3)：108-121.

金奖补、轻教师发展；在扶持方式上，强制性和混合性政策工具并用；在扶持依据上，以幼儿园外部属性为主，内部成本结构标准缺失；政府与普惠性民办幼儿园在扶持过程中具有史蒂文·卢克斯提出的"三维权力观"①的特点。②李红霞、张邵军分析了西部贫困地区普惠性民办园的扶持政策现状，认为普惠性民办园的扶持政策特点应包括："保基本"的学前教育公共服务格局；向弱势群体倾斜的财政投入；正中靶心的保教质量保障政策。作者提出的扶持路径是：形成学前教育多部门协作管理机制；制定普惠性民办园基本标准；出台系列普惠性民办园政策保障机制；提高对普惠性民办园的财政投入；多渠道提升民办园教师队伍建设。③杨大伟、王红蕾以我国东、中、西部18个省级单位的34份普惠性民办园支持政策文本为研究对象，对支持政策实施的现状与主要问题进行分析。研究发现，普惠性民办园支持政策总体较好，但同时存在着认定条件缺乏科学适宜性、支持力度较小等问题。政府应进一步把握普惠性幼儿园的核心属性，增强认定条件的科学适宜性；丰富支持手段，提高支持标准，保障主体层级，切实加大财政投入力度；重视对普惠性民办园教师的支持，助推普惠性民办园质量提升；以促进普惠性民办园健康稳定发展为导向，进一步完善动态退出政策。④徐莹莹等研究了扶持政策对优化普惠性民办园教师资源配置的影响，认为扶持政策有助于优化普惠性民办园教师资源配置，但政策效果有待提升。作者建议，更新政策理念，推动公办园与普惠性民办园教师一体化发展；优化政策工具，解决普惠性民办园教师资源配置中的关键问题；强化综合治理，改善普惠性民办园教师的生存土壤。⑤袁秋红基于资源依赖理论，分析了政府支持民办园提供普惠性服务的作用机理，认为政府与普惠性民办园由于相互的资源诉求形成依赖，但属于一种非对称性依赖关系。普惠性民办学前教育政策面临普惠性民办园资源寻求困难，政府与幼儿园双方利益缺乏有效保障，中西部农村地区普惠性民办园政策难以实施。这些需进一步改革优化政策，发挥政

---

① "三维权力观"的第一维度：A拥有支配B的权力，使B去做某些B本来不会做的事情；第二维度：A对B施加权力，不让B做B想要做的事情；第三维度：A对B施加影响，使B渴望的结果与A期望B所达到的结果是一致的。

② 王雅君，何显锡.我国普惠性民办幼儿园扶持政策分析——以15份政策文本为研究对象[J].广东第二师范学院学报，2018，38（1）：5-11.

③ 李红霞，张邵军.西部贫困地区普惠性民办幼儿园扶持政策现状分析[J].基础教育研究，2018（1）：75-78.

④ 杨大伟，王红蕾.我国普惠性民办园支持政策的现状、问题及其完善建议——基于对34份相关政策文本的分析[J].学前教育研究，2021（12）：1-12.

⑤ 徐莹莹，王海英，闵慧祖，等.扶持政策能否优化普惠性民办园教师资源配置？——基于我国三类幼儿园32174名教师的实证研究[J].早期教育，2022（21）：12-18.

府和民办园两类组织各自的积极作用。①

三是关于普惠性民办学前教育的教师政策。梁慧娟分析了地方普惠性民办园教师政策，认为国内有关普惠性民办园发展的地方政策探索主要有两种路径：通过普惠性民办园管理政策保障教师队伍建设；直接为普惠性民办园教师队伍建设提供财政支持。两种路径的政策开发重点都优先放在教师待遇的保障上。它带来的启示有：政府对普惠性民办园的财政投入不应只用于办园，更应用于支持教师队伍建设；教师队伍建设应"政策投入"与"财政投入"并举；应"待遇""质量"两手抓；应打破教师队伍的"身份制"管理，保障合格教师的合法权益；政府提供财政支持的前提应是普惠性民办园的"非营利性"。②

四是关于普惠性民办学前教育政策中的PPP模式。祝贺认为，采取以发展普惠性民办园为主要内容的PPP模式，是解决目前我国学前教育入园难入园贵问题的重要途径之一。但在实施中，各地政府存在一定问题：未与民办园共同制定合作目标及其衡量标准；没有充分重视民办园的合理权益；为合作项目提供的服务偏少；缺少位阶较高且一以贯之的规章制度；等等。反观美国，各州政府在参与学前教育PPP合作的过程中，具有与合作各方共同制定合作目标及其衡量标准、注重维护私人部门合理权益、为合作项目提供各项服务并进行立法等特点。③

五是关于普惠性民办学前教育的监管政策。郭绒基于监管的主体、内容、方式和结果四个核心要素，分析了18省68份普惠性民办园的相关政策发现现有政策对于推动普惠性民办园大有裨益，但仍存在一些不足之处，即：现有监管主体存在监管能力及范围有限且部门分工不清晰，不利于普惠性民办园多方面、专业化的监管；监管内容以园所收费、办园硬件质量为主，办园软件质量和教师待遇保障监管不足，不利于普惠性民办园质量的全面提升；监管方式偏重政府检查评估，幼儿园自我评估、第三方评估较少，不利于保障监管的内生性和专业性；监管结果局限于奖励及问责或向社会大众公布，不利于园所自我改进、优化政府管理及政策。作者建议从资源整合、标准研制、多元参与、信息共享和顶层设计五方面优化我国普惠性民办园监管政策。④

六是关于普惠性民办学前教育政策的效果。彭顺绪基于广西南宁市民办普惠园收费标准，分析了学前教育普惠性政策的效果。结果显示，普惠性政策的实施显著降低了普惠性民办园保教费用的收费标准，初步缓解了入园难入园贵

---

① 袁秋红. 政府支持民办园提供普惠性服务的作用机理与改进建议——基于资源依赖理论的分析 [J]. 教育评论, 2022 (4): 13-19.

② 梁慧娟. 我国地方普惠性民办园教师政策分析及其启示 [J]. 学前教育研究, 2014 (6): 30-38.

③ 祝贺. 地方政府应如何促进普惠性民办园的发展——来自美国学前教育PPP模式的经验 [J]. 教育发展研究, 2016, 36 (20): 41-46.

④ 郭绒. 我国普惠性民办幼儿园监管政策分析及优化研究 [J]. 当代教育论坛, 2022 (6): 55-64.

等问题。但普惠性政策的实施效果在农村并不明显。这可能进一步拉大了城乡间的教育不平等。未来需要政府加大对民办园的财政支持力度，提高财政补贴标准，财政优惠政策特别要向农村地区和经济薄弱地区倾斜，以调动民办园办成普惠园的积极性。同时，要加强对政策执行和政策效果的督导检查，完善监督考核和奖惩机制，确保各级政府严格落实学前教育责任。[①]

此外，魏聪等调研发现，对于民办园分类改革政策，一半左右的民办园举办者对于选择"营利"还是"非营利"持观望态度。作者认为，基于我国国情，厘清其与非营利性民办幼儿园的关系、促进其非营利转向十分紧迫且必要。[②] 高敬认为，民办园主动并长期稳定提供普惠性服务的关键，取决于政府对普惠性民办园扶持责任的认知和担当：提高对普惠性民办园扶持责任的认知；扶持基于成本核算，力求提高政策的公信力；扶持宜差异化和多途径；扶持要适度而有张力，兼顾多元的价值诉求；追求对普惠性民办园支持政策的效能。[③] 张宇暄、韩凤芹基于政府和普惠性民办园不同行为策略的支付矩阵，通过构建政府和普惠性民办园的演化博弈模型，讨论了不同奖惩机制下政府和普惠性民办园的策略选择。研究发现：政府和普惠性民办园的演化博弈趋向于理想状态需要满足两个条件；为实现理想状态，政府可制定适当的奖励机制，但当政府的治理成本较高时，政府的奖励机制就很难持续；引入惩罚机制可约束普惠性民办园的行为；动态惩罚机制相比于静态惩罚机制效率更高，因此要避免因长期严厉惩罚而削弱普惠性民办园的热情。[④]

第二，有的学者对普惠性民办学前教育政策进行了综合性研究。主要有以下几个方面。

一是关于普惠性民办学前教育政策设计。例如，王海英论述了普惠性民办幼儿园的制度设计，认为它应包含三方面内容，即确定哪些民办幼儿园可以成为普惠性民办幼儿园，制定普惠性民办幼儿园的办园、收费和质量标准，设计普惠性民办幼儿园的扶持政策。[⑤]

二是关于普惠性民办学前教育政策的现状。王声平等研究了政府发展和管理普惠性民办幼儿园的现状，包括：政府认定普惠性民办幼儿园的标准；政府

[①] 彭顺绪. 学前教育普惠性政策的效果分析——基于广西南宁市民办普惠园收费标准的考察[J]. 教育经济评论, 2021, 6 (2): 119-136.

[②] 魏聪, 王海英, 胡晨曦, 等. 促进普惠性民办幼儿园的非营利转向更适合中国国情[J]. 中国教育学刊, 2018 (7): 12-16.

[③] 高敬. 公益普惠导向下政府扶持普惠性民办园省思[J]. 现代基础教育研究, 2021, 43 (3): 96-100.

[④] 张宇暄, 韩凤芹. 政府奖惩机制对普惠性民办园质量的影响研究——基于演化博弈模型[J]. 财政研究, 2022 (11): 92-109.

[⑤] 王海英. 试论普惠性民办幼儿园的制度设计[J]. 幼儿教育（教育科学）, 2011 (6): 1-5.

补贴普惠性民办幼儿园的经费与方式；政府为普惠性民办幼儿园发展提供的外部支持条件；政府评估普惠性民办幼儿园的内容与方式；政府对普惠性民办幼儿园评估结果反馈的内容与形式。① 张菊梅、欧小军认为，政府在扶持普惠性民办幼儿园发展的同时，在融资建设、运营管理、考核评价、奖补扶持等环节出现监管不力、扶持不到位、政策不公等问题。其原因在于：政府对普惠性民办园的"公益性"认识不够；在普惠性民办园发展中，政府与市场职责边界不清；政府对普惠性民办园的主导作用没有充分发挥。② 庞丽娟等认为，普惠性民办园政策体系初步建立，但部分地区政策规定模糊；认定政策主要聚焦园所收费和办园规范，部分地区认定条件缺乏科学适宜性；扶持政策的内容和手段较为多样，但标准和依据亟待优化；收费政策以"限价"模式为主，但定价机制弹性不足；评估监管政策的重点对园所质量和财务状况进行监管，但主体和手段较为单一。其原因在于：对普惠性民办园的价值认识不到位；部分地方政府对普惠性民办园发展缺乏系统长远规划；普惠性民办园发展的管理体制和投入体制不健全。作者建议：提高站位，加深对普惠性民办园在学前教育公共服务体系构建和学前教育普及普惠发展中地位作用的认识；加强普惠性民办园政策的顶层设计，明确各级政府责任；以扩大普惠、规范且有质量的学前教育资源为目标导向，完善普惠性民办园的认定政策；提高扶持主体层级并加大扶持力度，构建稳定高效的运行保障机制；建立收费与补助的联动机制，探索建立多渠道的社会筹资制度；完善普惠性民办园评估监管机制，建立规范与质量导向的奖惩制度。③

三是普惠性民办学前教育政策的发展演进。例如，杨大伟基于国家层面政策文本，分析了普惠性民办园政策的演进图景与改革展望。他认为，自2010年提出发展普惠性民办园的政策构想以来，国家层面的普惠性民办园政策大致经历了初步建立期、探索发展期和深化改革期三个阶段。其间，政策目标不断清晰，贯穿于短期和中长期发展规划；政策话语突出方向性，为地方留有较大的自由裁量权；政策工具较为多元，兼具激励性工具与权威性工具。未来政策改革应重视加大中央财政的转移支付力度，增强地方发展普惠性民办园的保障能力；出台关于普惠性民办园的专门指导意见，对相关配套政策作出应有规定；加快研制国家层面的学前教育机构质量评价标准，引导各地科学认定和评估普

---

① 王声平，皮军功，关荆晶. 政府发展和管理普惠性民办幼儿园的现状及其改进建议 [J]. 学前教育研究，2018（8）：20-22.
② 张菊梅，欧小军. 政府扶持普惠性民办幼儿园的问题与对策 [J]. 教育探索，2021（7）：16-19.
③ 庞丽娟，王红蕾，杨大伟. 创新完善我国普惠性民办园政策：新时代的思考与建议 [J]. 中国教育学刊，2021（11）：44-49.

惠性民办园。①

此外，任慧娟、边霞研究了普惠性学前教育公共服务体系构建困境与普惠性民办幼儿园的发展瓶颈。认为：区域、城乡间普惠性学前教育资源配置不够均衡、差异较大；普惠性学前教育财政总量不足且结构欠合理，财政资金流向不均衡；普惠性学前教育师资队伍总体质量有待提升，师资不够稳定；政府对普惠性学前教育的认定标准重硬件轻软件，缺乏动态监管和质量评估标准；相关政府部门协同合作机制未有效发挥作用。作者主张：构建以公平为导向、特惠先行为重点的学前教育资源配置机制；健全结构合理、成本分担、公平普惠的普惠性学前教育财政投入机制；进一步优化师资结构，切实加强师资保障；重视质量标准认定，强化过程性动态监管，完善质量监控体系；完善各相关部门协同机制。②

（5）关于普惠性民办园的教育质量

一是关于普惠性民办园的教育质量状况。李静、李锦、王伟以 C 市 15 所普惠性民办园的 29 个班级作为样本，运用量表评估其结构质量、学习环境质量和师幼互动质量，结果显示 C 市普惠性民办幼儿园教育质量总体不理想。其中师幼互动质量相对较好，结构质量一般，学习环境质量和正向师幼互动表现较差；不同地域普惠性民办幼儿园教育质量差异显著，县城和农村显著低于市区；不同等级普惠性民办幼儿园教育质量无显著差异；教师待遇是影响学习环境质量的关键因素，教师学历是影响师幼互动质量的首要因素。为提升普惠性民办幼儿园的教育质量，应进一步强化政府职责，加大对普惠性民办幼儿园的投入；建立质量监测与评估体系，加强对普惠性民办幼儿园教育过程质量的监管；优化幼儿园教师培养和培训体系，提高幼儿园教师专业素养；强化家长和社区参与，为普惠性民办幼儿园创设良好的外部支持环境。③ 石丽娜、李志华对吉林省县域内 12 所普惠性民办幼儿园的 92 个班级的教育环境进行测评，结果显示，县域内普惠性民办幼儿园的教育环境质量总体不佳，存在教师专业素养低、活动区域环境差、游戏价值被忽视、师幼互动不良等问题。针对以上问题，应强化政府职责，加大扶持力度；提高教师待遇，稳定教师队伍；规范办园行为，完善监管体系；保障游戏权利，融游戏于课程。④

---

① 杨大伟. 普惠性民办园政策的演进图景与改革展望——基于国家层面政策文本的分析［J］. 教育导刊，2023（3）：48-56.

② 任慧娟，边霞. 普惠性学前教育公共服务体系构建困境及政府治理对策研究——以普惠性民办幼儿园为例［J］. 教育理论与实践，2021，41（29）：20-23.

③ 李静，李锦，王伟. 普惠性民办幼儿园教育质量评估与提升策略——基于对 C 市 15 所幼儿园的调查数据分析［J］. 学前教育研究，2019（12）：69-76.

④ 石丽娜，李志华. 县域内普惠性民办幼儿园教育环境质量分析及改进策略——以吉林省为例［J］. 早期教育，2021（9）：12-17.

二是关于普惠性民办园的师幼互动质量。李延方在研究课堂评估评分系统的基础上，研究了普惠性民办幼儿园师幼互动质量。研究发现，普惠性民办幼儿园师幼互动质量整体处于中等水平。师幼互动质量情感支持与教育支持领域相关显著。不同教学组织形式下普惠性民办幼儿园师幼互动质量在三大领域、十个维度的部分指标方面具有显著差异。作者建议：关注情感支持，建立良好的师幼关系；强化班级管理，优化教育行为；提升教育支持水平，促进幼儿发展。① 陈思、何娟以湖北省 Z 市 X 镇 4 所农村普惠性民办幼儿园为例，研究了农村普惠性民办幼儿园师幼互动质量，认为：师幼互动质量水平有待提升；教师对幼儿的情感支持不足；教师对幼儿的行为管理能力有待加强。作者主张：关注幼儿需求，营造平等和谐的师幼关系；拓宽师幼互动培训内容，提升农村幼儿教师专业素养；关注情感支持，避免教师行为对幼儿的消极影响；强化活动组织，优化教师行为管理。②

三是关于普惠性民办园的教育质量保障。王声平、姚亚飞调查了普惠性民办幼儿园教育质量管理的现状，认为：教育教学质量管理的主体单一；教育质量自我评估的内容片面；课程内容结构失衡；教研活动内容侧重对教师教学技能的培养；教师教学质量考核机制不合理；家长参与幼儿园教学活动的积极性不高。作者建议：构建幼儿园教育质量多元保障主体；培育幼儿园教育质量自我评估文化；优化幼儿园课程内容结构；构建幼儿园教研活动合作共同体；建立合理的幼儿园教学质量考核机制；加强家园合作，引领家长树立科学的教育质量观。③ 李红霞等研究了普惠性民办园教育质量保障外部治理机制现状，认为政府、社会、家长等是普惠性民办园教育质量保障的重要外部利益相关者。在当前追求高质量学前教育基本价值诉求的背景下，政府拥有绝对的质量保障话语权，弱化了其他外部利益相关者的利益诉求。在新公共管理理念下，政府应通过立法、拨款、规划、政策指导、信息服务等宏观管理，构建政府主导、利益相关者共治的普惠性民办园教育质量保障外部治理机制。④ 马月成、杨斐认为，当前普惠性民办幼儿园面临教育质量观偏离、内部机制不健全、外部保障支持乏力等问题。可构建多元质量保障主体，健全内部教育质量保障组织体系，构建教育质量政府监管体系，建设教师质量保障体系，培育教育质量第三

---

① 李延方. 普惠性民办幼儿园师幼互动质量：基于课堂评估评分系统的研究［J］. 陕西学前师范学院学报，2021，37（3）：69-76.
② 陈思，何娟. 农村普惠性民办幼儿园师幼互动质量的调查研究——以湖北省 Z 市 X 镇 4 所农村普惠性民办幼儿园为例［J］. 教师教育论坛，2022，35（2）：82-85.
③ 王声平，姚亚飞. 普惠性民办幼儿园教育质量管理的现状调查及对策建议［J］. 教育评论，2018（3）：58-61，150.
④ 李红霞，张纯华，张邵军，等. 普惠性民办幼儿园教育质量保障外部治理机制现状及优化［J］. 教育评论，2017（10）：67-71.

方评估组织。① 王声平还研究了普惠性民办园教育质量保障机制构建的困境与未来趋向，认为构建普惠性民办园教育质量保障机制主要存在幼儿园教育质量观偏离、幼儿园内部教育质量保障机制不健全、幼儿园外部教育质量保障支持系统乏力等现实困境。因此，构建普惠性民办园教育质量保障机制，应坚持以幼儿发展为本、内外结合、全面质量观为价值取向。② 王声平、皮军功在分析普惠性民办园内部教育质量保障体系构建价值意蕴的基础上，主张普惠性民办园内部教育质量保障体系，由教育质量决策、执行、督导与评价、保障支持、信息五个方面系统构成，并从构建幼儿园教育质量目标和标准、构建幼儿园内部教育质量评价指标体系、构建幼儿园内部教育质量保障组织体系、构建幼儿教师在职学习与培训机制、构建幼儿园办园质量保障的多元评价主体五个方面，分析了普惠性民办园内部教育质量保障体系建设的基本思路。③

此外，李晓洁以CIPP模式（即决策导向或改良导向评价）为理论基础对普惠性民办幼儿园教育质量评价进行探索，构建了普惠性民办幼儿园教育质量评价体系的框架。④

（6）关于普惠性民办园的教师

第一，有的学者阐述普惠性民办园教师的某个问题。林榕等人对普惠性民办幼儿园教师的生存状态进行了探究，发现教师工作环境略有改善，专业支持有所增强，人际关系微有拓展，但其仍无法脱离民办幼儿园教师边缘化的处境，付出与回报不对等，薪酬福利待遇偏低，社会尊重认可度不高。作者主张，应切实保障教师工资待遇，增强专业发展扶持力度，积极维护教师社会形象。⑤ 张锐以D市为例，对普惠性民办幼儿园教师专业发展现状进行调查，发现普惠性民办园教师专业发展现状并不乐观，存在专业理念有待提升、专业水平较低、专业能力发展不均衡、专业发展路径不畅等问题，并分别从政府、幼儿园和教师三方面分析原因。作者建议：政府主管部门强化主导责任，在实践中进行体制机制创新，多方面促进普惠性民办园教师专业发展。⑥ 吴航等人选取武汉市X

---

① 马月成，杨斐. 构建普惠性民办幼儿园教育质量内外部保障系统研究［J］. 基础教育研究，2023（7）：93-96.

② 王声平. 普惠性民办幼儿园教育质量保障机制构建的困境与未来趋向［J］. 教育评论，2017（2）：24-29.

③ 王声平，皮军功. 我国普惠性民办幼儿园内部教育质量保障体系构建［J］. 教育评论，2017（10）：12-15，152.

④ 李晓洁. CIPP模式下普惠性民办幼儿园教育质量评价体系的框架构建［J］. 基础教育参考，2022（2）：28-32.

⑤ 林榕，王海英，魏聪. 嵌入与调适：普惠性民办幼儿园教师生存状态的社会学分析［J］. 教育发展研究，2019（8）：41-48.

⑥ 张锐. 普惠性民办幼儿园教师专业发展现状调查与分析——以广东省D市为例［J］. 教育导刊（下半月），2021（4）：5-13.

区74名普惠性民办园教师为研究对象，考察了教师激励与职业倦怠的现状及关系。研究发现：普惠性民办园教师激励总体处于良好水平；教师激励能够显著负向预测职业倦怠的情绪衰竭和低个人成就感。作者提出，促进普惠性民办园教师队伍建设，应从保障教师基本权益、促进教师专业发展和满足教师心理需求等方面展开行动。① 郑益乐等基于人际互动理论，考察了工作嵌入对贫困地区普惠性民办园教师离职倾向的影响机制，以及同伴离职感知于其中的调节作用。研究表明：工作嵌入显著负向预测教师的离职倾向；工作获得感在工作嵌入与教师离职倾向之间起部分中介作用；由于"离职传染"效应的存在，同伴离职感知在工作嵌入、工作获得感与离职倾向之间存在负向调节作用。作者主张：应提升教师的工作嵌入度，增强教师与幼儿园内外环境的"黏滞度"；关注教师的工作获得感，谋求教师与幼儿园携手"同心逐梦"；培育教师的组织忠诚度，缔造教师与幼儿园发展"命运共同体"。②

第二，有的学者综合阐述普惠性民办园教师问题。刘凤英、李艳旭认为，师资问题是阻碍目前农村普惠性民办幼儿园发展的重大问题。其原因在于：幼儿园教师队伍培养滞后；幼儿园教师队伍流动性太强；幼儿园教师培训力度与广度不够。作者建议加大政府监管支持力度；加强幼儿园内部管理。③ 林娜调查了普惠性民办幼儿教师队伍，发现：农村普惠性民办幼师资队伍中青年教师居多，且以新手教师为主，学历水平低，持教师资格证率低，且不对口，未评职称的教师居多；不同地区的师幼比、师资配备存在显著差异；"五险一金"保障未落实，月工资水平低，且存在显著差异；培训经费无法保障，培训级别低；不同地区的教研频率存在显著差异，形式主要为园内教研；不同地区的激励手段差异不显著，管理评价存在显著差异。作者建议：教育行政部门及政府完善资格准入政策，提高持证率及对口率，落实工资标准和社会保障制度，稳定教师队伍，健全职称评聘和培训制度，给予均等机会，建立长效帮扶机制，促进持续发展；普惠性民办幼儿园应采用不同的激励手段，稳定教师队伍，激励教师成长。④ 郑益乐等通过对六盘山M片区7县38所普惠性民办幼儿园的调研，发现西部连片特困地区普惠性民办园教师队伍面临先天"营养不良"、专业成长空间被挤压、教师队伍士气低落、"旅客"式流动现象严重等诸多问题。

---

① 吴航，张铃铃，罗彦之. 普惠性民办幼儿园教师激励与职业倦怠的现状及关系研究——以湖北省武汉市X区为例 [J]. 教育导刊（下半月），2021（2）：5-10.
② 郑益乐，等. 工作嵌入对贫困地区普惠性民办园教师离职倾向的影响：一个条件过程模型 [J]. 教师教育研究，2022，34（3）：77-83.
③ 刘凤英，李艳旭. 农村普惠性民办幼儿园师资建设的问题及对策 [J]. 当代教育理论与实践，2016，8（3）：11-13.
④ 林娜. 教育均衡视野下普惠性民办幼儿教师队伍调查 [J]. 大理大学学报，2018，3（11）：109-115.

为此，要打破"所有制身份"的体制桎梏，提高普惠性民办园教师获得感；推进普惠性民办园"非营利性"转向，消解教师队伍建设的机制障碍；实施普惠性民办园"质量提升计划"，助推教师队伍内涵式成长；引导教师找回迷失的"精神世界"，唤醒教师的内在专业发展动能。①

（7）关于政府对普惠性民办园的财政资助

杨卫安等认为，我国普惠性民办幼儿园财政补助存在形式较为单一、部分地区标准偏低和区域间差距较大等问题。地方政府财力有限，投入动力不足，缺乏有效的监督考核机制等是主要原因。未来的改革方向包括：制定全国统一的财政补助基准定额，加大财力薄弱地区财政转移支付力度，完善监督考核和奖惩机制等。②刘焱等人研究了财政补贴对普惠性民办幼儿园教育质量的影响路径，发现普惠性民办幼儿园所获得的财政补贴有限，教师工资收入偏低，教育质量整体水平有待提高。普惠性民办幼儿园财政补贴与教育质量有显著正相关；教师工资是财政补贴影响普惠性民办幼儿园教育质量的中介变量；幼儿园年收费是财政补贴影响教师工资和教育质量的调节变量，对年收费所得较低的普惠性民办幼儿园而言，财政补贴对教师工资和教育质量的提升效应更为显著。未来应逐步完善普惠性民办幼儿园的财政补助制度，加大对普惠性民办幼儿园的财政扶持力度；财政补贴应有效转化为教师工资水平的提升，建立普惠性民办幼儿园教师工资保障制度；协同完善普惠性民办幼儿园补助和收费政策，为普惠性民办幼儿园教育质量的提升创造条件。③张佩婷通过对珠三角城市出台的政策文本分析，认为政府扶持普惠性民办园政策设计存在两大问题：扶持策略相近，地域性不够；扶持内容系统，但细节规定不够具体。从政策实践情况来看，珠三角城市政府扶持普惠性民办园存在扶持形式单一和财政补助标准偏低两大问题，原因是地方政府投入动力不足及政策文本设计存在模糊性。作者建议：扶持普惠性民办幼儿园应完善监督考核机制；中央政府应加大财政转移支付，建立具有地域差异性与补偿性的扶持模式；完善多元主体参与的政策设计机制。④

（8）关于政府对普惠性民办园的监管

谢德新、陈懿通过分析普惠性民办幼儿园省级管理政策文本，发现：普惠

---

① 郑益乐，周晔，史文秀. 西部连片特困地区普惠性民办幼儿园教师队伍建设的现实困境与突围路径［J］. 教师教育研究，2021，33（1）：75-79，98.

② 杨卫安，袁媛，岳丹丹. 普惠性民办幼儿园财政补助的问题与改进——基于全国部分地区补助标准的考察［J］. 教育与经济，2020，36（3）：50-57.

③ 刘焱，郑孝玲，宋丽芹. 财政补贴对普惠性民办幼儿园教育质量的影响路径［J］. 教育研究，2021，42（4）：25-36.

④ 张佩婷. 政府扶持普惠性民办幼儿园的政策设计与实践分析——以珠三角城市为例［J］. 早期教育，2021（21）：18-22.

性民办幼儿园的省级认定标准符合国家规定，创新性普遍有待提高；普惠性民办幼儿园的省级管理政策内容丰富，扶持措施存在差异；普惠性民办幼儿园的省级政策工具多样，政策工具组合配置的科学性有待加强。对此，普惠性民办幼儿园省级管理政策的优化需要因地制宜，分类施策，提高认定标准的创新性；完善普惠性民办幼儿园扶持机制，重视内外结合的双向评估制度；协调均衡使用各类政策工具，形成政策合力。① 冯东、周诺认为，政府监管民办普惠性幼儿园的重要意义包括：有助于落实普惠学前教育的公益性，有助于促进教育公平，有助于保证教育质量，满足社会大众需求。政府监管有追求入学受众的公平模式、控制过度收费的公益模式、严把教师队伍的保障模式、强调儿童教育质量的效果模式。政府在监管过程中要明晰监管要点，选择合适的监管工具，建立和完善监管制度，以此保障学前教育的可持续发展。②

（9）关于普惠性民办学前教育发展的对策与建议

针对普惠性民办学前教育发展中存在的一些问题，学者们从不同角度提出了很多对策与建议。

第一，针对普惠性民办学前教育发展中某一方面问题而提出对策与建议。针对政府发展和管理普惠性民办园存在的问题，王声平等提出：制定明确的质量准入标准，提高过程性质量在认定与评估中的比重；建立合理的成本分担机制，完善对政府财政投入使用的监管；健全普惠性民办园发展外部支持系统；建立内外结合的普惠性民办园评估制度；构建政府与普惠性民办园双向对话的评估反馈机制。③ 针对政府扶持普惠性民办幼儿园发展过程中存在的问题，张菊梅、欧小军提出厘清政府职责权限、加强政府对普惠性民办幼儿园的监管与扶持、强化政府的主导性、加强政府与多元主体之间的协调沟通等对策。④ 针对普惠性民办园办园理念存在的问题，古莉莎、李敏提出，为构建具有感召力、统整性和阐释性的办园理念，应统筹规划、扎根当地文化、注重多元参与。⑤ 为完善普惠性民办园经费保障，王世君提出的对策包括：制定和完善经费财政支持政策；建立生均补助标准以及稳定的增长机制；适当调整保教费收费标准；

---

① 谢德新，陈懿. 普惠性民办幼儿园管理政策的区域响应与创新——基于省级政策文本分析的视角 [J]. 早期教育，2022（47）：13-18.

② 冯东，周诺. 民办普惠性幼儿园政府监管的逻辑起点与实现路径 [J]. 洛阳师范学院学报，2023，42（7）：89-92.

③ 王声平，皮军功，关荆晶. 政府发展和管理普惠性民办幼儿园的现状及其改进建议 [J]. 学前教育研究，2018（8）：23-26.

④ 张菊梅，欧小军. 政府扶持普惠性民办幼儿园的问题与对策 [J]. 教育探索，2021（7）：19-20.

⑤ 古莉莎，李敏. 普惠性民办幼儿园办园理念的问题分析——以成都市229所普惠性民办幼儿园为例 [J]. 教育导刊（下半月），2020（4）：67-68.

建立与公益普惠性要求相适应的发展机制；强化对经费保障情况的考核与监管机制。① 针对普惠性民办幼儿园家长的满意度问题，李琪、孙晓轲建议：提升补助标准，完善普惠性民办园环境建设；建设动态信息公示平台，"唤醒"家长信息意识；创新师资培训模式，优化普惠性民办园师资队伍；回归幼教本质，促进幼儿身心和谐发展；构建新型家园合作关系，满足家园合作需求。②

第二，基于某个区域普惠性民办学前教育发展中存在问题而提出对策与建议。针对长、株、潭三市普惠性民办园建设存在的问题，雷芳提出：提高各界对普惠性民办园建设工作的认识；制定普惠性民办园的发展规划，构建完备的政策体系；优化对普惠性民办园的监管；开发优质资源，重点做好小区配套幼儿园的移交工作。③ 针对西部片区普惠性民办园发展面临的挑战，郑益乐、朱敬提出：教育主管部门应建立政府跨部门协同工作机制，精准破解普惠性政策供给"碎片化"难题；健全教育政策运行的公平机制，消除幼儿园及教师"贵贱有别"的差别待遇；构建利益相关者共治的管理机制，防范举办者"权力脱缰"及利己主义风险；完善保教服务供需干预机制，根治学前教育被"小学化"绑架的痼疾。④

第三，基于某一背景下普惠性民办学前教育发展面临问题而提出对策与建议。李红霞提出，"分类管理"背景下省域普惠性民办园可持续发展的路径是：科学谋划发展格局；厘清法人治理结构；完善普惠性民办园扶持政策；健全普惠性民办园长效监控体系等。⑤ 在价格约束下民办园向普惠转型，雷万鹏、谢静认为财政支持政策应当是：加大公共财政投入，完善学前教育公共服务体系；建立健全一体化投入机制，明晰学前教育成本分担机制；重点保障教师待遇，优化财政经费配置结构；加强幼儿园财务管理，完善专项资金使用与监督办法。⑥

第四，针对普惠性民办学前教育发展面临的普遍问题而提出对策与建议。例如，庄小满、程立生提出，大力发展普惠性民办园的对策包括：清晰界定普

---

① 王世君. 发展普惠性学前教育的关键：完善保障机制——基于X省普惠性民办幼儿园调查的实证分析［J］. 现代教育科学，2022（2）：47-48.
② 李琪，孙晓轲. 普惠性民办幼儿园家长满意度的调查研究——以淮北市为例［J］. 幼儿教育（教育科学），2021（7，8）：60-62.
③ 雷芳. 长株潭三市普惠性民办幼儿园建设存在的问题与对策建议［J］. 学前教育研究，2014（11）：27-28.
④ 郑益乐，朱敬. 西部连片特困地区普惠性民办幼儿园长效发展机制研究［J］. 教育评价，2021（6）：45-47.
⑤ 李红霞. "分类管理"背景下省域普惠性民办幼儿园可持续发展的路径选择［J］. 现代中小学教育，2018，34（10）：68-71.
⑥ 雷万鹏，谢静. 价格约束下民办园向普惠转型的财政支持政策研究——基于湖北省4市6区（县）的实证调查［J］. 教育发展研究，2022，42（6）：4-7.

惠性民办园的内涵，广泛宣传发展普惠性民办园的意义；建立长效扶持与管理机制，实行分级分类扶持与管理；配备数量足够的幼教专干和教研员，加强对普惠性民办园的管理与督导评估。① 民办学前教育要实现"普惠性"目标，丁秀棠建议：多种形式增加学前教育资源，解决数量不足造成的入园难问题，实现"普惠性"目标的"教育机会均等"；多种措施提高办园质量，解决由于质量普遍不高造成的入园难问题，保障"普惠性"目标的"有质量"；落实政府财政责任，解决由于政府责任缺失而导致的入园贵问题，确保"普惠性"目标的"低价位"；规范幼儿园财务管理，解决由于举办者盈利水平过高造成的入园贵问题，共同确保"普惠性"目标的"低价位"。② 针对民办园"转普"的过程中存在的问题，马媛提出要明确普惠性民办园的认定程序、制定合理的收费标准、加大政府的扶持投入、加强幼儿园监管机制等，加快普惠性民办园的发展。③

此外，杨卫安提出，普惠性民办园的良性发展机制包括：赋予民办园与公办园同等的地位；对民办园实行分类管理并重点支持普惠性民办园；制定合理的准入制度和收费制度；把民办园纳入质量评价和监控体系。④ 郭猛认为，建设普惠性民办园的路径包括：政府部门和社会大众加强引领和宣传，营造普惠性民办园发展的良好氛围；加大政府扶持和监督力度，促进普惠性民办园健康成长；建立幼儿园教育质量指标体系，构建普惠性民办园准入与退出机制。⑤ 王海英等认为，民办园发展的突围之道在于促进"有质普惠"与"良知营利"的携手并进，最终实现以儿童为本、以社会为先的有情怀的民办幼教。⑥

（10）从法律角度研究普惠性民办学前教育中的议题

彭茜、郭凯研究了普惠性民办园法人定位，认为将普惠性民办园定位为非营利法人具有合法性，但将所有普惠性民办园定位为捐助法人值得商榷。⑦ 骈茂林研究了政府扶持普惠性民办园的法律问题及其规制路径，通过分析20个省

---

① 庄小满，程立生. 发展普惠性民办幼儿园的意义、困境与对策 [J]. 学前教育研究，2012 (11)：48-49.
② 丁秀棠. "普惠性"目标定位下民办学前教育的现状与发展 [J]. 学前教育研究，2013 (3)：19-21.
③ 马媛. 普惠性视角下民办园"转普"的困境及出路 [J]. 教育导刊（下半月），2017 (11)：21-22.
④ 杨卫安. 普惠性民办幼儿园良性发展的机制、成效与问题 [J]. 教育导刊（下半月），2014 (2)：5.
⑤ 郭猛. 建设普惠性民办幼儿园的价值与路径选择 [J]. 基础教育研究，2018 (18)：5-6.
⑥ 王海英，刘静，魏聪. "普惠之困"与"营利之忧"：民办幼儿园的两难困境与突围之道 [J]. 教育发展研究，2020，40 (12)：28-30.
⑦ 彭茜，郭凯. 普惠性民办幼儿园法人定位之探讨与重构 [J]. 华南师范大学学报（社会科学版），2021 (4)：69-77.

级政府普惠性民办园扶持政策发现，以往通过制定、执行规范性文件进行扶持的方式，已难以适应学前教育服务提供过程中双方的法律关系。适时引入行政合同等合作方式，可将地方政府从微观管理事务中解放出来，更好地履行普惠性学前教育服务的标准制定、合同管理和质量监管等职责。围绕行政合同的缔结、履行、评价设置法律程序，为合同双方及服务使用者提供法律救济程序，是解决政府扶持普惠性民办园相关法律争议的主要路径。[①] 唐淑艳、龚向和研究了学前教育立法中普惠性民办园的性质定位，认为当前普惠性民办园的性质定位不清极大地阻碍了民办学前教育的健康发展，亟须国家在学前教育立法中对普惠性民办园的性质定位予以明确。[②] 但柳松也研究了普惠性民办园的定位，作者通过对民办园发展实践的分析发现，民办园的过度逐利行为导致并加剧了入园贵问题，非营利性定位是遏制民办园过度逐利行为的重要手段。非营利性是普惠性民办园的必然定位。[③] 王燕等人研究了普惠性民办园诉讼案例中的具体争议，发现这些司法案例呈现的具体争议主要集中在普惠性民办园的认定、减免与优惠、奖补三个方面。其主要原因在于，从政策角度而言，普惠性民办园政策的过渡性与实施准备性不足、各级政策间的统一性不足、政策对多部门力量的调动性不足、对普惠性民办园个体的支持性不足。我国有关普惠性民办园的政策还有必要加强需求与效果调研，提升政策的可行性和有效性；深化细化流程标准，增强政策的指导性；完善学前教育法律法规，加大政策的约束力；加大讲解与宣传力度，提高政策的共识性。[④]

(11) 其他

第一，基于理论，研究普惠性民办学前教育中的问题。刘天子、杨立华从信息不对称理论、劳资议价理论、特征工资理论和制度变迁理论四个层面建立了一个多维统一的经济学分析框架，从理论上对普惠性民办园教师工资较低问题进行了阐释。[⑤] 陈希从循证理论视角，认为普惠性民办园内部管理存在以下问题：保教质量管理工作内部监控不足；财务管理工作规范性不足；师资管理工作人文精神不足。作者主张：完善保教质量管理工作，建立内部质量监控体系；完善财务管理工作，提高内部管理工作的规范性；完善师资管理工作，重

[①] 骈茂林. 政府扶持普惠性民办幼儿园的法律问题及其规制路径 [J]. 中国教育法制评论，2020 (1)：72-88.

[②] 唐淑艳，龚向和. 学前教育立法中普惠性民办幼儿园的性质定位 [J]. 湖南师范大学教育科学学报，2019，18 (6)：26-31.

[③] 但柳松. 非营利性：普惠性民办幼儿园的必然定位 [J]. 教师，2022 (6)：87-89.

[④] 王燕，史大胜，李丽. 普惠性民办幼儿园诉讼案例中的具体争议及其政策原因分析 [J]. 学前教育研究，2022 (7)：55-65.

[⑤] 刘天子，杨立华. 普惠性民办幼儿园教师工资水平较低的理论阐释——一个经济学的分析框架 [J]. 教育学术月刊，2021 (5)：59-65.

视人文管理。①

第二，关于普惠性民办园的效率。陈岳堂、李青清基于普惠性民办园的三方演化博弈，研究政府购买学前教育服务绩效发现，政府策略选择与监管成本和公信力有关，普惠园策略选择与努力成本、政府的奖惩措施及幼儿园自身的社会形象有关，公众策略选择则与政府公信力和普惠园所带来的获得感等有关。优化购买绩效主要应从降低政府监管成本与普惠园努力成本，增加普惠园努力收益，完善评估体系，加强公众满意度在绩效评估中的权重着手。② 彭顺绪、王骏基于南宁市1184所幼儿园的考察，研究了普惠性政策背景下民办园的办园效率，认为：民办园的办园效率普遍不高，普惠园的办园效率显著高于非普惠园；办园效率存在显著的城乡差异，城市园的综合效率和规模效率更高，农村园的纯技术效率更高；不同区域的民办园呈现出不同的投入产出模式，城市园和县城园表现出"高投入—高产出"的特征，乡镇园和农村园则表现出"低投入—低产出"和"高投入—低产出"的特征。应继续加大学前教育普惠性政策执行力度，逐渐破除学前教育资源投入的城乡二元分割体制，提高办园效率。③

此外，宋卫斌、郑一斌、刘新荣研究了武汉市普惠性民办园公用经费投入现状，认为存在的问题是：人员经费所占比例过高，人员流动性大；公用经费投入不足；建设性资金不足，缺乏办学后劲；奖补政策力度不够，标准偏低。作者主张：市域统筹，建立经费保障机制；提高公用经费拨款标准和奖补力度；进一步加强师资队伍建设；对弱势家庭出台专门政策进行精准帮扶；建立与办学成本、物价水平联动的收费标准稳定增长机制；加强财务管理意识，规范财务管理行为。④

（二）英文文献综述

1994年6月，在西班牙召开的"世界特殊需要教育大会"的宣言中提出一种新的教育理念，即"普惠性教育"（inclusive education）。它意味着每个孩子都有受教育的基本权利、独特的性别特征、兴趣、能力和学习需求。⑤

---

① 陈希. 循证理论在普惠性民办幼儿园管理中的运用探析 [J]. 教育导刊（下半月），2020（10）：55-59.

② 陈岳堂，李青清. 政府购买学前教育服务绩效优化研究——基于普惠性民办幼儿园的三方演化博弈分析 [J]. 当代教育论坛，2019（1）：1-10.

③ 彭顺绪，王骏. 普惠性政策背景下民办园的办园效率——基于南宁市1184所幼儿园的考察 [J]. 上海教育科研，2022（1）：48-54.

④ 宋卫斌，郑一斌，刘新荣. 武汉市普惠性民办幼儿园公用经费投入现状及对策研究 [J]. 教育财会研究，2017，28（3）：86-90.

⑤ Yan Jingyi. The Application of Inclusive Education in China, paper represented at the 2022 International Conference on Social Sciences and Humanities and Arts (SSHA 2022), 2022, pp. 334-337.

在英文论文中，未见到普惠性民办（私立）学前教育的专门研究。这大概是因为私立教育本是服务于一部分人而非面向全体大众的。并且，有关普惠性学前教育（inclusive preschool education）或普惠性幼儿园（inclusive kindergarten）的论文也不多。论文内容主要涉及以下几个方面。

第一，关于普惠性民办园的研究。例如，中国学者 Jian-guang Qiu 研究了民办园普惠性转型的问题与对策。作者认为，目前各地采取了资金补偿、提供幼儿园建房、维修或租赁资金、减税降费等政策，积极探索由民办园向普惠性幼儿园转型的财政支持方式，取得了一定成效，但仍存在缺乏长远规划、质量标准模糊、政府财政投入少、比重低、缺乏竞争机制、轻管理建设等问题，迫切需要进一步合理规划布局，建立质量标准，加大政府投入，引入竞争机制，加强质量和资金监管，确保民办园健康发展。① 中国学者 Guobin Jun 以中国西部 3 省（区、市）为例，分析了西部地区普惠性民办园政策的内容。研究发现，普惠性民办园的政策有其自身的特点：为孤儿、贫困儿童和其他弱势群体提供经济支持；为普惠民办园提供资金支持和政策优惠；设定到 2020 年普惠性幼儿园覆盖率达到 80%的目标；制定监督管理政策。②

第二，关于普惠性学前教育发展的模式和策略。例如，为了规范普惠性学前教育的市场化和私有化改革，科学有效地应用普惠性学前教育的 PPP 模式，Meng Zhang 等人研究了普惠性学前教育中 PPP 模式的国际经济与启示，认为基础教育中 PPP 模式国际实践包括：在学校基础设施建设中的公私合作、学校采购、私人经营公立学校、协议供应模式、定向凭证模式。这些实践取得了一些成果，但也存在一些问题。它们给中国提供了一些启示：中国与其他国家在国情、文化环境和教育特点方面存在很大差异，不能照搬外国模式；要在法律层面认识到民办学校在幼儿教育中的作用，鼓励发展 PPP 办学模式；制定科学合理的公私 PPP 办学模式合作框架；应引进来自国际教育组织的投资和技术；在探索普惠性学前教育 PPP 模式的过程中，应做好推广和宣传工作。③ Jie Yang 基于生态系统理论视角，研究了普惠性学前教育有效实施的策略。作者认为，作为国家基础教育的重要组成部分，发展普惠性学前教育已被纳入国家教育发展

---

① Jian-guang Qiu. Problems and Countermeasures in the Inclusive Transformation of Private Kindergartens, paper represented at the 2018 International Conference on Computer, Communication and Network Technology (CCNT 2018), 2018, pp. 198-201.

② Guobin Jun. Policy Analysis of Inclusive Private Kindergarten in Western China Taking the Three Provinces, Municipalities and Autonomous Regions in the Western Region as an Example, paper represented at the 2020 Conference on Education, Language and Inter-cultural Communication (ELIC 2020), 2020, pp. 36-43.

③ Meng Zhang, Yang Liu, Jing Cheng. International Experience and Reference of PPP Model in Inclusive Preschool Education, paper represented at the Proceedings of 2nd International Workshop on Education Reform and Social Sciences (ERSS 2019), 2019, pp. 160-165.

规划。建议将普惠性学前教育纳入我国义务教育，指出关于普惠性学前教育的立法呼声日益高涨。这说明普惠性学前教育受到了更多关注。由于幼儿园教师的普惠性学前教育意识会直接影响教育行为，通过生态系统理论分析，具有一定融合教育历史的国家的幼儿园教师和中国的幼儿园教师都具有普惠性学前教育意识。从能力上看，普惠性学前教育尚未达到满足社区居民所有相关需求的程度，社区没有满足每一个幼儿和家长的实际需求，直接导致其内在有矛盾。为此，教育部门与职能部门应共同协商，建立学前融合教育综合领导架构，明确分工，完善领导机制。同时，幼儿家长也要参与普惠性学前教育事业，积极发挥自身能力，建言献策。[①]

第三，关于人们对普惠性学前教育的认知。例如，中国四川乐山师范学院 Xiu Li 以四川省户籍父母为研究对象，对普惠性学前教育接受程度进行了问卷调查。研究发现，家长对普惠性学前教育的接受程度不容乐观。由于缺乏对普惠性学前教育的正确认识，很多家长担心特殊儿童会对正常儿童产生不利影响。作者建议广泛宣传普惠性学前教育理念，加大投入，培养专业的特殊教育教师。[②] 印尼学者 Diana 等为探讨印尼学前教师对实施普惠性教育的认知和态度，研究了 138 名参与者（包括印尼中爪哇省的校长、课程开发人员和教师）。结果显示，幼儿教师对学校特殊需要儿童的态度积极，接受度高。然而，教师们表示，由于缺乏足够的知识和技能来管理普惠性教育环境中的学习，因此在处理有特殊需要的儿童时遇到了困难。教师需要接受特殊培训，以提高他们处理有特殊需要的儿童的专业能力，并在普惠性课堂中协助他们的学习过程。[③] 印尼学者 Chairunnisa Rizkiah、Farida Kurniawati 采用量表对 90 名印尼幼儿教师进行了问卷调查，探讨了幼儿教师人格特征与个体对普惠性教育的态度之间的关系，并考察了这种态度是否受到教学经验和专业发展的影响。研究发现，开放性特质与教师态度的认知域显著相关，五种特质均与情感态度域显著相关，除神经质特质外，其余特质均与行为态度域显著相关。然而，教学经验对教师态度并无显著影响，且参与者的情感领域得分随其是否有过普惠性教育专业发展而有

---

① Jie Yang. Research on Strategies for Effective Implementation of Inclusive Preschool Education from the Perspective of Ecological systems theory, paper represented at the 2023 International Conference on Economics, Education and Social Research, 2023, pp. 376-381.

② Xiu Li. Research on Parents' Acceptance of Preschool Inclusive Education Taking Sichuan Province as an Example, paper represented at the Proceedings of International Conference on Education Studies: Experience and Innovation (ICESEI 2020), 2020, pp. 23-33.

③ Diana, Sunardi, Gunarhadi, et al. Preschool Teachers' Attitude Toward Inclusive Education in Central Java, Indonesia, paper represented at the Proceedings of the 3rd International Conference on Learning Innovation and Quality Education (ICLIQE 2019), 2020, pp. 1361-1368.

所不同。① 印尼学者 Hanifah Sabila 等还比较了普惠性和非普惠性幼儿园学龄前儿童家长对特殊需要学生的态度差异。研究发现，在普惠性幼儿园和非普惠性幼儿园中，家长对特殊需要学生的态度没有差异。②

第四，关于实施普惠性学前教育的意义与问题。例如，印尼学者 Suhendri 等研究了印尼推行普惠性幼儿园的益处与挑战。他们认为，普惠性教育是政府不仅为普通学生，而且为有特殊需要的学生提供体面教育权利的努力。这一调整旨在带来和维持一个友好的环境，多样性发展。在幼儿园层面，由于幼儿园不是印尼的教育必修课程之一，普惠性教育往往被忽视。事实上，采用系统的文献研究法研究发现，幼儿园实施普惠性教育对所有学校成员都有显著的益处。当然，它也面临挑战，最大的挑战来自每个幼儿园的支持系统。作者希望为所有儿童的入学机会和公平提供一个范式，并为印尼实施高质量的普惠性幼儿园提供参考。为此，为幼儿园教师提供普惠性教育的专业发展是必要的，特别是来自政府和社区的；政府要积极关注普惠性教育。③ 印尼学者 Dini Anggia、Harun Harun 描述了普惠性幼儿园对特殊需要儿童实施普惠性教育。他们认为，从本质上来讲，幼儿期的需求因人而异，包括他们的身体运动发展、语言及其他个人需求，特别是对于那些在发育过程中有特殊需要如治疗的人。普惠性教育重要的是为有特殊需要的儿童提供一个学习的场所，使孩子能够正常社会化。研究显示，普惠性幼儿园在实施目标、教育目标、设施准备、学校管理、特殊需要儿童的评估和识别、学习成果的评估和报告等方面实施了普惠性教育，但在特殊教育教师的配备方面，这类学校没有特殊教育老师，也没有为有特殊需要的孩子开设特殊课程。④

第五，关于普惠性幼儿园儿童的研究。例如，印尼学者 Marlina Marlina 研究了如何以自我管理策略促进普惠性幼儿园自闭症儿童的社会行为。研究表明，同伴调节的自我管理策略对自闭症儿童的社会行为有影响，包括开始对话、开

---

① Chairunnisa Rizkiah, Farida Kurniawati. Relationship Between Personality Traits and Attitude Toward Inclusive Education in Indonesian Preschool Teachers［J］. Proceedings of the 2nd International Conference on Intervention and Applied Psychology（ICIAP 2018），2019，pp. 566-575.

② Hanifah Sabila, Farida Kurniawati. Parental Attitudes of Preschool Children toward Students with Special Needs in Inclusive and Non-Inclusive Kindergartens：A Comparative Study，paper represented at the Proceedings of the 2nd International Conference on Intervention and Applied Psychology（ICIAP 2018），2019，pp. 602-609.

③ Suhendri, Kawai Norimune, Ediyanto, et al. Implementation of Inclusive Kindergartens in Indonesia：Benefits and Challenges，paper represented at the 1st International Conference on Early Childhood Care Education and Parenting（ICECCEP 2019），2020，pp. 74-80.

④ Dini Anggia, Harun Harun. Description of Implementation Inclusive Education for Children with Special Needs in Inclusive Kindergarten，paper represented at the Proceedings of the International Conference on Special and Inclusive Education（ICSIE 2018），2019，pp. 181-187.

始游戏和保持互动。① 印尼学者 Mayasari Arti 等人研究了普惠性幼儿园 3 名 4~5 岁的自闭症儿童（分别为轻度、中度和重度）在社会交往中的沟通技巧。作者认为，沟通很重要，将沟通应用于儿童早期，能够让自闭症儿童与其环境进行良好的联系与互动。自闭症儿童的沟通不同于常规儿童沟通，因为他们会经历三种障碍：沟通障碍、互动障碍和行为障碍。结果显示，自闭症儿童的沟通技能存在差异。重度自闭症儿童能够通过帮助说 1~2 个单词进行交流，发音清晰，但言语仍没有交流功能。中度自闭症儿童能够交流，发音清晰，但仍有一些话语含糊不清。轻度自闭症儿童中能够用两种方式交流的孩子，发音仍然不太正确。② 印尼学者 Siti Hitthotunnahdliyyah Al Badawi 等探讨了普惠性班级环境中具有特殊需要幼儿的社交互动技能。研究显示，有特殊需要的孩子仍不太可能与正常发育的同龄人互动。③

第六，关于普惠性幼儿园的成本。例如，Yang Du、Mingzheng Hu 以中国 R 市 RE 区为例，研究了城市郊区不同性质普惠性幼儿园的收入结构、支出结构和成本结构。他们认为，中国政府本着维护学前教育全民受益原则的明确态度，提出了全民普惠的明确目标。面对物价上涨的压力，普惠性幼儿园受到价格限制，导致经营困难。作者建议：公办园要积极努力创建高档幼儿园；调整办园规模，实现规模经济；政府应继续加大对学前教育的投资，为公立和普通私立幼儿园配备高素质的合格教师等。④

此外，印尼学者 Melina Lestari 等论述了教师与家长合作创造普惠性文化的机会结构。研究表明，学校建立了机会结构，通过家长活动（家长教育）和家长参与，旨在使项目和决策社会化以建立教师和家长之间的伙伴关系。然而，普惠性文化的发展尚未达到最佳状态。因此，在建立其他机会结构方面，还需

---

① Marlina Marlina. Increasing Social Behavior through Self-Management Strategy with Children with Autism in the Inclusive Kindergarten, paper represented at the Proceedings of the International Conference of Early Childhood Education (ICECE 2017), 2017, pp. 153-156.

② Mayasari Arti, Yuliati Nanik, Saputri Senny Weyara Dienda. Communication Skills of 4 to 5 Years Old Autistic Children at Inclusive Kindergarten, paper represented at the 2nd Early Childhood and Primary Childhood Education (ECPE 2020), 2020, pp. 256-258.

③ Siti Hitthotunnahdliyyah Al Badawi, Suparno Suparno. Social Interaction Skills of Children with Special Needs in Inclusive Kindergarten, paper represented at the Proceedings of the International Conference on Special and Inclusive Education (ICSIE 2018), 2019. pp. 344-347.

④ Yang Du, Mingzheng Hu. Study on Cost Sharing of Inclusive Kindergartens in Suburban Area: Take RE District of R City in China as an Example, paper represented at the 2nd International Conference on Economic Management and Corporate Governance (EMCG 2022), 2022, pp. 398-407.

要其他策略来发展教师与家长之间的伙伴关系，以建立学校的普惠性文化。①日本学者 Lilis Madyawati 等研究了印尼沃诺索博（Wonosobo）灾区普惠性学前教育管理。作者以沃诺索博三所幼儿园的校长、教师、特殊需要儿童和治疗师（助理教师）为研究对象，并分析了普惠性学前管理的相关文件。研究显示，三所机构致力于照顾及协助有特殊需要的学生发展潜能；普惠性教育旨在在学生身上建立强烈的伊斯兰信仰；沃诺索博地区普惠性幼儿园的管理包括规划、组织、实施和评价机构的愿景与使命等。②

除了上述与普惠性民办学前教育相关的英文论文成果外，在英文著作成果中也未见到关于普惠性民办（私立）学前教育的专门研究成果，甚至未见到普惠性学前教育的专门著作。相关文献主要集中在以下几个方面。

首先，是关于普惠性教育的研究。例如，英国伍尔弗汉普顿大学（University of Wolverhampton）的 Zeta Brown 认为，普惠性教育是复杂、多层面和不断变化的，对"普惠性"一词至今还没有一个固定定义。这导致对普惠性教育在实践中实际含义的混淆。作者在著作中向读者介绍了潜在的知识和更广泛内容的复杂性，并探讨了与它可能相关的实践。鉴于普惠性指所有学习者，它探讨了最广泛意义上的普惠性实践的概念，研究了它在各种机构中的实施情况。具体涵盖的主题包括："普惠性"的定义、普惠性实践中教育学的相关性；如何领导和管理普惠性教育、学前与中小学及 16 岁后环境中的普惠性问题、家庭普惠性实践、普惠性实践的国际视角等。通过该书，研究者可考虑更广泛的概念，利于批判性地评估实践中执行普惠性目标的现实。③ Anat Greenstein 认为，许多从事教育工作的人起初对教育充满热情，视教育为一种积极力量，可促进学习者的生活和整个社会的变化，然而，他们逐渐发现自己对经常疏远和排斥许多学生的官僚体制感到沮丧，对被认定为有"特殊教育需要"或残疾的学生来说尤其如此。这个标签经常被用来证明学生在一个专注于狭隘的知识定义、寻求规范和控制行为、重视经济生产力而不是其他形式的人类活动的系统中的失败。Anat Greenstein 的著作探讨了现行的教育实践，如标准化考试和排名表，排斥许

---

① Melina Lestari, Sunaryo Kartadinata, Sunardi. Opportunities Structure in Partnership Between Teachers and Parents in Creating Inclusive Culture at Play Group and Kindergarten, paper represented at the Proceedings of the International Conference on Educational Psychology and Pedagogy: "Diversity in Education" (ICEPP 2019), 2020, pp. 178-181.

② Lilis Madyawati, Hamron Zubadi, Khusnul Laely, et al. Inclusive Early Childhood Education Management in Disaster Areas of Wonosobo Regency, Central Java, paper represented at the Proceedings of the International Conference on Educational Psychology and Pedagogy: "Diversity in Education" (ICEPP 2019), 2020, pp. 150-153.

③ Zeta Brown. Inclusive Education: Perspectives on pedagogy, policy and practice [M]. Oxon: Routledge, 2016.

多残疾学生或使其不及格,并将围绕着性别、阶级、种族和能力的教育不平等正常化。该书认为,面向社会正义和普惠的教育理论和实践,需要认识和重视人类表现、需求和能力的多样性,并促进支持相互依存关系的教学实践。该书借鉴了残疾研究、批判心理学和批判教育学方面的研究成果,以及对残疾人运动积极分子的采访和对一所学校的研究,提供了一些案例,阐明了激进的普惠性教育——对所有学生的需求都很敏感——在实践中可能是什么样子。① Felicity Armstrong 等提出并讨论了一种行动研究方法,以帮助扭转教育中的歧视和排他性做法。该书通过探索教师如何通过基于平等和民主原则的行动研究,来解决学校环境中的不平等问题,进而解决广泛的现实生活问题。具体内容包括:关于少数民族服务的合作、难民和寻求庇护的儿童、自闭症儿童在读写时间与同伴一起工作、行动研究和同性恋学生的包容、发展学习支持助理在普惠方面的作用、减少对有挑战行为儿童的排斥、倾听有严重学习困难的年轻人的声音、开发特殊学校和主流学校之间的联系、挑战继续教育中的边缘化做法。②

其次,是关于各国或地区普惠性教育的研究。例如,O'Hanlon Christine 研究了欧洲的普惠性教育。③ Stacey N. J. Blackman 等研究了在加勒比及其他地区如何实现普惠性教育。④ Tsediso Michael Makoelle 等以哈萨克斯坦为例,研究了"后苏联"的普惠性教育。⑤ Collet Jordi 等人基于西班牙的教训,研究了全球普惠性教育。⑥ Wangqian Fu 研究了中国的普惠性教育的理念、实践与挑战。⑦

此外,Linda J. Graham 研究了21世纪的普惠性教育的理论、政策与实践⑧,Wang Yan 研究了中国普惠性教育的师资准备⑨,等等。

综上,关于普惠性民办学前教育,在英文文献中并不是十分热门的课题,除了其中的中国研究者之外,国外研究者主要关注的是针对自闭症儿童、残障

---

① Anat Greenstein. Radical Inclusive Education [M]. London: Taylor and Francis, 2015.
② Felicity Armstrong, Michele Moore. Action Research for Inclusive Education [M]. London: Taylor and Francis, 2004.
③ O'Hanlon Christine. Inclusive Education in Europe [M]. London: Routledge, 2017.
④ Stacey N. J. Blackman, Dennis A. Conrad, Launcelot I. Brown. Achieving Inclusive Education in the Caribbean and Beyond [M]. Switzerland: Springer, 2019.
⑤ Tsediso Michael Makoelle, Michelle Somerton. Inclusive Education in a Post-Soviet Context A Case of Kazakhstan [M]. Cham, Switzerland: Springer, 2021.
⑥ Collet Jordi, Naranjo Mila, Soldevila Pérez Jesús. Global Inclusive Education: Lessons from Spain [M]. Berlin: Springer International Publishing, 2022.
⑦ Wangqian Fu. Inclusive Education in China: Ideas, Practices and Challenges [M]. London: Taylor and Francis, 2022.
⑧ Linda J. Graham. Inclusive Education for the 21st Century: Theory, Policy and Practice [M]. London: Taylor and Francis, 2020.
⑨ Wang Yan. Preparing Teachers for Inclusive Education in China [M]. London: Taylor and Francis, 2023.

儿童等特殊儿童的学前教育。这些成果都对中国普惠性民办学前教育的实践提供了有益启示。

总之，上述国内外学者的研究，把关于普惠性学前教育的研究推到了一个新的高度，为此后研究打下了较好基础，但关于"社会力量在提供普惠性学前教育资源中的角色"的专门研究，目前在国内外学界尚未见到，而学界对普惠性民办幼儿园论述较多，且提了不少对策建议，国家也对社会力量提供普惠性学前教育资源寄予相当大期望，不断出台鼓励政策予以支持。在提供普惠性学前教育资源中，社会力量能充当与政府同等重要的角色吗？或者能充当重要角色吗？这无疑是值得研究的重要课题，具体来说，以下方面需要深入探讨。

第一，针对普惠性学前教育，提出对策建议或者制定政策，均必须建立在对现实的充分把握的基础之上，而不是简单地出于良好愿望，或者地方政府在提供普惠性学前教育资源中，不太愿意充当主体角色而希望社会力量来充当。现实的情况到底如何呢？在提供普惠性学前教育资源中，社会力量在实践中到底充当了什么角色？

第二，在市场经济条件下，在市场对资源配置起决定性作用的大背景之下，社会力量提供普惠性学前教育资源面临的角色冲突是什么？

第三，政府出台政策，大力扶持社会力量提供普惠性学前教育资源，政府面临的角色失调的具体内容是什么？普惠性学前教育政策目标的实现能不能得到保障？

第四，社会力量是一个笼统的概念，社会力量并非铁板一块。依靠社会力量提供普惠性学前教育资源，到底应主要依靠其中的哪一部分社会力量？

第五，在国际上，包括发达资本主义国家和社会主义国家，在提供普惠性学前教育资源中，社会力量是什么角色？是否能提供一些启示？

第六，基于社会力量的办学目标、现实条件与它在提供学前教育资源中的实践角色，推动社会力量在提供普惠性学前教育资源中充当一定角色，到底应采取哪些可行性较高的对策与建议？

上述这些问题都值得进一步深入探讨，本课题拟在这些方面有所突破。

五、研究的思路与内容

本课题坚持以马克思主义的辩证唯物主义和历史唯物主义为指导，充分贯彻习近平新时代中国特色社会主义思想，按提出问题—分析问题—解决问题的基本思路展开研究。基于系统梳理国内外前期相关研究和相关理论，更具体的思路与内容在于以下方面。

第一，分析社会力量在提供普惠性学前教育资源中的理论角色。系统梳理党和政府已出台的学前教育政策文本中，对社会力量在提供普惠性学前教育资源中的角色进行定位，并深入剖析对社会力量角色定位的内在机理。

第二，研究社会力量在提供学前教育资源中的实践角色与内在机理。通过深入实地进行调查研究，结合其他一些学者提供的调研资料，分析现实中社会力量在提供学前教育资源中实际扮演的角色，并较为全面地剖析其内在机理。

第三，研究个体利益取向的社会力量在提供普惠性学前教育资源中的角色冲突。社会力量可分为个体利益取向的社会力量、集体利益取向的社会力量。通过深入实地调查研究，探索在市场经济条件下，在市场对资源配置起决定性作用的环境中，个体利益取向的社会力量提供普惠性学前教育资源时所面临的角色冲突。

第四，研究政府扶持社会力量提供普惠性学前教育资源面临的角色失调。主要探讨在目前政府出台政策扶持社会力量提供普惠性学前教育资源的背景下，政府作为普惠性民办学前教育政策供给者、资金支持者、监管者所面临的角色失调。

第五，研究国外社会力量在提供学前教育资源中的角色状况。除了分析国外社会力量提供学前教育资源概况外，主要探讨以美国、英国为代表的发达资本主义国家，以朝鲜为代表的传统社会主义国家，以俄罗斯为代表的转型国家的社会力量，在提供学前教育资源中的角色状况。

第六，对策与建议。主要研究根据国家确立的普惠性学前教育的目标，鉴于各类社会力量的办学目标及其在提供学前教育资源中的实践角色，以及国外的经验启示，提出具有较高可行性的对策与建议，推动我国普惠性学前教育发展。

六、研究方法

本课题研究主要采用以下方法。

（一）文献研究法

本课题研究运用文献研究法，广泛收集社会力量提供普惠性学前教育资源的相关文献，所用文献主要来自两类：第一类是主要来自社会学、教育学等相关专业的著作和期刊论文、全国及地方性教育法规，以及课题组各成员所收集到的民办园的文献资料等；第二类是来自中国国家统计局网站、中国教育部网站、联合国教科文组织网站与世界银行网站的统计数据，以及江西教育网教育统计资料等。对第一类文献主要是运用内容分析与二次分析法，运用文献材料证明本文的相关论点；对第二类文献主要是运用现存统计资料分析法，运用全国性的统计数据论证本课题相关论点的普适性，同时与国外经验进行比较，为本课题研究提供借鉴。

（二）调查研究法

本课题的调查研究法包括访谈法和问卷法。访谈法是对江西省城乡一些政府学前教育主管部门领导及工作人员、民办园举办者与教师、民办园幼儿家长或监护人等进行调查，以取得来自各方面的关于社会力量在提供普惠性学前教育资源中角色的相关资料。第一次调研于2018年8月至9月进行。课题组对江西省城乡92所民办园（含48所已认定的普惠性民办园）的举办者、教师及家长共发放了300份问卷，有效问卷283份，有效率94.3%。课题组还对8位政府学前教育部门管理者进行了深度访谈。后因要抽出时间完成课题负责人的国家课题及突如其来的三年疫情影响，因而在2022年7月至8月和2023年7月至8月的暑期及其他时间，课题组进行了多次补充调研。在补充调研中，对江西省城乡来自民办园的举办者、教师、幼儿家长等方面的共计400个样本进行了问卷调查，有效问卷374份，再次获得一些一手资料。本书所引用的课题组的问卷调查资料，凡未注明时间之处都是2022年补充调查所得。

（三）定量分析法与定性分析法

查阅全国及江西省近几十年来学前教育事业统计资料、学前教育经费统计资料、江西省统计年鉴、联合国教科文组织学前教育统计资料等，对中国及江西省学前教育的现状、变化趋势等做定量分析；同时，把定量分析与定性分析结合起来，深入江西省城乡各地，调查当前社会力量提供普惠性学前教育资源面临的角色冲突、剖析其内在机理，对社会力量在其中的角色进行科学合理的重新定位。

（四）比较研究法

将我国社会力量提供普惠性学前教育资源的条件、状况等，与以美国、英国为代表的发达资本主义国家，以朝鲜为代表的传统社会主义国家，以俄罗斯为代表的转型国家的某些条件、状况进行比较，从中汲取经验教训。

七、理论基础

（一）以人民为中心的发展思想

以人民为中心的发展思想的内涵，具体包括以下方面。

1. 根本立场：发展为了人民

为谁发展的问题是人类社会发展过程中首先要考虑的根本立场问题。马克思主义认为人是社会历史的主体和创造者，人类社会一切活动的根本目的首先是人的发展。不同社会、不同国家、不同政党在为谁发展的问题上是不同的，习近平总书记指出，"为什么人、靠什么人的问题，是检验一个政党、一个政权性质的试金石"①。中国共产党自成立之日起就把人民立场作为根本政治立场，把人民利益摆在至高无上的地位，不断把为人民造福的事业推向前进。以人民为中心的发展思想，坚持把人民放在最高位置，坚持一切为了人民，为满足人民对美好生活的向往而矢志奋斗。正如习近平总书记所言："带领人民创造幸福生活，是我们党始终不渝的奋斗目标。"② 坚持发展为了人民，就要积极回应人民群众最关心的现实问题，不断实现人民群众的根本利益，更要努力促进人的全面发展。

2. *方法论：发展依靠人民*

发展依靠人民解决了方法论问题。以人民为中心的发展思想坚持发展依靠人民，表明发展的方法或手段就是依靠人民。从来就不存在什么救世主，是人民群众创造了历史并决定历史的发展方向。全面建成小康社会，实现中华民族伟大复兴的中国梦，是亿万名中国人民自己的事业。在此过程中，一切工作都应该而且必须以人民为根本立足点和出发点，尊重人民的主体地位。正如习近平总书记所言："坚持人民主体地位，充分调动人民积极性，始终是我们党立于不败之地的强大根基。"③ 坚持发展依靠人民，就要植根于群众之中，尊重人民的主体地位和首创精神，还要充分调动人民的积极性、主动性和创造性，最大限度地汲取人民群众的智慧和力量，最广泛地动员人民群众投身到社会主义现代化建设伟大事业之中。

3. *价值观：发展成果由人民共享*

坚持以人民为中心的发展思想，最终要体现在发展成果的分配上，要保障人民切实从发展中得到实惠，发展成果确实惠及全体人民。党的十八届五中全会提出的共享发展理念强调发展成果由人民共享，指明了我国社会主义现代化建设的价值取向，体现了我们党全心全意为人民服务的根本宗旨，是社会主义的本质要求和社会主义优越性的集中体现。发展成果由人民共享，内在地包含了四个层面的内容。就覆盖面而言，发展成果由人民共享中的"人民"，指的不是少数人，也不是一部分人，而是全体人民。其中，全体人民既包括当代人也包括子孙后代，社会主义现代化建设的成果不仅由当代人共享，还应惠及子孙后代。就内容而言，发展成果的共享不应该局限在单一的物质层面，还应该注重在政治、文化、社会、生态等各个层面，让人民公平合理地共享发展的权利、机会和成果，让人民群众有更多的获得感和幸福感。就实现途径而言，发

---

① 习近平谈治国理政（第二卷）[M]. 北京：外文出版社，2017：52.
② 习近平谈治国理政（第二卷）[M]. 北京：外文出版社，2017：40.
③ 习近平谈治国理政 [M]. 北京：外文出版社，2014：27.

展成果由人民共享实际上是共建与共享的有机统一。共建是共享的前提和基础，共享是共建的动力和目标。在全面建成小康社会以及实现共同富裕的过程中，只有做到人人参与、人人尽力，才能保证人人都有获得感。就推进进程而言，在实现发展成果由人民共享的过程中，要做到一切从实际出发，立足我国的基本国情，根据不同阶段的经济社会发展水平制定相应的共享发展策略，既不能做超越当前社会发展阶段的事情，也不能在实现共同富裕的道路上裹足不前、无所作为。做到发展成果由人民共享，就要坚持以经济建设为中心，大力发展生产力，加强制度建设。

4. 检验论：发展效果要由人民"说了算"

发展为了人民、发展依靠人民、发展成果由人民共享，意味着要确立人民"说了算"的思想观念。习近平总书记指出："我们党的执政水平和执政成效都不是由自己说了算，必须而且只能由人民来评判。"[①] 其原因在于：一是从发展的主体来看，是以广大人民群众为核心而构成的主体。二是从发展的价值取向来看，发展具有利民性，即发展是为了人民群众，它要满足广大人民的需要，实现他们的利益，为他们谋福祉。习近平总书记指出："坚持人民性，就是要把实现好、维护好、发展好最广大人民根本利益作为出发点和落脚点。"[②] 三是从发展的动力来看，社会发展或社会历史的进步离不开广大人民的推动，人民群众是推动社会历史发展的主力军或主体力量。人民群众的主动性、积极性、创造性为社会发展提供了永不衰竭的动力源泉。正如习近平总书记指出的："人民是历史的创造者，群众是真正的英雄。人民群众是我们力量的源泉。"[③] 四是从发展的方法来看，具有人民性，如我们党的群众路线，就是一种工作方法，在发展的政策制定上，就要走群众路线，倾听群众呼声，捕捉群众要求，解决他们的难题，而且政策的效果要由群众检验。总之，人民群众在发展上起着确立社会发展的历史方位、确立社会发展的应有方向，为社会发展制定或提供原则方法，为社会发展提供动力等作用。因而，发展的效果就要由人民说了算。发展的效果由人民"说了算"，就是要把人民群众的意见或满意度作为评判党的执政得失和发展好坏的标准，要在作风建设上下功夫，要在全面从严治党、加强党的建设上下功夫，要在建设服务型政府上下功夫。[④]

以人民为中心的发展思想，对本课题研究具有重要的理论指导意义。至少有以下几点：①政府应正确对待学前教育的性质。政府应主要从发展为了人民

---

① 习近平谈治国理政 [M]. 北京：外文出版社，2014：28.
② 习近平谈治国理政 [M]. 北京：外文出版社，2014：154.
③ 习近平谈治国理政 [M]. 北京：外文出版社，2014：5.
④ 付海莲，邱耕田. 习近平以人民为中心的发展思想的生成逻辑与内涵 [J]. 中共中央党校学报，2018，22（4）：24-29.

的根本立场出发，将学前教育的发展主要作为一项公益事业，努力办好它，以满足广大学龄前儿童的需要。②政府应将广大学龄前儿童纳入共享发展成果的范畴。经过新中国 70 余年的发展，特别是改革开放 40 余年的发展，我国已成为世界第二大经济体，为我国发展学前教育奠定了坚实的基础。基于以人民为中心的发展思想的价值观，发展成果由人民共享，因而政府应担负发展普惠性学前教育的主体角色，让广大学龄前儿童共享发展成果。③基于以人民为中心的发展思想的方法论，中国未来发展的依靠力量就是今天的学龄前儿童，因而政府也应在发展学前教育中充当主要角色，而不是让社会力量充当。④基于以人民为中心的发展思想的检验论，近些年来许多家庭为入园难入园贵所困，甚至已影响到人口的社会再生产，政府也有责任在发展学前教育中切实贯彻以人民为中心的发展思想。

（二）社会角色理论

"角色"，最先是戏剧中的名词，指演员所扮演的剧中人物。20 世纪 20 年代至 30 年代，一些学者将其引入社会学，于是成为社会学的基本理论之一。

一般来说，社会角色或角色，是指与人们的某种社会地位、身份相一致的一整套权利、义务的规范与行为方式。它是人们对具有特定身份的人的行为期待。角色是构成社会群体或组织的基础。具体说来，它包括以下含义：角色是社会地位的外在表现；角色是人们的一整套权利、义务的规范和行为模式；角色是人们对于处在特定地位上的人们行为的期待；角色是社会群体或社会组织的基础等。①

在社会中，角色不是孤立存在的，而是与其他角色联系在一起的。这样一组相互联系、相互依存、相互补充的角色就构成角色集。任何一个人并非仅承担某一种社会角色，而总是承担着多种社会角色。

基于不同角度，社会角色可分为多种类型。常见的有如下几种：①从人们获得角色的方式来看，社会角色可分为先赋角色、自致角色。先赋角色是指，建立在血缘、遗传等先天的或生理的因素基础上的社会角色。自致角色是指，主要通过个人的活动与努力而获得的社会角色。②从人们承担社会角色时的心理状态来看，社会角色可分为自觉的角色、不自觉的角色。自觉的角色是指，人们在承担某种角色时明确意识到自己正担负着一定的权利、义务。不自觉的角色是指，人们在承担某一角色时，并未意识到自己正在充当该角色。③从社会角色规范化的程度来看，社会角色可分为规定性角色、开放性角色。规定性角色是指，有比较严格和明确规定的社会角色，即对这种角色的权利和义务有明确规定。开放性角色是指，没有严格、明确规定的社会角色。④从社会角色

---

① 郑杭生主编. 社会学概论新修（第 5 版）[M]. 北京：中国人民大学出版社，2019：160-162.

追求的目标来看，社会角色可分为功利性角色和表现性角色。功利性角色是指，以追求效益和实际利益为目标的社会角色。表现性角色是指，不以获得经济上的效益或报酬为目的，而是以表现社会制度与秩序、表现社会行为规范、价值观念、思想道德等为目的的社会角色。① ⑤从角色存在形态来看，社会角色可分为理想角色、领悟角色、实践角色。理想角色，也叫期望角色，是指处于特定地位角色所设定的理想的规范与公认的行为模式，也就是说，它是一种"应该怎样"的社会观点，实质即社会角色行为的理想化模式。领悟角色是指，人们对所扮演的角色的行为模式的理解，也就是说，人们基于对理想角色的理解所形成的观念上的角色模式。实践角色是指，个体基于对角色的理解而在扮演过程中所表现出来的实际行为，也就是说，人们在社会互动过程中实际扮演的社会角色。②

此外，还可按其他分类标准对社会角色作不同分类。例如，按角色的重要程度，可分为重要角色、次要角色③；按角色性质，可分为理论角色、实践角色。

当一个人具备了充当某种角色的条件，去担任这一角色，并按这一角色所要求的行为规范去活动时，这就是社会角色的扮演。④

人们在扮演角色过程中并非一帆风顺，不仅会出现角色差距，而且常会产生矛盾，甚至遭到失败，这就是角色扮演的失调现象。常见的角色失调有以下几种：①角色紧张。角色紧张通常是指一个人在其角色扮演的实际过程中所引起的在时间和精力上的紧张。当一个人同时进行多重角色的扮演时，面对各种不同的角色要求，个人在时间和精力的分配上就会发生矛盾，产生角色紧张。②角色冲突。在社会角色的扮演中，在角色之间或角色内部发生了矛盾、对立和抵触，妨碍了角色扮演的顺利进行，就产生了角色冲突。角色冲突有两种基本类型：一种是角色间的冲突，即不同角色承担者之间的冲突。它常常是由角色期望的不同、角色领悟的差别以及人们没有按角色规范行事等原因而引起。另一种是角色内的冲突，即一个人承担了多种角色后，在他自身内部发生了冲突。这种冲突一方面是因为角色紧张引起的，另一方面是因为不同的角色规范相互矛盾引起的。③角色不清。角色不清是指社会大众或角色的扮演者对某一角色的行为标准不清楚而引起的角色矛盾。由于社会的急剧变迁，人们常常感到很多角色的行为规范都超出了过去习以为常的范围，很多人不知道这些角色应该做什么、不应该做什么和怎么去做。④角色失败。角色失败是指，由于多

---

① 郑杭生主编. 社会学概论新修（第5版）[M]. 北京：中国人民大学出版社，2019：162-163.
② 喻安伦. 社会角色理论磋探 [J]. 理论月刊，1998（12）：40.
③ [美] 欧文·戈夫曼. 日常生活中的自我呈现 [M]. 冯钢，译. 北京：北京大学出版社，2008：85.
④ 郑杭生主编. 社会学概论新修（第5版）[M]. 北京：中国人民大学出版社，2019：163.

种原因而使角色扮演者无法成功地扮演其角色,从而出现严重的角色失调现象。角色失败通常有两种表现:一种是角色的承担者不得不半途退出角色;另一种是角色扮演者虽然还处在某种角色位置,但实践证明其角色扮演已经失败。[①]

社会角色通常用于解释人的行为,而社会力量是由人组成的,因此社会角色理论也可解释社会力量的行为。社会角色理论是本课题研究的基础性理论,具有重要意义。该理论可解释或应对社会力量在提供普惠性学前教育资源中有关角色的一些问题。国家学前教育政策文本已对社会力量在提供普惠性学前教育资源中确立了理论角色,而多数社会力量提供普惠性学前教育资源面临角色冲突,一些民办园所扮演的实践角色与国家对其定位的理论角色有较大的角色距离。到底这些社会力量在提供普惠性学前教育资源中可担任重要角色,还是次要的补充角色,以及国家如何重新科学定位社会力量在提供普惠性学前教育资源中的角色等,都值得基于社会角色理论进行深入探讨。

(三) 人的社会化理论

在社会学中,"社会化"概念的内涵有一个从狭义到广义的发展过程。20世纪50年代之前,社会化的研究对象主要是少年儿童,侧重于研究个体如何从"生物人"转化为"社会人"。从20世纪50年代开始,社会化研究的范围逐渐扩展为广义的社会化研究,认为社会化不仅是"生物人"转变"社会人"的过程,而且是内化社会价值标准、学习角色技能及适应社会生活的过程,社会化贯穿了人的始终。[②]

从不同的角度,社会化可做不同的理解。从文化的角度来看,社会化是一个文化传递与延续的过程,其实质是社会文化(核心是价值标准)的内化。从个性发展的角度来看,社会化是一个人的个性形成与发展的过程,社会人就是通过社会化过程而形成的有个性的人。从社会结构的角度来看,社会化就是要使人变得具有社会性。[③]

社会化包括以下几种类型:①基本社会化,它是指发生在生命早期的社会化。其主要任务是向儿童传授语言和其他认知本领,使其内化社会文化规范和价值标准,能够正确理解社会关于各种角色的期望和要求。基本社会化主要发生在儿童时期,是整个社会化过程的基础。②预期社会化,它是指人们在此过程中学习的不是当时要扮演的角色,而是将来要扮演的角色。比如,大学生在大学里的学习过程就是预期社会化。③发展社会化,又称继续社会化,是在基本社会化的基础上进行的,指成年人为了适应新形势提出的角色要求而进行的

[①] 郑杭生主编. 社会学概论新修(第5版)[M]. 北京:中国人民大学出版社,2019:166-168.
[②] 郑杭生主编. 社会学概论新修(第5版)[M]. 北京:中国人民大学出版社,2019:118.
[③] 郑杭生主编. 社会学概论新修(第5版)[M]. 北京:中国人民大学出版社,2019:118-119.

学习过程。④逆向社会化，社会化不是一个单向过程，并非只有长辈将社会文化规范与知识传授给晚辈，晚辈也可向长辈传授文化规范和知识。这种社会化就是逆向社会化。⑤再社会化，它是指人们放弃原已习得的价值标准和行为规范，重新确立新的价值标准和行为规范。改造罪犯，让罪犯重新做人，这就是再社会化。①

以人的生命周期为标准，人的社会化过程可分儿童期、青年期、成年期、老年期等四个阶段。在每一个社会化阶段，人的身心发展状况有很大差别，也有不同的任务和特点。①儿童期。儿童期属于早期社会化，它是社会化过程的开端，其内容主要是基本社会化。儿童的主要认知方式是具象思维，通过感觉、模仿来认识世界，易受外界环境影响。这就决定了家庭生活环境对儿童社会化的重要性。有研究显示，家庭教养方式对孩子的社会化影响很大。过于专制或者过于宽容都不利于儿童成长。② 家庭关系对儿童成长也很重要。父母经常与孩子沟通，孩子会显得自信和有朝气。而父母经常发生冲突易使孩子心理机能较差，产生情绪混乱，甚至患精神分裂症。③ 儿童期的社会化对个人一生的社会化具有"奠基礼"的意义。在学龄前期儿童的社会化中，行为习惯的培养具有重要地位，某些行为习惯往往会成为一生性格特征的基础。倘若养成不良行为习惯，就要花加倍的时间与精力才能纠正。④ ②青年期。它也属于早期社会化的范畴，它是人生的一个特殊时期。一般在11岁至21岁之间。在这一时期，个体性器官趋向成熟，青春期性征开始出现，由此产生很多生理和心理困扰。青年人容易对自己的角色定位认识不清，产生"自我认同危机"，他们的角色与社会的角色期待往往不相符合。如果不能及时化解"自我认同危机"，就有可能导致社会越轨。因此，青少年犯罪成为现代社会严重的犯罪问题。⑤ 青年期大量进行的是预期社会化。这种社会化在整个社会化过程中都存在，但在青年期表现得最突出。③成年期。进入成年期，人在生理上已成熟，并将面临许多重大生命事件的发生，如恋爱、结婚、生子、就业等。成年人的社会化是基于基本社会化的发展社会化、继续社会化。在这一阶段，自我形象已基本确立，人格已基本定型。个体有很强的自主选择与创造能力，不仅能根据自己的意志扮演某种角色，而且能根据自己的意志创造某种角色。个体在成年期需要扮演的角色比人生其他任何时期都更复杂。并且，扮演得成功与否将直接影响到个体的社会地位。现代社会变迁速度快、程度剧烈，继续社会化显得非常重要。个体要适应时代的快速变化，就要接受新的信息、技术、规范和价值等。在成

---

① 郑杭生主编. 社会学概论新修（第5版）[M]. 北京：中国人民大学出版社，2019：119-120.
② 张春兴. 心理学 [M]. 上海：上海人民出版社，1994：378-381.
③ 时蓉华. 社会心理学 [M]. 上海：上海人民出版社，1998：113-114.
④ 刘豪兴，朱少华. 人的社会化 [M]. 上海：上海人民出版社，1993：8-9, 115-121.
⑤ 张春兴. 心理学 [M]. 上海：上海人民出版社，1994：388-389.

年期，继续社会化也可能包括再社会化。④老年期。个体进入老年期，社会化的主要问题既包括生理方面，也包括社会方面，如家庭、社会地位的变化。老年人继续社会化的核心内容就是，如何让老年人适应自身及社会环境的变化以安度晚年。①

个体社会化的基本内容主要是：学习生活与劳动技能、道德规范、角色扮演三部分。在早期社会化中，个体首先要学习独立生活的能力，其次是学习劳动和文化知识。学习生活技能主要在初级群体中。其中，家庭是主要场所，其次是邻里与同辈群体。个体在初级群体中，主要通过模仿、重复实践，逐渐掌握独立生活所需的基本技能。在现代社会，正式组织在传授生活、劳动技能方面发挥着重要作用。如在学校中，个体通过集中学习，掌握更丰富的知识与技能。道德社会化，就是社会成员学习文化价值观与道德规范，并用其指导自己行动选择的过程。道德规范是社会规范体系的一个重要组成部分，在维护社会秩序、保持社会团结方面发挥着难以替代的作用。个体要顺利地成为社会一员，就必须与社会主流价值观保持一致，并了解、遵守各种社会规则。② 社会角色的扮演，就是个体担任某种角色并按其要求的行为规范去行动。角色扮演通常要经过认同、表现和建构的过程。①角色认同。它也叫角色确定，它要回答"我是谁"的问题。个体在这一过程中逐渐确定自己的实际地位、与他人的关系，从而担负某种角色。如果个体对自己的角色确定不当，就会出现失误，包括不能胜任某种角色，未承担合适的角色或者选择了不当角色等。②角色表现。它就是人们确定角色后将该角色表现出来。角色表现往往有前台和台后之分。这两种行为有区别。角色表现也有赖于角色之间的配合。③角色建构。个体在扮演某种角色时，首先遇到的就是社会或他人对于该角色的期望。角色扮演者也需要认识、理解自己的角色，并选择合适的表现方式进行表演。所以，在角色扮演的实践中，个体也在不断建构角色，努力演好角色和赋予其更丰富的内涵。③

人的社会化理论对于本课题研究具有重要意义。首先，它可以解释当前学前教育的重要性。在古代，绝大多数儿童没有正式机构为其提供学前教育，主要由家庭担负这一责任，而如今学前教育日益普及，其原因是什么？人的社会化理论告诉人们，在日益复杂的现代社会，学龄前儿童的社会化需要专门的机构——幼儿园来承担，仅由家庭难以充当这一角色。其次，它可解释中国的社会力量在提供普惠性学前教育资源中能承担重要角色，还是补充角色问题。中国是生产资料公有制为主体的社会主义国家，儿童在学前教育阶段应接受的是

---

① 郑杭生主编. 社会学概论新修（第5版）[M]. 北京：中国人民大学出版社，2019：129-130.
② 郑杭生主编. 社会学概论新修（第5版）[M]. 北京：中国人民大学出版社，2019：131.
③ 郑杭生主编. 社会学概论新修（第5版）[M]. 北京：中国人民大学出版社，2019：163-164.

社会主义的价值观念及道德规范,如集体主义、乐于助人、奉献社会等,而不是个人主义、自私自利等价值观念。这些社会化内容只有在政府举办的公办园才能得到较好保障,而民办园举办者出于逐利的动机可能对此并不重视,政府对民办园的保育教育过程也很难进行事中事后监管。因此,公办园应当在提供普惠性学前教育资源中充当主体角色,而公民个人举办的民办园只能充当次要角色或补充角色。

(四) 教育公平理论

教育公平理论是一个有较长历史渊源的理论,很多学者对该理论进行过阐述和作出了贡献。例如,美国教育家莫提默·艾德勒(M. J. Alder)、英国学者席威尔(H. Sliver)、瑞典教育学家 T. 胡森(T. Husen)、美国芝加哥大学安德森教授(C. A. Anderson)、美国教育家贺拉斯·曼(Horace Mann)、美国教育家科尔曼(Coleman)、美国社会学家詹克斯(Jenckes)、美国社会学家帕森斯(T. Parsons)、法国社会学家布迪厄(P. Bourdieu)、美国政治经济学家鲍尔斯(Samuel Bowles) 等。[1]

一般来说,教育公平是指,每个社会成员都享有同等的受教育权利与机会,享有同等的公共教育资源服务、同等的教育对待、同等的取得学业成就与就业前景的机会。接受教育的机会、公共教育资源向社会弱势群体倾斜。教育公平包括:①受教育权利与受教育机会公平,这是起点公平。它属于教育公平的本质内容。起点公平是教育公平的基本前提。②教育过程公平,就是教育对待和公共教育资源享有方面的公平。它属于过程公平。教育过程公平是教育公平的重要保证。③教育结果公平,就是教育效果和教育质量方面的公平。它属于结果公平。从历史经验来看,教育结果公平更多地表现为"教育效果和教育质量公平"。结果公平是教育公平的最终目标。在整个教育过程中,受教育权利和受教育机会的公平、教育过程的公平相对而言容易做到,但教育结果公平,即让每个人都受到较高质量的教育,且使受教育者都有同样成功的机会就很难做到。从一定意义上来说,教育公平既是一项原则、一种理想,也是一个渐进的过程。[2]

教育公平理论有一部分重要内容是,主张政府要在推动教育公平中发挥重要作用。例如,19世纪初,美国教育家贺拉斯·曼主张,政府应当举办免费的世俗学校,培养国家需要的公民;人民不能享受平等的教育机会就是政府的失职,政府必须像保卫各种民权一样,实施普及教育以保卫人民的教育权利。必

---

[1] 周洪宇,等. 教育公平论 [M]. 北京:人民教育出版社,2010:25-48.
[2] 周洪宇,等. 教育公平论 [M]. 北京:人民教育出版社,2010:11, 21.

须由政府举办公办学校才能适应形势发展的需要。① 瑞典当代教育学家胡森认为，政府要考虑教育提供、教育机会、教育利用、教育成果四个方面的教育平等政策，政府需要为每一个社会成员提供平等的教育总量和质量以及教育提供的阶段和速度。② 我国学者杨建国等人也认为，维护、促进教育公平是政府的职责。③ 周洪宇等人还通过考察美国、英国、日本、巴西、印度、南非、古巴、越南、朝鲜等9个国家推进教育公平的实践发现，各国政府确实是实现教育公平的主导力量。政府的主导是实现教育公益性的重要保障。政府在推动教育公平中，通过立法、政策、财政等宏观干预，确保教育资源的合理配置，进而保障学校教育的均衡发展。④

学前教育公平是教育公平的一部分。教育公平应从重视学前教育公平开始。⑤ 学前教育是个体终身发展的奠基阶段。教育家陈鹤琴指出，"幼稚期（自出生至7岁）是人生最重要的一个时期，什么习惯、言语、技能、思想、态度、情绪都要在此时期打下一个基础"⑥。在幼儿时期提供公平的教育对个人与社会都具有重大意义。学前教育阶段的公平是教育公平的重要组成部分，应成为教育公平的起点。学前教育公平应包括学前教育的起点公平、过程公平、结果公平。也就是说，学前教育的公平包括学龄前儿童享有平等的学前教育入园机会、享受平等对待的学前教育过程，并且应积极消除各种因素导致的学前教育结果的不公平。⑦

教育公平理论是本课题研究的重要理论基石之一。基于这一理论，至少有以下几点启示：①在学前教育日益普及的背景下，教育公平无疑包括学前教育公平，实现学前教育公平是实现教育公平的重要组成部分，而要推动教育公平就应首先推动学前教育公平。②政府应在提供普惠性学前教育资源中发挥主导作用。这是实现学前教育公平的保障。所有学龄前儿童都应享有接受普惠性学前教育的权利，低收入家庭儿童难以享受该权利，政府有责任予以保障。

（五）公共产品理论

1954年，美国经济学家萨缪尔森提出了公共产品理论。他认为社会产品有

---

① 滕大春. 美国教育史（第2版）[M]. 北京：人民教育出版社，2001：303-304.
② [瑞典] T. 胡森，[德] T. N. 波斯尔斯韦特主编. 国际教育百科全书（第3卷）[M]. 贵阳：贵州教育出版社，1990：343.
③ 杨建国，王成文. 论教育公平与政府正义[J]. 中国行政管理，2011（3）：70-71.
④ 周洪宇，等. 教育公平论[M]. 北京：人民教育出版社，2010：128-129.
⑤ 朱宗顺. 教育公平应从重视学前教育公平开始[J]. 教育研究与实验，2008（2）：23-26.
⑥ 陈鹤琴. 陈鹤琴教育文集（上卷）[M]. 北京：北京出版社，1985：582.
⑦ 杨海瑶. 学前教育的公平理念及其实现路径——基于学前教育法的思考[J]. 现代教育管理，2012（3）：41-42.

两种：一种是普通私人消费产品，这是按某种关系分配给个人的产品；另一种是集体消费产品，它是所有人共同享受的产品，每个人对该产品的消费不会减少其他任何个人对这种产品的消费。[①]

我国经济学家厉以宁进一步发展了公共产品理论，将社会产品分为公共产品、私人产品、准公共产品，它们由不同主体提供。他认为，公共产品，是指政府向居民户提供的各种服务的总称。公共产品范围很广，诸如国防、治安、司法、行政管理、经济调节，还有由政府提供经费而实现的教育服务、卫生保健服务、社会保障服务等，这些都是公共产品。私人产品不同于公共产品。私人产品，是指居民户或企业通过市场而提供的产品与服务。从服务来看，居民户或企业提供的各种服务，如教育、卫生保健服务，都是私人产品。介于公共产品（政府提供的服务）与私人产品（居民户或企业提供的服务）两端之间的产品，是准公共产品。准公共产品是由社会团体，如集体组织、协会、俱乐部、基金会等提供的服务。

公共产品是没有排他性的一种服务。政府提供的服务由全体居民享用，某个人消费某种公共产品并不排斥，甚至也不减少其他人对这种公共产品的消费。例如，国防、治安、司法等服务的无排他性可说明这一点。不过，准公共产品、私人产品则不同，这两种产品都有排他性。例如，某个社会团体提供的服务、某个企业（或者某个居民户）提供的服务，当某人享用了该服务后就会减少，甚至可能排除其他人享用该服务。

公共产品的价格有垄断性，由供给者按规定收费，不能讨价还价。但某些享用者可不付费（指免税户）或者少付费（指减税户），某些不享用者也要按照规定付费（指纳税的普遍性）。

私人产品的价格既可能是垄断性的，也可能是竞争性的。如果是竞争性的价格，既可随供求变动而上下波动，也可讨价还价。私人产品按单位产品收费，谁享用谁付费，不享用则不付费。准公共产品的价格介于私人产品和公共产品之间。它们既不像公共产品价格有垄断性，也不像私人产品价格可讨价还价。另外，准公共产品是不确定的，既可像公共产品那样不按享用数量而一律按规定收费，也可像私人产品那样按单位产品收费。

厉以宁基于公共产品、准公共产品、私人产品的定义，将教育产品（即教育服务）分为以下几种。

1. 具有纯公共产品性质的教育服务

这是由政府提供、具有纯公共产品性质的教育服务。它包括：①义务教育；②特殊教育，指由政府提供经费对盲人、聋人、智力障碍者等有生理缺陷的儿

---

① Paul A. Samuelson. The Pure Theory of Public Expenditure [J]. The Review of Economics and Statistics, 1954, 36 (4): 387-389.

童、青少年进行的教育，以及对有违法、轻微犯罪行为而不适于在普通中学就读的中学生进行的工读教育；③以广播、电视等形式进行的公共教育；④国家公务员教育。接受纯公共产品性质的教育服务的人，不直接付费，而维持这些教育服务的费用由政府财政部门承担，不享用这些教育服务的人也需为此付费（如纳税）。

2. 基本具有公共产品性质的教育服务

政府也是这类教育服务的供给者。它包括：①政府投资建立的各类高等学校、中等专业学校、高级中学、职业技术学校的教育；②政府提供经费的各类成人教育；③政府提供经费的学前教育；④政府提供经费的其他形式的教育。这些教育服务基本上具有公共产品性质，是因为尽管这些教育服务的经费主要由政府提供，并且依赖财政部门的拨款，但与义务教育、特殊教育、广播电视形式的公开教育不同，这些教育服务并非完全没有排他性，一些人享用后，至少就减少另外一些人享用。例如，高等学校、中等专业学校甚至高级中学，招生名额有限，一些人被录取后，另外一些人就不能被录取。纯公共产品性质的教育服务没有这种排他性。

3. 具有准公共产品性质的教育服务

它包括：①某个社会团体、集体组织、协会为自己的成员、子弟或主要为自己的成员及其子弟而建立的各种学校、培训班、补习班；②某企业为自己的职工及其子弟或主要为自己的职工及其子弟而建立的各种学校、培训班、补习班；③某些由政府提供经费的学校为增收，在正常招生外额外招收若干自费生或设立一些自费班。由于自费生、自费班或使用的教室、教学设备、师资等仍主要依靠政府提供经费，因而不同于私人产品性质的教育服务，但又不同于公共产品性质的教育服务，所以可视为一种准公共产品性质的教育服务。

4. 具有纯私人产品性质的教育服务

它包括：①个人担任家庭教师，为一定的家庭服务，并收取私人支付的报酬；②个人招收纯粹学艺性质的学徒，向其传播知识与技能，并收取学徒支付的报酬；或个人招收主要具有学艺性质的学徒，向其传授知识与技能，学徒以无偿或低报酬的方式为师傅帮忙；③个人（或若干人）建立学校、补习班、职业培训班等，招收学生，并向他们收取费用作为办学经费。这些教育服务不仅具有严格的排他性，而且教育服务的一切费用都是由享用这种教育服务的人提供。按单位产品付费，而提供这种教育服务的个人需要垫支一笔创办费。

5. 基本具有私人产品性质的教育服务

与纯私人产品性质的教育服务不同的是，如果个人在办学过程中得到一定数额的补助（不管是由各级政府提供，还是由社会团体、企业等提供），并且在收费过程中适当降低收费标准，那么这样的教育服务可视为具有私人产品的性质。①

基于厉以宁对教育服务产品的研究，理论上可进一步将学前教育服务分为：具有纯公共产品性质的学前教育服务、具有私人产品性质的学前教育服务、具有准公共产品性质的学前教育服务三种类型。然而，厉以宁关于义务教育属纯公共产品的观点，不仅得到许多学者的认可，也被政府采纳。2008年，我国开始实行城乡义务教育全部免费。各国也普遍将义务教育视为纯公共产品。② 另一方面，学前教育是义务教育的基础，正如《幼儿园工作规程》所指出："幼儿园教育是基础教育的重要组成部分，是学校教育制度的基础阶段。"许多研究表明，学前教育对儿童早期的认知能力和非认知能力的发展发挥着不可替代的重要作用。③ 较长时期以来，我国政府已将公办与民办学前教育统一纳入基础教育管理中。基于义务教育属公共产品和学前教育是义务教育的基础这两个现实条件，学前教育应当认定为纯公共产品。许多国家实际已将学前三年教育确立为纯公共产品④。

公共产品理论对本课题研究的最主要意义在于，基于义务教育的基础，学前教育应认定为纯公共产品，因而在普惠性学前教育资源的提供中，政府至少应当占主体地位。政府应当成为解决入园难入园贵问题的主体力量。

八、创新点及不足

第一，选题具有一定的新颖性。普惠性学前教育问题是近些年来学前教育研究领域的热点之一。学界围绕着它已有不少研究成果。不过，对于社会力量在普惠性学前教育资源提供中的角色问题，迄今缺乏专门研究。

第二，采用了本课题组调查研究所得的一些新资料。课题组基于科学分工，各成员不辞艰辛，在江西省城乡实地调研了许多民办幼儿园，通过问卷法、深度访谈法，对不同类型幼儿园的园长、教师、保育员、幼儿家长、政府学前教育管理部门工作人员等，进行了广泛而深入的调研，取得了许多一手资料。

第三，提出了一些新观点。基于围绕着社会力量提供普惠性学前教育资源开展的深入研究，我们提出了一些新颖性较强的观点。例如，普惠性民办学前教育政策在执行中存在一些偏差；社会力量可分为个体利益取向的社会力量和集体利益取向的社会力量，个体利益取向的社会力量在提供普惠性学前教育资源中充其量只是补充角色，难以充当重要角色；在普惠性学前教育资源提供中，

---

① 厉以宁. 关于教育产品的性质和对教育的经营 [J]. 教育发展研究，1999 (10)：9-11.
② 周桂勋. 论学前教育的纯粹公共产品属性 [J]. 教育导刊（下半月），2012 (8)：18.
③ 周垚. 学前教育机会与义务教育结果不平等——来自CEPS的经验证据 [J]. 学前教育研究，2020 (1)：77-78.
④ 钱雨. 公平与优质：学前教育免费政策国际比较研究 [J]. 外国中小学教育，2019 (7)：3.

除政府应当承担主体角色外，政府应大力支持集体利益取向的社会力量提供普惠性学前教育资源。

第四，在研究方法方面，本课题研究重视采用实证研究法。一方面，重视现有国内外文献资料的梳理，用充分的材料说话，不说空话、套话；另一方面，重视深入实地进行多方调研，努力以翔实、确切的一手资料作为论据。

尽管本课题研究有一些创新点，但也存在一些不足之处。例如，由于研究时间仍有限，特别是受到三年疫情的影响，有些观点仍需时间进一步提炼与完善；受研究经费不足的限制，课题组实地调研的区域主要限于江西省城乡，没有拓展到省外更多的调研地；对国外经验研究的深度也有待加强。这些不足都需要后续研究跟进，努力完善。

第二章 社会力量在提供普惠性学前教育资源中的理论角色

理论角色是理想状况中的角色,它往往是停留在政策文本层面,与之相对的是实践角色,即在实践中的真实角色。本章主要通过分析近些年来党和政府已出台的学前教育政策文本,对社会力量在提供普惠性学前教育资源中的角色定位,并分析这些学前教育政策对社会力量角色定位的内在机理。

一、社会力量在提供普惠性学前教育资源中的理论角色的内涵

在我国政府看来,社会力量在提供普惠性学前教育资源中的理论角色的内涵,是社会力量在提供普惠性学前教育资源中充当重要角色。这在近年来党和政府出台的以下主要文件中可得到充分反映。

(一)《国务院关于当前发展学前教育的若干意见》

2010年11月,国务院出台了《国务院关于当前发展学前教育的若干意见》(本章简称《意见》)。它标志着普惠性民办学前教育政策开始形成。其主要内容包括以下方面。

第一,关于发展民办学前教育的基本原则要求方面,主要包括以下两点:①"发展学前教育,必须坚持公益性和普惠性,努力构建覆盖城乡、布局合理的学前教育公共服务体系,保障适龄儿童接受基本的、有质量的学前教育。"在此,发展学前教育,包括公办园与民办园,确立了坚持"公益性和普惠性"的基本原则要求,实际确立了大力发展普惠性学前教育的基本方向。同时,它既是民办园的基本原则要求之一,也是适应《教育法》规定的"教育活动必须符合国家和社会公共利益"而确立的基本原则。②"必须坚持政府主导,社会参与,公办民办并举,落实各级政府责任,充分调动各方面积极性。"在此,确立了在发展学前教育中政府与社会力量的各自角色,即政府是主导力量,而社会力量是参与力量,但从"公办民办并举"这一规定来看,政府又寄予社会力量较大希望,希望社会力量在其中充当重要角色。

第二,关于普惠性民办幼儿园的内涵是:面向大众、收费较低的民办幼儿园。对"普惠性民办园"的概念界定不同于学界一些学者的界定。例如,庄小

满、程立生认为,普惠性民办幼儿园是指面向大众、收费较低、质量有保证的民办幼儿园。① 《意见》的界定没有直接、明确地强调民办学前教育的质量,而庄小满等一些学者认为普惠性民办园是质量有保证的民办园。当然,《意见》并非忽视普惠性民办园的质量,因为该文件中同时也强调发展学前教育"保障适龄儿童接受基本的、有质量的学前教育"。这表明政府界定的普惠性民办园是质量有一定保障的民办园,只是未直接强调这一点。不过,《意见》的界定也容易让人们造成一定误解而忽视其质量内涵。

第三,关于普惠性民办学前教育的扶持政策,主要包括:①通过保证合理用地、减免税费等方式,支持社会力量办园。②采取政府购买服务、减免租金、以奖代补、派驻公办教师等方式,引导和支持民办幼儿园提供普惠性学前教育服务。③民办幼儿园在审批登记、分类定级、评估指导、教师培训、职称评定、资格认定、表彰奖励等方面,享有与公办幼儿园同等的地位。这些扶持政策显然也体现出政府对社会力量提供普惠性学前教育资源的高度重视。

综上,概括《意见》确立的普惠性民办学前教育政策,可见我国政府所确立的理论上的社会力量在提供普惠性学前教育资源中的角色,实际是一种很重要的角色,政府绝非视其为可有可无。当然,该文件对普惠性民办学前教育政策的规定,还有一些方面需要进一步细化。例如,普惠性民办园的具体认定标准是什么?如何落实普惠性民办学前教育的扶持政策?由哪些主体来落实?等等。

《意见》出台之后,政府部门又出台了一些具体政策,力图进一步推动普惠性民办学前教育政策的贯彻落实。

(二) 财政部、教育部《关于加大财政投入支持学前教育发展的通知》

在 2011 年 9 月发布的财政部、教育部《关于加大财政投入支持学前教育发展的通知》中,直接涉及普惠性民办学前教育政策的内容主要包括以下方面。

第一,关于"财政支持学前教育发展的基本原则"方面,其中有一项是:"政府主导,社会参与。坚持政府主导,按照'广覆盖、保基本、有质量'的要求,大力发展公办幼儿园,积极扶持民办幼儿园,形成公办民办并举的办园格局。建立政府投入、社会举办者投入、家庭合理负担的投入机制,积极动员社会力量投资办园、捐资助园,多渠道筹措学前教育资金,多形式扩大学前教育资源。"

第二,关于"当前财政支持学前教育发展的重点工作"方面,有一项是"鼓励社会参与、多渠道多形式举办幼儿园",其中包括"积极扶持民办幼儿园

---

① 庄小满,程立生. 发展普惠性民办幼儿园的意义、困境与对策 [J]. 学前教育研究,2012 (11):45—46.

发展。各地要制定优惠政策,通过保证合理用地、减免税费等方式,鼓励和支持社会力量以多种形式举办民办幼儿园;采取政府购买服务、减免租金、以奖代补、派驻公办教师等多种方式,引导和支持民办幼儿园提供普惠性、低收费服务。中央财政安排'扶持民办幼儿园发展奖补资金',根据各地扶持普惠性、低收费民办幼儿园发展的工作实绩给予奖补"。

财政部、教育部出台的《关于加大财政投入支持学前教育发展的通知》,不但延续了《国务院关于当前发展学前教育的若干意见》确立的社会力量在提供普惠性学前教育资源中充当重要角色的文件精神,而且进一步提出,"中央财政安排'扶持民办幼儿园发展奖补资金',根据各地扶持普惠性、低收费民办幼儿园发展的工作实绩给予奖补"。为扶持普惠性民办幼儿园发展,2011年9月,财政部和教育部还专门出台了《中央财政扶持民办幼儿园发展奖补资金管理暂行办法》①,其中提出,自2011年起,中央财政安排"扶持民办幼儿园发展奖补资金",扶持普惠性、低收费民办幼儿园发展。给予奖补资金的目的是,通过奖补资金引导,促使民办幼儿园提供普惠性服务;促进民办幼儿园自主采取措施,提高办园质量与水平,从而真正实现公办民办并举的学前教育体制,保障适龄儿童接受基本的、有质量的学前教育。这些反映出我国政府实际是进一步肯定社会力量在提供普惠性学前教育资源中充当重要角色。

(三)教育部、国家发展改革委、财政部《关于实施第二期学前教育三年行动计划的意见》

2014年11月,教育部、国家发展改革委和财政部共同发布了《关于实施第二期学前教育三年行动计划的意见》。其中,直接涉及普惠性民办学前教育政策的内容主要包括以下方面。

第一,在"基本原则和主要目标"方面,提出的目标包括:"到2016年,全国学前三年毛入园率达到75%左右";"初步建成以公办园和普惠性民办园为主体的学前教育服务网络"。

第二,在"重点任务"方面,有一项任务是,"调整资源结构,扩大城乡公办园和普惠性民办园的覆盖面"。

第三,在"主要措施"方面,提出的一项措施是"积极扶持普惠性民办幼儿园"。具体包括:"落实用地、减免税费等优惠政策,多种方式吸引社会力量办园。各地根据普惠性资源布局和幼儿入园需求,认定一批普惠性民办园,通过政府购买服务、减免租金、派驻公办教师、培训教师等方式,支持民办园提供普惠性服务,有条件的地区可参照公办园生均公用经费标准,对普惠性民办园给予适当补贴。各地2015年底前出台认定和扶持普惠性民办园实施办法,对

---

① 已于2015年8月废止。

扶持对象、认定程序、成本核算、收费管理、日常监管、财务审计、奖补政策和退出机制等做出具体规定。鼓励民办园提供多形式、多层次的学前教育服务，满足家长不同需求。"

在《关于实施第二期学前教育三年行动计划的意见》中，政府将普惠性民办园作为学前教育服务网络中两个主体之一，提出要扩大普惠性民办园的覆盖面，要落实扶持普惠性民办园的具体措施，包括要求"各地2015年底前出台认定和扶持普惠性民办园实施办法"等。这些充分反映出我国政府将社会力量作为提供普惠性学前教育资源的重要角色。

（四）《中央财政支持学前教育发展资金管理办法》

2015年7月，财政部、教育部发布了《关于印发〈中央财政支持学前教育发展资金管理办法〉的通知》[①]，该文件提出设立学前教育发展资金，即由中央财政设立、通过一般公共财政预算安排，作为奖补支持各地扩大学前教育资源、开展幼儿资助的资金。该资金可以支出的一项是，"通过政府购买服务、奖励等方式支持普惠性民办幼儿园发展"。由此反映出我国政府对社会力量在提供普惠性学前教育资源中所充当角色的重视。

（五）《支持学前教育发展资金管理办法》

2016年12月，财政部、教育部发布了《关于印发〈支持学前教育发展资金管理办法〉的通知》。这是财政部、教育部对《支持学前教育发展资金管理办法》进行修订后的产物。修订后的《支持学前教育发展资金管理办法》[②]继续确立学前教育发展资金[③]可用于"通过政府购买服务、奖励等方式支持普惠性民办幼儿园发展"。它反映出我国政府对社会力量在提供普惠性学前教育资源中充当重要角色的肯定。

（六）《中央财政支持学前教育发展资金管理办法》（修订版）

2017年9月，财政部、教育部修订了《中央财政支持学前教育发展资金管理办法》。该文件规定，学前教育发展资金，重点支持的首要内容是，"支持地方公办民办并举、多种形式扩大普惠性学前教育资源"，包括：支持各地扶持普惠性民办幼儿园发展；支持老旧城区、棚户区改造和新城区、城镇小区建设按需要配建幼儿园，并办成公办园和普惠性民办园等。该文件还提出，"支持各地

[①] 已于2017年1月1日废止。
[②] 已于2017年9月30日废止。
[③] 指由中央财政设立、通过一般公共预算安排、用于奖补支持各地扩大学前教育资源、开展幼儿资助的资金。

健全学前教育成本分担机制,逐步制定公办幼儿园生均拨款标准(或生均公用经费标准)和普惠性民办幼儿园补助标准,提升保育教育质量"。这表明,我国政府已明确提出要逐步制定普惠性民办园的补助标准,对普惠性民办园的补助政策进一步细化。显然,这份文件同样继续反映出,我国政府很重视社会力量在提供普惠性学前教育资源中充当重要角色。

(七)教育部等四部门《关于实施第三期学前教育行动计划的意见》

2017年4月,教育部、国家发展改革委、财政部、人力资源社会保障部联合出台了《关于实施第三期学前教育行动计划的意见》。其中,直接涉及普惠性民办学前教育政策的内容主要包括以下方面。

第一,在"基本原则"方面,提到"坚持公益普惠。公办民办并举,进一步提高公办幼儿园提供普惠性学前教育服务的能力,积极引导和扶持民办幼儿园提供普惠性服务"。

第二,在"主要目标"方面,提出"到2020年,基本建成广覆盖、保基本、有质量的学前教育公共服务体系。全国学前三年毛入园率达到85%,普惠性幼儿园覆盖率(公办幼儿园和普惠性民办幼儿园在园幼儿数占在园幼儿总数的比例)达到80%左右"。

第三,在"重点任务"方面,提到"增加普惠性资源供给","大力发展公办幼儿园,提供广覆盖、保基本的学前教育公共服务。积极鼓励社会力量举办幼儿园,扶持普惠性民办幼儿园"。

第四,在"政策措施"方面,①提到"发展普惠性幼儿园",具体包括"逐年安排新建、改扩建一批幼儿园,支持企事业单位和集体办园,扩大公办资源";"开展城镇小区配套幼儿园专项整治,对未按规定建设或移交、没有办成公办园或普惠性民办幼儿园的要全面整改,2018年底前整改到位";"各省(区、市)制定普惠性民办幼儿园认定标准,逐年确定一批普惠性民办幼儿园";"通过购买服务、综合奖补、减免租金、派驻公办教师、培训教师、教研指导等方式,支持普惠性民办幼儿园发展";"将提供普惠性学位数量和办园质量作为奖励和支持的依据,对达不到要求的要限期整改"。②提到"健全学前教育成本分担机制",其中包括"根据幼儿园可持续发展需要和当地实际,逐步制定公办园生均拨款标准和普惠性民办园的补助标准"。

概括来说,对于社会力量在提供普惠性学前教育资源中充当重要角色,从教育部等四部门《关于实施第三期学前教育行动计划的意见》可见进一步予以了明确。

(八)《中共中央 国务院关于学前教育深化改革规范发展的若干意见》

2018年11月,《中共中央 国务院关于学前教育深化改革规范发展的若干意见》正式出台。这是第一份以中共中央、国务院的名义出台的关于学前教育的文件，表明我国对学前教育的重视程度进一步提高。该文件直接涉及普惠性民办学前教育政策的内容主要包括以下方面。

第一，在"基本原则"方面，"坚持政府主导"。这与2011年9月发布的财政部、教育部《关于加大财政投入支持学前教育发展的通知》略有不同，后者在"财政支持学前教育发展的基本原则"方面有一项是"政府主导，社会参与"，而前者没有"社会参与"的用语。不过，前者仍然强调"牢牢把握公益普惠基本方向，坚持公办民办并举，加大公共财政投入，着力扩大普惠性学前教育资源供给"。这反映出，国家对社会力量在提供普惠性学前教育资源方面充当重要角色的期盼，实际仍是一贯的。

第二，在"主要目标"方面，提出"到2020年，全国学前三年毛入园率达到85%，普惠性幼儿园覆盖率（公办园和普惠性民办在园幼儿占比）达到80%。广覆盖、保基本、有质量的学前教育公共服务体系基本建成，学前教育管理体制、办园体制和政策保障体系基本完善"。

第三，在"总体要求"方面，除了其他内容，还提出：①调整办园结构。要求"各地要把发展普惠性学前教育作为重点任务，结合本地实际，着力构建以普惠性资源为主体的办园体系，坚决扭转高收费民办园占比偏高的局面。大力发展公办园，充分发挥公办园保基本、兜底线、引领方向、平抑收费的主渠道作用。按照实现普惠目标的要求，公办园在园幼儿占比偏低的省份，逐步提高公办园在园幼儿占比，到2020年全国原则上达到50%，各地可从实际出发确定具体发展目标。积极扶持民办园提供普惠性服务，规范营利性民办园发展，满足家长不同选择性需求"。②健全学前教育成本分担机制。要求"各地要从实际出发，科学核定办园成本，以提供普惠性服务为衡量标准，统筹制定财政补助和收费政策，合理确定分担比例。到2020年，各省（区、市）制定并落实公办园生均财政拨款标准或生均公用经费标准，合理确定并动态调整拨款水平；因地制宜制定企事业单位、部队、街道、村集体办幼儿园财政补助政策；根据办园成本、经济发展水平和群众承受能力等因素，合理确定公办园收费标准并建立定期动态调整机制。民办园收费项目和标准根据办园成本、市场需求等因素合理确定，向社会公示，并接受有关主管部门的监督。非营利性民办园（包括普惠性民办园）收费具体办法由省级政府制定。营利性民办园收费标准实行市场调节，由幼儿园自主决定。地方政府依法加强对民办园收费的价格监管，坚决抑制过高收费"。这两个方面都是力图引导社会力量在提供普惠性学前教育资源中切实充当重要角色。

概括来看，《中共中央 国务院关于学前教育深化改革规范发展的若干意见》更明确地体现出国家对公办园在提供普惠性学前教育资源中充当主要角色寄予更多期盼。不过，对社会力量在提供普惠性学前教育资源中可充当重要角色并没有改变。

(九) 教育部对《中共中央 国务院关于学前教育深化改革规范发展的若干意见》的解读

2018年11月28日，教育部召开新闻发布会，对《中共中央 国务院关于学前教育深化改革规范发展的若干意见》进行了解读。教育部基础教育司司长吕玉刚指出，从全国来讲，未来公办园大概占50%，普惠性民办园占30%，实现80%的目标，营利性民办园有20%的空间。① 这对此后中国各类幼儿园的结构明确作出了量化规划。国家已公开确立公办园在普惠性幼儿园中处于主体角色，约占50%。不过，确立普惠性民办园占比为30%，这意味着社会力量举办的幼儿园的一半以上，必须是普惠性幼儿园才能实现总体目标。这次解读是国家第一次对社会力量在提供普惠性学前教育资源中的重要角色作出量化规划，清楚地反映出政府对社会力量在提供普惠性学前教育资源中的角色定位：绝非可有可无或仅仅是拾遗补阙的次要角色，而是非常重要的角色。

(十)《"十四五"学前教育发展提升行动计划》

2021年12月，教育部、国家发改委、公安部等九部门共同出台了《"十四五"学前教育发展提升行动计划》。这份文件在提出补齐普惠资源短板等重点任务、推进普惠性资源扩容增效、健全经费投入与成本分担机制等政策措施等方面，反映出国家很重视社会力量在提供普惠性学前教育资源中的重要角色。除此之外，该文件还在主要目标方面提出，"进一步提高学前教育普及普惠水平，到2025年，全国学前三年毛入园率达到90%以上，普惠性幼儿园覆盖率达到85%以上，公办园在园幼儿占比达到50%以上"。这意味着，在社会力量提供普惠性学前教育资源中角色的重要程度方面，我国政府的看法进一步提升，即普惠性民办园占社会力量举办的幼儿园的比例由50%提升至70%。这是政府进一步重视社会力量在提供普惠性学前教育资源中角色的具体表现。

(十一)《学前教育法（草案）》

2023年6月2日，国务院总理李强主持召开国务院常务会议，会议讨论并原则上通过了《中华人民共和国学前教育法（草案）》。其中，社会力量提供普惠性学前教育资源的内容主要有以下方面。

第一，关于发展原则，强调"发展学前教育应当坚持政府主导，以政府举

---

① 教育部. 未来公办园占50%，限制过度逐利，不限制民办教育发展 [EB/OL]. (2018-11-28) [2023-07-23]. http：//www.moe.gov.cn/jyb_ xwfb/xw_ fbh/moe_ 2069/xwfbh_ 2018n/xwfb_ 20181128/mtbd/201811/t20181128_ 361817. html.

办为主，大力发展普惠性学前教育资源，鼓励、支持和规范社会力量参与"。

第二，关于政府角色方面，规定"各级人民政府应当通过举办公办幼儿园、支持民办幼儿园提供普惠性学前教育服务，为学前儿童提供公平而有质量的学前教育"。

第三，关于办园体制方面，规定："政府及其有关部门举办，或者军队、国有企业、人民团体、高等学校等事业单位、街道和村集体等集体经济组织等利用财政经费或者国有资产、集体资产举办的幼儿园为公办幼儿园"；"前款规定以外的幼儿园为民办幼儿园，其中接受政府支持、执行收费政府指导价的非营利性民办幼儿园为普惠性民办幼儿园。省、自治区、直辖市或者设区的市、自治州人民政府制定普惠性民办幼儿园认定标准，由县级人民政府教育行政部门组织认定"；"公办幼儿园和普惠性民办幼儿园为普惠性幼儿园，应当提供普惠性学前教育服务。政府可以向民办幼儿园购买普惠性学前教育服务"。

第四，关于经费保障方面，规定"地方各级人民政府应当科学核定办园成本，以提供普惠性学前教育服务为衡量标准，统筹制定财政补助和收费政策，合理确定分担比例"；"省、自治区、直辖市人民政府制定并落实公办幼儿园生均财政拨款标准或者生均公用经费标准，以及普惠性民办幼儿园生均财政补助标准"。

第五，关于其他扶持政策方面，规定"地方人民政府应当通过财政补助、政府购买服务、减免租金、派驻公办教师、培训教师、教研指导等多种方式，支持普惠性民办幼儿园发展"。

从《学前教育法（草案）》可见，政府对社会力量在提供普惠性学前教育资源中充当重要角色的定位，即将法律化。

除了上述文件充分体现出在政府看来，社会力量在提供普惠性学前教育资源中理论层面的角色是重要角色外，其他政府文件对此也有明确体现。例如，2018年的《政府工作报告》提出，"要多渠道增加学前教育资源供给"；2019年的《政府工作报告》提出，"多渠道扩大学前教育供给，无论是公办还是民办幼儿园，只要符合安全标准、收费合理、家长放心，政府都要支持"；2020年的《政府工作报告》进一步提出，"支持和规范民办教育""发展普惠性学前教育，帮助民办幼儿园纾困"。这些都体现出政府对社会力量提供普惠性学前教育资源中角色的重视。2021年的《政府工作报告》再次强调，"支持和规范民办教育发展"，"进一步提高学前教育入园率，完善普惠性学前教育保障机制，支持社会力量办园"。2022年的《政府工作报告》继续强调，"支持和规范民办教育发展"，"多渠道增加普惠性学前教育资源"。可见，2021年至2022年的《政府工作报告》在强调要支持和规范民办教育发展的同时，都包括了重视社会力量提供普惠性学前教育资源的内涵。2023年的《政府工作报告》提出，"引导规范民办教育发展"，"多渠道增加幼儿园供给"。从中仍可以看出，尽管强调对民办教育的"引导规范",但仍然重视社会力量在学前教育中发挥的作用。2020年出台的"十四五"规划在提出"支持和规范民办教育发展"的同时,也提出完善普惠性学前教育,并将学前教育的发展目标确立为学前教育毛入园率要提高到90%以上。

综上所述,近些年来,我国政府高度重视发展普惠性学前教育,力图破解入园难入园贵问题,在大力发展公办园的同时,出台的政策文本大多反映出,希望社会力量在提供普惠性学前教育资源中充当重要角色。如果社会力量的这种理论角色能成为现实,无疑会对我国普惠性学前教育的发展、入园难入园贵问题的缓解,产生积极而重要的推动作用。

二、社会力量在提供普惠性学前教育资源中的理论角色的内在机理

在社会主义市场经济条件下,"经济活动遵循价值规律的要求,适应供求关系的变化","优胜劣汰",企业是"自主经营、自负盈亏、自我发展、自我约束的法人实体和市场竞争的主体"。[①] 普惠性学前教育是既便宜而又有质量保证的学前教育。从理论上来说,提供普惠性学前教育资源的社会力量很难找到,不宜对其寄予较大希望,然而,前文已分析,我国政府将社会力量在提供普惠性学前教育资源中的理论角色定位为重要角色,其内在机理大致在于以下方面。

(一) 我国已有社会力量提供普惠性学前教育资源的实践

新中国成立前,我国学前教育事业非常落后。据统计,1946年全国幼儿园仅有1301所,入园儿童数为13.02万人,教职员数为2502人。新中国成立后,党和政府很重视学前教育。1951年10月,政务院出台的《关于学制改革的决定》规定:"实施幼儿教育的组织为幼儿园。幼儿园收3岁至7足岁的幼儿,使他们身心在入小学前获得健全发展";"幼儿园应在有条件的城市首先建立,然后逐步推广"。并且明确规定幼儿教育是社会主义教育事业的组成部分。1952年3月,教育部颁发的《幼儿园暂行规程》规定:"幼儿园的任务是根据新民主主义教育方针教养幼儿,使他们身心在入小学前获得健全的发育;同时减轻母亲对幼儿的负担,以便母亲有时间参加政治生活、生产劳动、文化教育活动等。"但是,当时中国人口多,经济基础极其薄弱,幼儿教育事业的发展要全部依靠国家投资不大可能。因此,国家采取了"两条腿走路"的发展方针,除了充分利用政府的力量,同时还很重视社会力量,依靠群众,动员社会各方面的力量,采用多种形式兴办幼儿园,逐步解决广大人民群众的学前教育需要。

---

① 中共中央文献研究室编. 十四大以来重要文献选编 (上) [M]. 北京:中央文献出版社,2011: 16-18.

1956年2月，内务部、教育部、卫生部发出的《关于托儿所、幼儿园几个问题的联合通知》中指出："随着国家经济建设和文化建设的日益发展，今后将有更多的妇女参加生产劳动和社会工作。为了帮助母亲们解决照顾和教育自己的孩子的问题，托儿所和幼儿园必须有相应的增加。……在城市中由厂矿、企业、机关、团体、群众举办。在农村提倡农业生产合作社举办（主要是季节性托儿所和幼儿园）。教育行政部门在可能条件下，应有计划地办一些幼儿园。卫生、教育部门都应办好几个托儿所和幼儿园，使它们起示范作用。"① 这些文件都为推动我国学前教育发展产生积极效应。

在党的领导下，我国学前教育取得了很大成就。1950年，中国幼儿园共计1799所，幼儿数14.00万人。② 到1978年，学前教育从幼儿园数量、在园幼儿数到教职工数量等，都可反映出其发展成绩巨大（详见表2-1）。

表2-1 1978年幼儿园教育基本情况

	园数（所）	班数（个）	幼儿数（万人）	教职工数（万人）		
				计	其中	
					女教职工	教养员
总计	163952.00	278017.00	787.74	46.89	43.51	27.75
城市	16292.00	47300.00	138.45	18.44	17.14	6.69
县镇	6651.00	20468.00	70.25	4.76	4.31	3.06
农村	141009.00	210249.00	579.04	23.69	22.06	18
总计中：其他部门办	6985.00	25349.00	87.21	5.31	4.92	3.55

资料来源：《中国教育统计年鉴》（1978）。

从表2-1可见，到1978年，我国幼儿园数量已增加到163952所，在园幼儿数已增加到787.74万人，分别比1950年增长了90.14倍、55.27倍。

我国学前教育能在改革开放初已取得巨大成就，其中一个重要的原因在于，我国很重视将城乡集体、企事业单位等广大社会力量的作用发挥出来，让其参与学前教育发展。

20世纪80年代初，我国并没有普惠性幼儿园或普惠性学前教育的概念，但当时的学前教育具有很强的普惠性。从幼儿园的费用来看，入园只需交少量费用。一般分两种：一种为每个幼儿每学期交杂费2.5~3元；另一种为每个幼儿每月交保育费，整日制每月3元左右，寄宿制每月5元左右。另交杂费1元左右。伙食费由家长负担，费用由各地自定。医药费用，凡参加统筹医疗的幼儿园，一律按卫生部门规定的公费医疗标准交费。不实行统筹医疗的，幼儿医

---

① 资料来源：《中国教育年鉴》（1949—1981）。
② 喻本伐. 中国幼儿教育发展史 [M]. 北京：华中师范大学出版社，2012：197.

药费由家长自理。一般机关、部队、厂矿企业单位都办有统筹医疗，儿童生病可以享受统筹医疗的待遇。农村社队则办有合作医疗。厂矿企业单位主办的幼儿园，家长所交费用一般均低于其他公办幼儿园。农村社队幼儿园一般免收费用或交少量费用。① 从幼儿园的教育保育质量来看，当时并非所有社会力量举办的幼儿园都称得上是普惠性幼儿园，很多幼儿园仅仅是担负了帮助家长照看儿童的角色，谈不上有较好的保育教育质量。不过，当时确实有一部分社会力量提供的学前教育资源质量较好。例如，江西师范大学附属幼儿园是由江西师范大学于1953年创办的，主要用以满足该校教职工子女的学前教育需要。2023年7月27日，江西师范大学马克思主义学院教师LHL副教授告诉课题组："我从幼儿园到高中，都是在师大附属的学校就读的，大学也是在师大读的。后来，又在师大工作。师大附属幼儿园，在当时，不用交钱，质量又还好，当时还有外面有些人想进来读，可是读不到。"所以，按普惠性幼儿园的一般要求，面向大众，无排他性，质量有保证，当时的江西师范大学附属幼儿园实际可称普惠性幼儿园。概括来说，到改革开放初，有一部分社会力量已在一定程度上在提供普惠性学前教育资源方面充当重要角色。

1978年，我国开启改革开放以后，直到2010年11月国务院出台《关于当前发展学前教育的若干意见》，社会力量都在提供学前教育资源中发挥作用。

首先，从社会力量举办的幼儿园的数量来看，社会力量在提供学前教育资源中的角色状况，详见表2-2。

表2-2　1979—2010年社会力量举办的幼儿园的数量状况

| 年份 | 集体办 | | 其他部门办 | | 民办（私人或其他社会力量） | | 占比合计（%） |
	数量（所）	占幼儿园总数的百分比（%）	数量（所）	占幼儿园总数的百分比（%）	数量（所）	占幼儿园总数的百分比（%）	
1979	140781	85.00	19807	11.96	—	—	96.96
1980	141572	83.07	21352	12.53	—	—	95.60
1981	101612	77.99	22704	17.42	—	—	95.41
1982	90610	74.21	25199	20.64	—	—	94.85
1983	93416	68.53	29716	21.80	—	—	90.33
1984	126037	75.69	30486	18.31	—	—	94.00
1985	131272	76.20	29794	17.30	—	—	93.50
1986	135002	77.87	27353	15.78	—	—	93.65
1987	133834	75.71	32848	18.58	—	—	94.29

---

① 资料来源：《中国教育年鉴》（1949—1981）。

续表

年份	集体办		其他部门办		民办（私人或其他社会力量）		占比合计（%）
	数量（所）	占幼儿园总数的百分比（%）	数量（所）	占幼儿园总数的百分比（%）	数量（所）	占幼儿园总数的百分比（%）	
1988	133890	77.91	27887	16.23	—	—	94.14
1989	133277	77.20	28123	16.29	—	—	93.49
1990	131366	76.23	28136	16.33	—	—	92.56
1991	118889	72.29	27830	16.92	—	—	89.21
1992	100063	71.53	27069	19.35	—	—	90.88
1993	119437	72.30	27899	16.89	—	—	89.19
1994	112462	64.39	23266	13.32	18284	11.82	89.53
1995	114863	63.66	23234	12.88	20780	11.52	88.06
1996	115736	61.78	21905	11.69	24466	13.06	86.53
1997	106738	58.49	20410	11.18	24643	13.50	83.17
1998	99649	54.94	19154	10.56	30824	17.10	82.60
1999	90979	50.23	17427	9.62	37020	20.44	80.29
2000	80722	45.91	15578	8.86	44317	25.20	79.97
2001	55682	49.85	11498	10.29	44526	39.86	100.00
2002	53838	48.18	9549	8.54	48365	43.28	100.00
2003	51774	44.48	9080	7.80	55536	47.72	100.00
2004	47575	40.35	8157	6.92	62167	52.73	100.00
2005	24054	19.34	5825	4.68	68835	55.33	79.35
2006	22680	17.38	5512	4.22	75426	57.80	79.40
2007	19710	15.27	5063	3.92	77616	60.13	79.32
2008	18432	13.78	4722	3.53	83119	62.16	79.47
2009	17542	12.69	4405	2.40	89304	64.62	79.71
2010	15077	10.02	3797	2.52	102289	68.00	80.54

注：2001年至2004年集体办的数据是教育部门和集体办的数据合计。

数据来源：《中国教育年鉴》(1982—1984)、(1985—1986)，历年《中国教育统计年鉴》。

从表2-2可见以下几点：①从1979年至2010年，社会力量始终在提供学前教育资源中充当主要角色。社会力量举办的幼儿园数量占比，1979年高达96.96%，是32年中的最高点，随后逐年下降，但到2010年仍为80.54%，仍在提供学前教育资源中占主要角色。②由集体和企事业单位构成的社会力量举办的幼儿园，其数量所占比重曾占绝大多数，1994年之前大多超过90%。此后，占比逐年下降，2003年之后已低于50%。③由私人或其他力量构成的社会力量举办的幼儿园，其数量所占比重从1994年开始逐步上升，从2004年到2010年都超过了50%，2010年更是高达68.00%。

其次，从社会力量举办的幼儿园的在园幼儿数量来看，社会力量在提供学前教育资源中的角色状况，详见表2-3。

表2-3 1979—2010年社会力量举办的幼儿园的在园幼儿数量状况

年份	集体办		其他部门办		民办（私人或其他社会力量）		占比合计（%）
	数量（万人）	占在园幼儿总数的百分比（%）	数量（万人）	占在园幼儿总数的百分比（%）	数量（万人）	占在园幼儿总数的百分比（%）	
1979	648.9	73.81	146.1	16.62	—	—	90.43
1980	863.8	75.06	155.7	13.53	—	—	88.59
1981	750.4	71.05	171.7	16.26	—	—	87.31
1982	743.8	66.82	218.2	19.60	—	—	86.42
1983	721.9	63.31	226.6	19.87	—	—	83.18
1984	837.5	64.69	250.2	19.32	—	—	84.01
1985	956.32	64.63	269.86	18.24	—	—	82.87
1986	1060.06	65.08	290.08	17.81	—	—	82.89
1987	1158.53	64.08	323.09	17.87	—	—	81.95
1988	1158.69	62.48	320.88	17.30	—	—	80.29
1989	1144.96	61.97	323.80	17.53	—	—	79.50
1990	1190.10	60.34	339.87	17.23	—	—	77.57
1991	1287.66	58.28	353.17	15.99	—	—	74.27
1992	600.76	52.40	322.61	28.14	—	—	80.54
1993	1423.97	55.79	370.70	14.52	—	—	70.31
1994	1385.85	52.69	326.18	12.40	103.62	3.94	69.03
1995	1391.95	51.34	329.64	12.16	109.99	4.06	67.56
1996	1311.02	49.17	310.36	11.63	130.39	4.89	65.69
1997	1148.02	45.58	294.52	11.69	134.88	5.35	62.62
1998	1018.31	42.38	291.31	12.12	170.78	7.11	61.61
1999	906.21	38.96	272.97	11.73	222.43	9.56	60.25
2000	794.88	35.42	255.50	11.38	284.26	12.67	59.47
2001	1472.64	72.84	207.26	10.25	341.93	16.91	100.00
2002	1446.36	71.04	189.15	9.29	400.52	19.67	100.00
2003	1342.31	66.98	181.37	9.05	480.23	23.96	99.99

续表

年份	集体办 数量（万人）	集体办 占在园幼儿总数的百分比（%）	其他部门办 数量（万人）	其他部门办 占在园幼儿总数的百分比（%）	民办（私人或其他社会力量） 数量（万人）	民办（私人或其他社会力量） 占在园幼儿总数的百分比（%）	占比合计（%）
2004	1341.00	64.18	164.29	7.86	581.11	27.96	100.00
2005	234.39	10.76	129.00	5.92	668.09	30.66	47.34
2006	222.31	9.82	119.63	5.28	775.69	34.26	49.36
2007	216.05	9.20	115.58	4.92	868.75	36.99	51.11
2008	214.55	8.67	113.26	4.57	982.03	39.68	52.92
2009	214.06	8.05	110.77	4.17	1134.17	42.67	54.89
2010	209.08	7.02	109.57	3.68	1399.47	47.01	57.71

注：表中2001年至2004年集体办的数据是教育部门和集体办的数据合计。
数据来源：《中国教育年鉴》（1982—1984）、（1985—1986），历年《中国教育统计年鉴》。

从表2-3可见以下几点：①从1979年至2010年，除2005年、2006年外，社会力量都在提供学前教育资源中充当主要角色。社会力量举办的幼儿园的在园幼儿数占比，1979年高达90.43%，是32年中的最高点，2005年是32年中的最低点，为47.34%，此后，又开始逐步回升，到2010年已达57.71%，社会力量仍在提供学前教育资源中占主要角色。②由集体和企事业单位构成的社会力量举办的幼儿园的在园幼儿数所占比重曾占大多数，1994年之前都超过70%，此后，占比逐年下降，1999年之后已低于50%。③由私人或其他力量构成的社会力量举办的幼儿园的在园幼儿数量所占比重从1994年开始逐步上升，2010年已接近一半，为47.01%。

概括来说，尽管32年中社会力量提供的学前教育资源并非都是普惠性的，但是其中有些可称为普惠性的，至少其中集体、企事业单位提供的学前教育资源，大体可划归普惠性学前教育资源之列。因此，我国已有较长时期的社会力量提供普惠性学前教育资源的实践，为当前我国政府将社会力量在提供普惠性学前教育资源中的理论角色定位为重要角色，提供了决策依据。

（二）新兴的集体利益取向的社会力量有提供普惠性学前教育资源的较大潜力

社会力量的来源非常广泛，包括街道、居委会、城镇小区、城镇和农村集体、企业、事业单位、社会组织及公民个人等。它们既有共性，也有个性。社会力量不同基本单元之间存在区别，并非铁板一块，可从不同的角度作不同的分类。按追求的利益取向，社会力量可分为集体利益取向的社会力量和个体利益取向的社会力量。个体利益取向的社会力量，是以追求个体利益为取向的社会力量，例如，私营企业或公民个人通常都是个体利益取向的社会力量；集体利益取向的社会力量，即以追求集体利益为取向的社会力量，例如，公办学校、农村村委会、城镇街道及居委会等。此外，社会力量有些是改革开放以前就已存在的，有些则是改革开放以后产生的，属于新兴的社会力量。从理论上来说，有许多社会力量可提供学前教育资源，除了教育法律法规大力提倡外，不存在政策屏障，因为一般的学前教育服务的技术含量不高，高等教育的大众化使可供学前教育服务的人才也较多，其他条件也容易具备。但是，如果希望社会力量提供普惠性学前教育资源，一般就不宜依靠个体利益取向的社会力量，而应依靠集体利益取向的社会力量。可以说，我国政府视社会力量为提供普惠性学前教育资源的重要角色，还有一个重要因素在于，新兴的集体利益取向的社会力量中确实有提供普惠性学前教育资源的较大潜力。

从以往的实践来看，城乡集体、企业、事业单位等构成的集体利益取向的社会力量，它们实际在相当大的程度上提供了普惠性学前教育资源，尤其是农村集体更是其中的主体力量。例如，1981年，教育部门举办的幼儿园数量占比仅为4.59%、在园幼儿数量占比仅为12.70%，而由集体、企事业单位共同组成的集体利益取向的社会力量举办的幼儿园数量及在园幼儿数量的占比分别高达95.41%、87.30%，农村集体的则分别占77.07%、70.81%。[①]

随着改革开放以后我国工业化和城镇化水平的继续提升，大量农村青壮年劳动力进城务工经商，许多人成为城镇居民。1978年，中国大陆的城市化率为12.52%[②]，2022年末，常住人口城镇化率已达65.22%[③]。因此，假如继续依靠农村集体作为提供普惠性学前教育资源的主体力量，已经越来越不现实，农村已有许多幼儿园因招生困难而关闭。如今，我国提供普惠性学前教育资源，必须充分发挥集体利益取向的社会力量的作用。而在城镇的街道、居委会、社区等集体利益取向的社会力量中，很多是改革开放后工业化、城镇化的新兴产物，是取代过去农村集体提供普惠性学前教育资源的较好替代性社会力量。

新兴的集体利益取向的社会力量有提供普惠性学前教育资源的较大潜力。究其原因主要在于以下方面：一是新兴的集体利益取向的社会力量的数量大。1984年，中国大陆城市数量为295个[④]，2021年已经增加到685个城市[⑤]。每个城市都有若干个街道。2023年，街道有8992个。每个街道都有若干个居委会，

---

① 数据来源：《中国教育年鉴》（1949—1981）。
② 数据来源：《中国统计年鉴》（1982）。
③ 数据来源：《中华人民共和国 2022 年国民经济和社会发展统计公报》。
④ 数据来源：《中国城市统计年鉴》（1985）。
⑤ 数据来源：《中国城市统计年鉴》（2021）。

共计11.8万个居委会。此外,还有社区服务中心28993个,社区服务站513379个。① 二是这些数量巨大的集体利益取向的社会力量,接受所在地政府的业务指导,不以营利为目的,而是服务于所在社区的居民,有较广泛的群众基础,有提供普惠性学前教育资源的潜在优势。三是当前有些城市居委会等新兴的集体利益取向的社会力量已经开始了举办幼儿园的实践探索。例如,2013年6月,南昌市青云谱区福祥居委会创办了青云谱区幸福树幼儿园。② 2014年1月,厦门市湖里区蔡塘居委会创办了湖里区蔡塘幼儿园。③

此外,我国政府将社会力量在提供普惠性学前教育资源中的理论角色,定位为重要角色,还有其他方面的考虑。例如,学前教育是一个高危行业,如今的家庭普遍少子化,学前又暂未划归义务教育,少数地方政府并不希望自身主动背负更多的包袱,因而,只得希望社会力量在提供普惠性学前教育资源中充当重要角色。

---

① 2023年1季度民政统计数据 [EB/OL]. (2023-06-16) [2023-07-23]. http://mca.gov.cn/mzsj/tjsj/2023/202301tjsj.html.

② 南昌市青云谱区幸福树幼儿园 [EB/OL]. (2013-06-08) [2023-07-28]. https://gongshang.mingluji.com/jiangxi/name/%E5%8D%97%E6%98%8C%E5%B8%82%E9%9D%92%E4%BA%91%E8%B0%B1%E5%8C%BA%E5%B9%B8%E7%A6%8F%E6%A0%91%E5%91%E5%84%BF%E5%9B%AD.

③ 厦门市湖里区蔡塘幼儿园 [EB/OL]. (2014-01-22) [2023-07-28]. http://gongshang.mingluji.com/fujian/name/%E5%8E%A6%E9%97%A8%E5%B8%82%E6%B9%96%E9%87%8C%E5%8C%BA%E8%94%A1%E5%A1%98%E5%B9%BC%E5%84%BF%E5%9B%AD.

第三章 社会力量在提供学前教育资源中的实践角色

实践角色与理论角色相对应,是实践主体在现实中充当的角色。理论角色与实践角色之间往往存在一些张力。通过深入实地进行细致的调查研究,人们是可以了解实践角色的真实状况的。本章主要分析现实中社会力量在提供学前教育资源中实际扮演的角色,并剖析其内在机理。

一、社会力量在提供学前教育资源中的实践角色的内涵

学前教育资源有各种类型,既有政府提供的,也有社会力量提供的;既有普惠性的学前教育资源,也有非普惠性的学前教育资源。普惠性学前教育资源只是学前教育资源中的一部分。我们首先考察社会力量在提供学前教育资源中实践角色的整体状况,再考察社会力量在提供普惠性学前教育资源中的实践角色状况。

(一)社会力量在提供学前教育资源中的实践角色:主要角色

社会力量在提供学前教育资源中的实践角色状况,可从多方面看出。

1. 社会力量举办的幼儿园的数量

社会力量举办的幼儿园的数量状况,详见表3-1。

表3-1 2010—2021年社会力量举办的幼儿园的数量状况

年份	社会力量举办的幼儿园的数量(所)	社会力量举办的幼儿园数量占全国幼儿园总数的百分比(%)
2010	121163	80.54
2011	135706	81.38
2012	144259	79.60
2013	153516	77.32
2014	159165	75.83
2015	166198	74.30
2016	173693	72.42
2017	179397	70.36

续表

年份	社会力量举办的幼儿园的数量（所）	社会力量举办的幼儿园数量占全国幼儿园总数的百分比（%）
2018	184061	69.01
2019	191152	67.98
2020	187023	64.12
2021	186126	63.13

数据来源：历年《中国教育统计年鉴》。

从表3-1可见，社会力量举办的幼儿园的数量，2010年为121163所，此后，逐年增长，到2019年增长到191152所，为12年来的最高点，增长了57.76%。近两年数量有所减少，2021年为186126所，比2019年的最高点略减了2.63%。与此同时，社会力量举办的幼儿园数量占全国幼儿园总数的比重，2010年高达80.54%，2011年进一步增长到81.38%，为12年来的最高点。此后，占比开始下降，2021年为63.13%，仍占全国幼儿园总数中的多数。

从课题组的主要调研地——江西省来看，社会力量举办的幼儿园的数量[1]，2010年为8084所，占江西全省的94.90%，此后数量继续增长，到2013年已增长到10267所，2014年又回落到10067所，2015年又增长到10409所，2016年达到10806所的最高峰，比2010年增长了33.67%，此后逐年减少，2021年已减少到8118所。从江西省社会力量举办的幼儿园数量的占比看，2010年达到94.90%的最高峰后连年下降，2021年已下降到51.28%，但仍占多数。[2]

概括来说，从全国及江西省社会力量举办的幼儿园数量状况来看，2010年以来至今，社会力量在提供学前教育资源中的实践角色是主要角色。

2. 社会力量举办的幼儿园的在园幼儿数量

社会力量举办的幼儿园的在园幼儿数量状况，详见表3-2。

表3-2　2010—2021年社会力量举办的幼儿园的在园幼儿数量状况

年份	社会力量举办的幼儿园的在园幼儿数量（万人）	社会力量举办的幼儿园的在园幼儿数量占全国幼儿园在园幼儿总数的百分比（%）
2010	1718.12	57.71
2011	2049.95	59.86

---

[1] 江西省统计的社会力量不包括集体、企业事业单位，而是将集体、企业事业单位举办的幼儿园计入公办园范畴（可参见本书编写组编：《2010年江西省教育事业统计年鉴》，江西高校出版社2012年版，第896、906页）。

[2] 数据来源：根据历年《江西统计年鉴》相关数据计算所得。

续表

年份	社会力量举办的幼儿园的在园幼儿数量（万人）	社会力量举办的幼儿园的在园幼儿数量占全国幼儿园在园幼儿总数的百分比（%）
2012	2330.21	63.23
2013	2346.22	60.24
2014	2475.85	61.12
2015	2658.36	62.34
2016	2801.75	63.48
2017	2934.43	63.79
2018	2976.91	63.93
2019	2985.50	63.34
2020	2758.12	57.25
2021	2702.76	56.25

数据来源：历年《中国教育统计年鉴》。

从表3-2可见，社会力量举办的幼儿园的在园幼儿数量，2010年是1718.12万人，2019年达到最高峰，为2985.50万人，比2010年增长了73.77%。近两年，数量开始减少，2021年减少到2702.76万人，比2019年减少了9.46%。与此同时，社会力量举办的幼儿园的在园幼儿数量占全国的比重，2010年为57.71%，占全国的多数，随后波浪式增长，到2018年达到63.93%的最高点，此后逐年下降，2021年降到了56.25%，但仍占多数。也就是说，从社会力量举办的幼儿园的在园幼儿数量状况来看，2010年以来至今，社会力量在提供学前教育资源中的实践角色一直是主要角色。

从江西省来看，社会力量举办的幼儿园的在园幼儿数量，2010年是86.96万人，此后逐年增长，到2014年增长到124.43万人，比2010年增长了43.09%，2015年减少到121.82万人，2016年继续减少，为115.00万人，2017年又增长到160.94万人的最高峰，此后逐年减少，到2021年已减少到75.42万人，比2010年减少了13.27%。从江西省社会力量举办的幼儿园在园幼儿数量的占比来看，2010年占70.41%，2012年增长到74.57%，2013年回落到72.95%，2014年又开始增长，达到74.85%的最高峰，此后逐年减少，到2020年，占比降到47.06%，首次低于50%。2021年，该占比继续下降，已经比2010年减少了23.81%，为46.60%。[①] 不过，由于江西省将集体、企事业单位举办的幼儿园确立为公办园，因此如果加上这些集体、企事业单位举办的幼儿园的在园幼儿数量，

---

① 数据来源：根据历年《江西统计年鉴》相关数据计算所得。其中2014年的数据来源于江西教育网教育统计。

目前，江西省社会力量举办的幼儿园的在园幼儿数量占比实际仍超过50%。

概括来说，从全国及江西省社会力量举办的幼儿园的在园幼儿数量状况来看，自2010年以来，社会力量在提供学前教育资源中的实践角色一直是主要角色。

3. 社会力量举办的幼儿园的教职工数量

社会力量举办的幼儿园的教职工数量状况，详见表3-3。

表3-3 2010—2021年社会力量举办的幼儿园的教职工数量状况

年份	社会力量举办的幼儿园的教职工数量（万人）	社会力量举办的幼儿园的教职工数量占全国幼儿园教职工总数的百分比（%）
2010	143.83	77.78
2011	174.17	79.01
2012	195.33	78.45
2013	218.84	77.42
2014	241.12	76.77
2015	267.73	76.59
2016	291.28	76.29
2017	314.52	75.01
2018	337.45	74.47
2019	358.46	72.92
2020	350.77	67.48
2021	362.83	64.26

数据来源：历年《中国教育统计年鉴》。

从表3-3可见，社会力量举办的幼儿园的教职工数量，2010年是143.83万人，此后除2020年外，都是连续增长，到2021年已增长到362.83万人，比2010年增长了1.52倍。与此同时，社会力量举办的幼儿园的教职工数量占全国的比重，2010年为77.78%，2011年达到79.01%的最高峰，此后连续下降，到2021年已下降到64.26%，比2011年下降了14.75%，但占比仍是多数。从社会力量举办的幼儿园的教职工数量状况可见，自2010年以来，社会力量在提供学前教育资源中的实践角色一直是主要角色。

从江西省来看，社会力量举办的幼儿园的教职工数量，2010年是6.02万人，此后连续增长，2015年已增长到10.55万人，比2010年增长了75.25%，2016年回落到9.54万人，2017年又增长到10.05万人，2018年增长到10.85万人的最高峰，此后又开始减少，到2020年已减少到9.54万人，2021年又略微增长到9.88万人。从江西省社会力量举办的幼儿园的教职工数量的占比来看，2010年占87.02%，是2010年以来的最高点，从2011年到2015年都接近

86%，2016年减少到81.94%，此后连年减少，到2021年，已比2010年减少了36.63%，为50.39%，不过，仍然略占多数。

概括来说，从全国及江西省社会力量举办的幼儿园的教职工数量状况来看，2010年以来，社会力量在提供学前教育资源中的实践角色也一直是主要角色。

（二）社会力量在提供普惠性学前教育资源中的实践角色：补充角色

国家统计局的统计数据显示，2021年，普惠性民办园有116574所，占民办园总数的69.93%，占社会力量举办的幼儿园总数的62.63%，占全国幼儿园总数的39.54%。普惠性民办园在园幼儿数为1725.18万人，占民办园在园幼儿总数的74.62%，占社会力量举办的幼儿园在园幼儿总数的63.83%，占全国幼儿园在园幼儿总数的35.90%。普惠性民办园的教职工数为220.79万人，占民办园教职工数的70.17%，占社会力量举办的幼儿园教职工数的60.85%，占全国幼儿园教职工总数的39.10%。① 从江西省来看，2021年底，江西省普惠性民办园有5858所，占民办园总数的79.40%，占全省幼儿园总数的37.00%。② 从全国及江西省的社会力量提供的普惠性学前教育资源状况来看，社会力量在提供普惠性学前教育资源中充当的无疑已是重要角色，而不是拾遗补阙的角色或可有可无的补充角色，然而，现实中许多所谓的普惠性民办园在理论与实践之间的差距较大，从以下几个方面可以得到充分的体现。

1. 民办园的举办者及教师对普惠性幼儿园缺乏相关认知

民办园的举办者和教师具备普惠性幼儿园的相关理论知识，包括普惠性幼儿园的概念、认定标准等，这是民办园建成普惠性幼儿园的前提条件。根据政府相关统计数据计算可知，2018年，江西省有53.9%的民办园已是普惠性幼儿园。③ 从理论而言，这些普惠性民办园的举办者与教师应掌握了基本的普惠性

---

① 数据来源：根据《中国教育统计年鉴》（2021）相关数据计算所得。
② 王琴红，敖雨欣．江西：到2025年普惠性幼儿园覆盖率达到90%以上［EB/OL］．（2022-07-22）［2023-07-28］．https：//edu.jxnews.com.cn/system/2022/07/22/019718609.shtml.
③ 关于2018年江西省民办园中普惠性民办园所占比例，我们没有找到政府公布的确切数据，这里的53.9%是根据相关数据推算而来的：2017年江西省幼儿园共1.50万所（其中民办1.06万所），其中普惠性幼儿园0.95万所（公办0.44万所，民办0.51万所），普惠性幼儿园覆盖率63%［资料来源：张天清，李旭，彭平，等．扩充普惠性资源 解决幼儿"入园难""入园贵"［N］．江西日报，2019-02-01(6) 和《江西年鉴》(2018)］．2019年11月11日，有报道称，到2019年底，江西省"公办幼儿园在园幼儿占比将达40%，普惠性学前教育覆盖率将达76%"．［资料来源：骆辉．江西省聚焦解决"入园难入园贵"突出问题见成效［N］．江西日报，2019-11-11(1)］．2019年相较于2017年，江西省普惠性幼儿园覆盖率增加13%，年均增长6.5%。按此增速，2018年江西省普惠性幼儿园覆盖率则为69.5%，另据2018年江西省幼儿园共1.54万所（其中民办1.02万所，公办0.52万所）［资料来源：《江西年鉴》(2019)］，那么，2018年江西省普惠性公办幼儿园覆盖率的33.77%，普惠性民办园覆盖率则为35.73%，民办园中普惠性民办园所占比例则为53.9%。

幼儿园的相关理论知识。然而，课题组 2018 年的调研发现，57.1%的民办园教师和 86.7%的民办园举办者表示听过普惠性幼儿园，但对其具体含义却知之甚少。① 2022 年 7 月至 8 月，课题组的补充调研数据显示，74.8%的民办园教师和 92.4%的民办园举办者表示听过普惠性幼儿园，但能大致表述普惠性幼儿园含义的教师仅占 22.6%，举办者为 25.2%。这些充分反映了多数民办园举办者和教师对普惠性幼儿园缺乏相关认知。缺乏普惠性学前教育的相关理论指导，民办园很难建成真正的普惠性幼儿园，也很难提供合格的普惠性学前教育资源。

2. 普惠性民办园的保教费居高不下

普惠性民办园是否"实惠"，首先要看其保教费的高低。根据对江西省普惠性民办园的调研可知，大部分的普惠性民办园并不实惠，保教费居高不下。按江西省统计局数据将收入分为五等，2018 年江西省低收入户的人均可支配收入，城镇为 12189.6 元，农村为 4141.8 元。调研显示，2018 年江西省城镇普惠性民办园的年平均保教费为 7133 元，占城镇低收入户人均可支配收入的 58.5%，是这些家庭人均教育支出的 7.2 倍。江西省农村普惠性民办园的年平均保教费为 3378 元，占农村低收入户人均可支配收入的 81.6%，是这些家庭人均教育文化娱乐支出的 4.0 倍。可见，普惠性民办园的平均保教费相对于城乡低收入户而言明显偏高。即使对城乡中等收入家庭而言，普惠性民办园的保教费也会给他们造成一定的负担。

2022 年 8 月 17 日，接受课题组调研的江西省 LS 县 ZHS 幼儿园教师 HY 向课题组提建议："希望普惠性幼儿园的收费标准能符合平民老百姓的收入水平。"在她看来，普惠性民办园的收费过高。

2022 年 7—8 月，课题组补充调研普惠性民办园的费用（保教费、中餐等），认为很便宜和比较便宜的幼儿家长仅占 12.4%，一般的占 31.9%，而认为很贵和较贵的则高达 55.7%。

再者，《江西省普惠性民办幼儿园认定及扶持办法》试行稿及修订稿均规定，普惠性民办园应按规定收费，严禁以兴趣班等形式向家长乱收费，但这些规定未得到落实。名义上，普惠性民办园的保教费未突破政府规定，但其实际保教费远不止于此。课题组 2018 年的调研显示，至少 91.3%的普惠性民办园举办者公开表示，其幼儿园办了额外收费的兴趣班，且兴趣班的收费都比较高。2022 年的补充调研也显示，93.6%的普惠性民办园仍然办了兴趣班。②

实际上，普惠性民办园的保教费过高也屡见报端。例如，2021 年 8 月，江

---

① 张水华，查明辉. 普惠性教育政策实施中的问题及其解决 [J]. 江西社会科学，2021，41（7）：249.

② 张水华，查明辉. 普惠性教育政策实施中的问题及其解决 [J]. 江西社会科学，2021，41（7）：248.

西省南昌市育兰国际幼儿园作为一家普惠性民办园，每个学期的收费是1.68万元，一年的收费是3.36万元。南昌市红谷滩东方爱幼幼儿园和南昌格林皇家幼稚园也已被列入普惠性民办园的名单，然而，每个学期的费用均超过了1.4万元。一些家长对此表示："家门口的这些幼儿园已经被列入普惠性民办幼儿园名单，为何收费还这么高？普惠性政策到底起到了什么作用？"此外，这三所普惠性民办园都设有特色课程，每门每学期五六百元。①

总之，江西省有许多普惠性民办园的保教费仍居高不下，许多幼儿家长感觉负担重。可见，这与《江西省普惠性民办幼儿园认定及扶持办法》确立的"收费合理"的规定不太相符。它实际上已反映出，当前许多普惠性民办园并未具备真正的普惠性。

3. 普惠性民办园提供服务的条件有待提升

普惠性民办园要提供较高质量的服务，必须在师资方面下功夫，否则很难提供合格的普惠性学前教育资源。课题组在江西的调研显示，普惠性民办园的师资条件在多方面需要进一步提升。

第一，从学历来看，普惠性民办园有不少教师的学历水平较低。2021年，全国幼儿园专任教师的学历中，高中以下的占0.97%，高中占11.43%，大专占58.52%，本科占28.84%，硕士及以上的占0.23%。② 2020年，江西省幼儿园专任教师的学历结构是：高中以下的占5.70%，高中占22.29%，大专占61.12%，本科占10.85%，硕士及以上的占0.04%。③ 然而，课题组的调研显示，江西省普惠性民办园专任教师中，大专学历的最多，占54.81%，其次是高中及以下学历，占35.99%，本科以及上学历的仅占9.2%。普惠性民办园的师资结构与江西全省幼儿园的相比，高学历的偏少而低学历的偏多，约相差10%。普惠性民办园有些教师学历偏低，这在其他研究中也有体现。例如，倪嘉敏于2017年在甘肃省Q市进行的一项有效问卷为496份的抽样调查显示，在普惠性民办园教师中，高中（职高或中专）及以下学历者占32.5%。④ 普惠性民办园教师中有较多低学历者，不利于提供合格的学前教育服务。

第二，从专任教师的专业来看，普惠性民办园中有不少教师并非学前教育专业出身。课题组的调研显示，普惠性民办园教师是幼儿教育专业（或学前教育专业、教育专业）毕业的仅占49.8%，其他专业或无专业的占51.2%，专业

---

① 陈璋，徐玉婷. 普惠性民办幼儿园有点名不副实 [EB/OL]. (2021-08-29) [2023-07-29]. https://www.jxcn.cn/system/2021/08/29/019378278.shtml.
② 数据来源：根据《中国教育统计年鉴》（2021）相关数据计算所得。
③ 数据来源：根据江西教育网教育统计相关数据计算所得。
④ 倪嘉敏. 西北贫困地区民办普惠性幼儿园师资现状的调查研究——来自甘肃省Q市的调查 [J]. 西部素质教育，2018，4（2）：104-105.

不对口现象突出。这种现象在其他研究者的调研中也有体现。例如，倪嘉敏于 2017 年在甘肃省 Q 市的抽样调查显示，普惠性民办园教师的专业对口率仅为 42.0%，不对口率占 58.0%。① 2020 年，徐莹莹等人在全国进行了一项有效问卷数为 32174 份的抽样调查（其中公办园 21733 份，普惠性民办园 5539 份，非普惠性民办园 4902 份）。研究表明，在普惠性民办园教师中，非学前教育专业的教师占 20.11%。② 普惠性民办园中有较多教师非学前教育专业出身，不利于提供合格的学前教育服务。

第三，从专任教师的从业资格证来看，较多普惠性民办园教师无教师资格证。2020 年，徐莹莹等人在全国进行的抽样调查表明，在普惠性民办园教师中，无教师资格证的占 25.17%；相比之下，公办园教师中无教师资格证的仅占 5.70%。③ 张锐于 2020 年在广东省 D 市普惠性民办园中进行的一项有效问卷数为 694 份的抽样调查显示，在普惠性民办园教师中，无教师资格证的占 46.97%。④ 倪嘉敏于 2017 年在甘肃省 Q 市的抽样调查显示，普惠性民办园教师无教师资格证的占 32.5%。⑤ 普惠性民办园中有较多教师无从业资格证，显然不利于提供合格的学前教育服务。

第四，从专任教师的职称结构来看，普惠性民办园教师多数无职称。2020 年，徐莹莹等人在全国进行的抽样调查显示，在普惠性民办园教师中，无职称的占 76.33%，有中高职称的占 6.82%；相比之下，公办园教师中无职称的仅占 35.00%，有中高职称的占 24.25%。⑥ 张锐于 2020 年在广东省 D 市普惠性民办园中进行的抽样调查显示，在普惠性民办园教师中，无职称的占 81.27%，有高级职称的仅占 2.01%。⑦ 倪嘉敏于 2017 年在甘肃省 Q 市的抽样调查显示，普惠性民办园教师无职称的占 94.4%。⑧ 普惠性民办园教师中多数无职称，反映出

---

① 倪嘉敏. 西北贫困地区民办普惠性幼儿园师资现状的调查研究——来自甘肃省 Q 市的调查 [J]. 西部素质教育, 2018, 4 (2): 104-105.
② 徐莹莹, 王海英, 闵慧祖, 等. 扶持政策能否优化普惠性民办园教师资源配置?——基于我国三类幼儿园 32174 名教师的实证研究 [J]. 早期教育, 2022 (21): 15.
③ 徐莹莹, 王海英, 闵慧祖, 等. 扶持政策能否优化普惠性民办园教师资源配置?——基于我国三类幼儿园 32174 名教师的实证研究 [J]. 早期教育, 2022 (21): 14-15.
④ 张锐. 普惠性民办幼儿园教师专业发展现状调查与分析——以广东省 D 市为例 [J]. 教育导刊（下半月）, 2021 (4): 8.
⑤ 倪嘉敏. 西北贫困地区民办普惠性幼儿园师资现状的调查研究——来自甘肃省 Q 市的调查 [J]. 西部素质教育, 2018, 4 (2): 104-105.
⑥ 徐莹莹, 王海英, 闵慧祖, 等. 扶持政策能否优化普惠性民办园教师资源配置?——基于我国三类幼儿园 32174 名教师的实证研究 [J]. 早期教育, 2022 (21): 15.
⑦ 张锐. 普惠性民办幼儿园教师专业发展现状调查与分析——以广东省 D 市为例 [J]. 教育导刊（下半月）, 2021 (4): 8.
⑧ 倪嘉敏. 西北贫困地区民办普惠性幼儿园师资现状的调查研究——来自甘肃省 Q 市的调查 [J]. 西部素质教育, 2018, 4 (2): 104-105.

多数教师缺乏提供较高学前教育服务质量的经验。

第五，幼儿教师流失率高。由于工作压力大，工资福利待遇普遍不如公办园，社会声望低下等原因，民办园的教师流失率较高。课题组的调研显示，江西省普惠性民办园教师的年均流失率为28.8%。这与《江西省普惠性民办幼儿园认定及扶持办法（修订）》中要求有稳定的师资的规定有较大差距。普惠性民办园的幼儿教师流失率高，这在其他研究者的调研中也有体现。例如，倪嘉敏于2017年在甘肃省Q市的抽样调查显示，2012年至2016年，普惠性民办园教师的流失率分别为19.3%、18.9%、23.6%、23.1%、24.6%。[①] 李喜元等人于2020年在青岛市H区的抽样调查显示，普惠性民办园幼儿教师的年度流失率较高，超过10%。[②] 普惠性民办园教师流失率高，对提供普惠性学前教育服务很不利。

第六，教职工配备方面不达标。2013年1月，教育部发布的《幼儿园教职工配备标准（暂行）》规定，"全日制幼儿园每班配备2名专任教师和1名保育员，或配备3名专任教师；半日制幼儿园每班配备2名专任教师，有条件的可配备1名保育员"。然而，课题组的调研显示，83.1%的普惠性民办园不达标，全日制幼儿园每班只能做到"一教（师）一保（育）"，或者一个保育员负责多个班级，有的幼儿园只有一个保育员。这与《江西省普惠性民办幼儿园认定及扶持办法（修订）》中要求配齐配足教职工的规定不一致。普惠性民办园教职工配备不达标在其他研究者的调研中也有体现。例如，林娜2017年在福建省的抽样调查显示，如将福建省教职工配备分为"三教一保""两教一保""一教一保""两教零保""一教零保"，福建沿海地区的比例分别为2.1%、91.6%、4.2%、0、2.1%，中部地区分别为0、66.7%、23.8%、9.5%、0，山区分别为0、46.7%、31.1%、4.4%、17.8%，综合看，福建三种地区的比例分别为0.7%、68.9%、19.3%、4.4%、6.7%。可见，福建省普惠性民办园的教职工配备方面，还有31.1%的普惠性民办园没有达到教育部规定的"两教一保"的要求。[③] 2020年，赵诗静等人对四川中部丘陵地区Z市Y区农村普惠性民办园的抽样调查显示，一教包班的占64.8%，"一教一保"的占32.0%，两教包班的占1.6%，"两教一保"的占1.6%。[④] 可见当地有98.4%的普惠性民办园没有达到教育部规定的"两教一保"的要求。

[①] 倪嘉敏. 西北贫困地区民办普惠性幼儿园师资现状的调查研究——来自甘肃省Q市的调查［J］. 西部素质教育，2018，4（2）：106.

[②] 李喜元，孙文杰，杨方娇. 青岛市H区普惠性民办幼儿园师资队伍建设研究［J］. 早期教育，2022（17）：17.

[③] 林娜. 教育均衡视野下普惠性民办幼儿教师队伍调查［J］. 大理大学学报，2018，3（11）：110.

[④] 赵诗静，彭涵，代燕. 乡村振兴背景下乡村普惠性民办园师资队伍水平提升策略研究——以川中丘陵地区为例［J］. 红河学院学报，2023，21（2）：102.

综上，当前不少普惠性民办园提供服务的多方面条件有待提升，决定了其提供的服务的质量不高。这一结论也有其他研究予以证实。例如，李静等人于 2019 年在 C 市的抽样调查显示，普惠性民办园的教育质量总体不理想。[①]

4. 一些家长对普惠性学前教育需要的满足感较低

自 2010 年出台普惠性学前教育政策以来，政府统计数据显示，我国普惠性学前教育资源的供应量越来越多。2022 年，普惠性民办园达到 11.7 万所，占民办园总数的 72.76%，占普惠性幼儿园总数的 47.62%，普惠性民办园在园幼儿数为 1643.28 万人，占民办园在园幼儿数的 77.23%，占普惠性幼儿园在园幼儿总数的 39.65%。[②] 尽管如此，一些家长对普惠性学前教育需要的满足感仍然较低。它体现在：一方面，课题组的调研显示，幼儿家长认为普惠性民办园的费用很贵和较贵的仍然高达 55.7%。另一方面，许多幼儿家长并不太清楚普惠性幼儿园的含义，也不太清楚自己子女所入的民办园是否为普惠性幼儿园，有不少家长认为民办园的质量近年来并无明显变化。费用并不"实惠"，教育保育质量也并没有太大提升，普惠性民办园并不具备充分的"普惠性"[③]，自然不会使一些幼儿家长对普惠性学前教育需要的满足感得到提升。

实际上，正因许多幼儿家长对普惠性学前教育需要的满足感较低，所以对提升我国人口的生育率未发挥显著作用。我国的总和生育率在 1950 年是 5.81，在三年严重困难期间的 1961 年是 3.29，1963 年达到 7.50 的最高峰，1978 年是 2.72。[④] 从 20 世纪 90 年代初开始，总和生育率降到 2.1 的更替水平以下，2000 年进一步降至 1.22，2010 年为 1.18。随后，我国接连推行"单独二孩""全面二孩"政策，总和生育率虽略有增加，但仍未超过 1.6。[⑤] 2020 年，总和生育率跌至 1.3[⑥]，比国际社会通常认为的 1.5 的警戒线还要低。2022 年，中国人口比 2021 年减少 85 万人。这是 61 年来的首次人口负增长。[⑦] 由于生育率下降，中国人口占世界人口的比重已由 1960 年的 22.0% 降至 2021 年的 18.0%。[⑧] 探究我国生育率低迷的原因，其中一个是中低收入家庭分担的学前教育成本过高。

[①] 李静，李锦，王伟. 普惠性民办幼儿园教育质量评估与提升策略——基于对 C 市 15 所幼儿园的调查数据分析 [J]. 学前教育研究，2019（12）：70-73.

[②] 数据来源：《2022 年全国教育事业发展统计公报》。

[③] 张水华，查明辉. 普惠性教育政策实施中的问题及其解决 [J]. 江西社会科学，2021，41（7）：248-249.

[④] 刘岳，沈益民，奚国金主编. 中国人口分析与区域特征 [M]. 北京：海洋出版社，1991：111.

[⑤] 顾宝昌，侯佳伟，吴楠. 中国总和生育率为何如此低？——推延和补偿的博弈 [J]. 人口与经济，2020（1）：61.

[⑥] 魏玉坤. 总和生育率 1.3，我国是否跌入"低生育率陷阱"？[N]. 新华每日电讯，2021-05-18（2）.

[⑦] 赵语涵. 去年年末全国人口比上年末减少 85 万人——近 61 年来首次人口负增长 [N]. 北京日报，2023-01-18（5）.

[⑧] 数据来源：世界银行网站数据库，https://data.worldbank.org.cn。

课题组的调查显示，87.8%的幼儿家长承认，不愿意多生孩子与学前教育成本高有很强的相关性，二者的联系数高达 0.707。

综上，从课题组在江西的调研及其他研究来看，普惠性民办学前教育资源大体与民办学前教育资源无本质差别，多数社会力量所提供的仍然是学前教育资源，很难称得上普惠性学前教育资源。也就是说，社会力量可在提供学前教育资源中充当重要角色，但在提供普惠性学前教育资源中的实践角色实际是补充角色，仅有少数社会力量在提供普惠性学前教育资源。

二、社会力量在提供学前教育资源中的实践角色的内在机理

社会力量可分集体利益取向的社会力量和个体利益取向的社会力量。这两种社会力量存在本质区别，个体利益取向的社会力量主要指公民个人，集体利益取向的社会力量指由多人组成、有共同目标和利益的社会组织。分析社会力量在提供学前教育资源中实践角色的内在机理，应当区别对待，不宜混为一谈。

（一）个体利益取向的社会力量提供学前教育资源实践角色的内在机理

1952 年 6 月 14 日，毛泽东同志在北京市委呈报的《关于北京市中小学校学生负担及生活情况的报告》上批示："如有可能，应全部接管私立中小学。"① 1952 年 9 月 10 日，教育部按批示精神发出通知，要求将全国中小学和幼稚园全部由政府逐渐接办，限期在 3 年内完成。到 1954 年年底，全国所有的私立幼儿园都改为公办。此后的一段时期内，在国内，除少数季节性、临时性的托幼机构仍属私立性质外，全日制、寄宿制的托幼机构都改为公办。② 至此，个体利益取向的社会力量举办幼儿园的实践在中国大陆基本中断了。

在 1956 年贯彻教育"两条腿走路"方针后，广大农村一些由集体举办的民办幼儿园开始大量涌现。此时产生的民办幼儿园不同于如今的民办园。在当时，"私立"与"民办"这两个概念是不同的。传统的私立学校和私立学前教育设施，不仅仅是由私人或民间团体出资，而且拥有相对独立的办学自主权。这主要表现在：董事会的设立和校长的选任，受政治影响相对较少；办学形式相较于公立学校更为灵活多样；课程设置与教材选用，虽然必须遵照教育部颁发的标准，但仍有余地；教师的选聘和任用也拥有较大的自主权，并未纳入国家劳动人事制度系统。而 1956 年后，之所以用"民办"取代"私立"，除"私"字所代表的"私有制"已成为社会主义革命的对象外，另一个主要原因在于，

---

① 中央教育科学研究所编. 中华人民共和国教育大事记（1949—1982）[M]. 北京：教育科学出版社，1990：59.
② 喻本伐. 中国幼儿教育发展史 [M]. 武汉：华中师范大学出版社，2012：195.

"集体所有制"下的"民营"经济实体,既不是"国营"也不是"私营"。当时的民办幼儿园大多依托于城市里的街道和农村中的社队,它不仅从经费来源上有别于私立幼儿园,而且必须无条件地接受基层政权的领导;民办幼儿园在贯彻教育方针、安排课程计划和选择教材及教参上,均与公办幼儿园毫无二致。① 因这类幼儿园具有公办性质,产权属于集体所有,所以,2001年至2004年,政府统计部门没有分别将教育部门办的幼儿园和集体办的幼儿园单独统计,而是合并统计。

个体利益取向的社会力量举办幼儿园在改革开放之后又开始恢复。1978年底,党的十一届三中全会召开,我国停止了以阶级斗争为纲,将党和国家的工作重点转移到以经济建设为中心的轨道上来。除了这个大背景之外,以下几个条件的具备,对个体利益取向的社会力量举办幼儿园起到了重要的推动作用。

第一,邓小平同志的支持。作为中国改革开放的总设计师,邓小平同志对推动一些社会力量参与办教育发挥了关键性作用。早在1978年3月,邓小平同志在全国科学大会开幕式上的讲话中指出:"教育事业,绝不只是教育部门的事,各级党委要认真地作为大事来抓。各行各业都要来支持教育事业,大力兴办教育事业。"② 又如,在20世纪80年代初,有人反对私人办学,担心培养不出"根正苗红"的人才,甚至认为,这样下去,迟早会出现"异己分子"和"社会主义掘墓人"。有的地方和部门对民办学校冷眼相待。为此,邓小平同志在1985年5月召开的全国教育工作会议上,批评了那些"缺乏远见""不成熟"的同志,充分肯定了城乡和社会各界及爱国侨胞捐资办学的热情,认为我国城乡和社会各界蕴藏着极大的办学热情,不少爱国侨胞也热心捐资办学,又有一个正确的纲领,在这样的条件下,只要各级领导认真抓,教育的事情好办,悲观是没有根据的。③

第二,国家学前教育政策的变化。我国开启改革开放不久,在学前教育领域,国家也推出了一些改革措施。特别是1979年7月至8月,经中央批准,教育部、卫生部、劳动总局、全国总工会和全国妇联召开了全国托幼工作会议,其中,提到很重要的两点是:①关于托幼事业经费不足,特别是城镇民办园所的经费很困难,可依靠国家、集体、社会、个人各个方面,采用多种办法,解决好经费来源问题。各级教育、卫生部门举办的幼儿园、托儿所经费和培训各类园、所保教人员、医务人员以及开展托幼工作其他活动所需费用,分别由教育事业费和卫生事业费列支。各级财政部门在确定教育、卫生事业费年度指标时,对这些费用要予以安排。各企业、事业、机关、部队举办的园所的经费由

---

① 喻本伐. 中国幼儿教育发展史 [M]. 武汉:华中师范大学出版社,2012:199.
② 邓小平文选(第二卷)(第2版)[M]. 北京:人民出版社,1994:95.
③ 邓小平文选(第三卷)[M]. 北京:人民出版社,1993:121-122.

各主办单位自行解决。对城镇民办园所，根据各地经验，其经费来源可从以下方面解决：一是，孩子家长交保育费。二是，孩子家长所在单位向托儿所交管理费。管理费的标准由当地托幼领导机构，参考全民所有制企业单位对其举办的园所补贴的费用和当地实际情况规定。三是，园所的开办费、添置大型设备及房屋修缮等开支，由地方财政部门在自筹经费（如城市附加收入，区、街企业收入和机动财力等）中酌情补贴等。②关于幼儿园的发展趋势，全国托幼工作会议提到，随着生产发展和国民经济管理体制改革，生活服务事业将逐步向社会化的方向发展，托幼事业社会化也是必然趋势。有条件的省、自治区、直辖市可选择一些市、区对托儿所、幼儿园全面规划，合理布局，进行托幼组织社会化的试点，取得经验。① 在此，全国托幼工作会议提到的第一点，实际是为社会力量举办幼儿园解决经费问题。第二点提到的"托幼事业社会化"，实际表明，学前教育不全是政府的任务，也是社会力量的责任，可以探索由社会力量来举办学前教育。除此之外，更具权威性的法律法规也对学前教育政策的变化予以支持。例如，1982年发布的《中华人民共和国宪法》正式规定："国家鼓励集体经济组织、国家企业事业组织和其他社会力量依照法律规定举办各种教育事业。"这就为社会力量举办幼儿园提供了最高的法律依据。1985年，《中共中央关于教育体制改革的决定》批评了政府有关部门对学校统得过死，使学校缺乏应有的活力，提出必须从教育体制入手，有系统地进行改革；提出在实行九年制义务教育的同时，还要努力发展幼儿教育及特殊教育。并把发展基础教育的责任交给地方，强调基础教育管理权属于地方，地方要鼓励和指导国营企业、社会团体和个人办学，并在自愿的基础上，鼓励单位、集体和个人捐资助学，还提出，要动员和教育全党、全社会和全国人民关心和支持教育体制改革，发展教育事业，鼓励各民主党派、人民团体、社会组织、离休退休干部和知识分子、集体经济单位和个人，遵照党和政府的方针政策，采取多种形式和办法，积极地自愿地为发展教育贡献力量。这些为个体利益取向的社会力量举办幼儿园提供了越来越充足的合法性。

  第三，独生子女政策的出台。1978年，党的十一届三中全会提出，"最好生一个"的"晚婚、晚育、少生、优生"以及把人口自然增长率降到10‰以下的号召。同年，我国第一次把计划生育写入宪法，使计划生育工作的开展有了最高的法律依据。党的十一届三中全会以后，计划生育管理工作进入了一个新的历史阶段。1980年9月，中共中央发出《关于控制我国人口增长问题致全体共产党员、共青团员的公开信》，向全党、全国正式提出一对夫妻只生一个孩子的要求。这是在"晚、稀、少""最好一个，最多两个"政策执行的基础上而作出的重大生育决策。1981年11月，五届人大四次会议明确指出"限制人口

---

① 资料来源：《中国教育年鉴》（1949—1981），第943-944页。

数量，提高人口素质，这就是我们的人口政策"。1982年9月，党的十二大把计划生育定为我国的一项基本国策。从1981年开始，从国务院到各级人民政府，都成立了计划生育委员会。1984年，党中央发文要求把计划生育政策建立在合情合理，群众拥护，干部做好工作的基础上。1986年，中共中央又颁发文件，要求在完善政策过程中要全面理解和执行计划生育政策，严禁计划外二胎和多胎。伴随着计划生育工作的开展，一胎化政策强化了家庭的抚育功能，家庭内部的消费取向发生了变化，从"偏重成人"向"偏重子女"和"子代优先"的方向发展。1984年底，中国独生子女人数达3500万，占有子女的育龄夫妇家庭总数的21.1%。大中城市占比更高，达50%左右。传统的儒家文化强调亲子关系以父母为中心，子女应当服从于父母，父权秩序维持着家庭关系。独生子女的出现改变了这种关系的基本运作机制。"偏重子女"和"子代优先"使父母重视子女教育。① 所以，越来越多的家庭对学前教育也更加重视。当政府及集体利益取向的社会力量举办的幼儿园不能更好满足家庭的多样化需要时，家庭自然转向个体利益取向的社会力量举办的幼儿园。

第四，城乡居民财富的增长。1952年，全国储蓄存款余额仅8.6亿元，到1978年增长到210.6亿元，增长了23.49倍。其中，城镇由1952年的8.6亿元增长到1978年的154.9亿元，增长了17.01倍；农村由1957年的7.3亿元增长到1978年的55.7亿元，增长了6.63倍。全国人均存款余额，由1957年的5.4元增长到1978年的21.9元，增长了3.06倍。其中，城镇由1952年的12.0元增长到1978年的74.7元，增长了5.23倍；农村由1957年的1.3元增长到1978年的7.1元，增长了4.46倍。② 城乡居民财富的增长为一些家庭支付子女的学前教育费用提供了经济条件。

在个体利益取向的社会力量举办幼儿园的条件逐步成熟的过程中，进入了20世纪80年代，中国大陆开始产生了一些个体利益取向的社会力量举办幼儿园的实践。首先是在城市中，尤其是在沿海开放城市中，出现了一批由私人举办的幼儿园。从20世纪80年代中期开始，随着私立幼儿园的不断涌现以及家长对子女期望值的不断攀升，个体利益取向的社会力量首先创设了多种私立特色幼儿园，包括美术、音乐、舞蹈、书法、英语、围棋、足球或其他体育项目等特色幼儿园。在农村，随着20世纪80年代中期人民公社体制的解体，原有的社队幼儿园，大多转由乡镇、村基层政权办理；而在县、乡两级也开始产生一批私人举办的幼儿园。进入20世纪90年代，个体利益取向的社会力量举办幼儿园的实践进一步增多。有名气的公立幼儿园也批量地转办为特色幼儿园或

---

① 董银兰，周艳华，解鸿泉编著. 人口学概论［M］. 北京：科学出版社，2004：152-154.
② 数据来源：国家统计局编. 1949—1984光辉的三十五年统计资料［M］. 北京：中国统计出版社，1984：171.

开办特长班,参与到特色园的竞争之中。据上海市 1994 年初统计,上海市 13 个区县中,有 80 所教育部门所办理的特色幼儿园(班),占全市教育部门办园总数的 9.40%。此后,特色幼儿园更是有增无减。当时,有不少个体企业家视教育为一种特殊的产业,以营利为目的,投资兴办了一批贵族学校(高收费学校)。其中,包括一些设备精良的幼儿园。①

此外,个体利益取向的社会力量举办幼儿园实践的产生,也与学界一些学者的推动有关系。在改革开放初,人们普遍认为教育应当为无产阶级政治服务,教育与生产劳动相结合。改革开放后,这种认识逐渐发生改变。1987 年,已有人主张将教育纳入产业范畴②,有人认为教育是第一位的战略产业③。1988 年,有人提出,教育应成为商品经济中战略性产业。④ 1989 年,有人提出"教育产业"的概念⑤,还有人认为,社会主义商品经济下教育趋向是教育产业化、产业教育化⑥。进入 20 世纪 90 年代,中国加快改革开放步伐,提出建立社会主义市场经济,学界对教育产业论的探讨继续深入。1991 年,有人提出把教育当作产业来办,认为这是教育和经济社会发展相适应和提高办学效益的一条新途径。⑦ 1993 年,有人公开提出"教育产业论"。⑧ 1995 年,有人提出教育产业将成为 21 世纪的主导产业。⑨ 1996 年,有人提出,教育产业化是"教育改革和发展的必然选择"。⑩ 1998 年,有人提出,"把教育作为产业来办"。⑪⑫ 1999 年,更多学者支持教育产业化,认为教育产业是"新的经济增长点"⑬⑭,认为教育是社会经济发展新的生长点⑮,"教育将成为最大的新兴产业"⑯,教育产业是

---

① 喻本伐. 中国幼儿教育发展史 [M]. 武汉: 华中师范大学出版社, 2012: 209-210.
② 张南保. 教育部门不应列入产业的范畴 [J]. 学术月刊, 1987 (1): 8.
③ 肖宏. 教育是第一位的战略产业 [J]. 教育与经济, 1987 (3): 34.
④ 马民杰. 教育应成为商品经济中战略性产业 [J]. 广州教育, 1988 (2): 45-46.
⑤ 二平. 教育产业 [J]. 职业教育研究, 1989 (5): 42.
⑥ 韩宗礼. 教育产业化 产业教育化——试论社会主义商品经济下教育的趋向 [J]. 教育与经济, 1989 (1): 31-34.
⑦ 潘振勇. 教育产业探讨 [J]. 科学学研究, 1991, 9 (2): 47-55.
⑧ 张铁明. 教育科学研究的一个全新视野: 教育产业论 [J]. 广州教育, 1993 (4): 8-11.
⑨ 王玲. 教育将成为 21 世纪的主导产业 [J]. 成人教育, 1997 (5): 43.
⑩ 马佳宏. 教育产业化·产业教育化·产学合作 [J]. 广西师范大学学报(哲学社会科学版), 1996, 32 (1): 53-55.
⑪ 把教育作为产业来办 [J]. 市场经济导报, 1998 (9): 1.
⑫ 要把教育作为产业来办 [J]. 领导决策信息, 1999 (24): 2-5.
⑬ 吴忠林. 教育产业——南京市新的经济增长点 [J]. 江苏统计, 1999 (12): 5-6.
⑭ 王之泰. 教育产业——一个新的经济增长点——兼论教育产业对扩大内需的作用 [J]. 教育与职业, 1999 (4): 12-13.
⑮ 王建华. 教育产业: 社会经济发展新的生长点 [J]. 浙江社会科学, 1999 (5): 94-99.
⑯ 尹世杰. 教育将成为最大的新兴产业 [J]. 人民论坛, 1999 (9): 11-12.

"一座亟待开发的金矿"①，教育产业是"启动内需新引擎"②，是"启动内需的良方"③，发展教育产业迫在眉睫④，兴办教育产业是振兴我国经济的根本措施⑤。概括来说，20世纪八九十年代，许多学者对教育产业化起了较大的推动作用。个体利益取向的社会力量举办幼儿园的实践日益广泛，与一些学者们的推动分不开。尽管当时有反对的声音，但是这种声音非常微弱。

  随着教育产业化的深入，上学难、上学贵问题在21世纪初开始凸显出来，有些家庭"因教致贫"，部分群众负担重。教育产业化开始被一些人所诟病，乃至2007年时任教育部部长的周济公开向媒体表示，"坚决反对教育产业化"。⑥ 它反映出此时政府部门对教育公益性的肯定。然而，在教育的某些领域已经相当大程度产业化，个体利益取向的社会力量举办的学前教育更是如此。并且，个体利益取向的社会力量提供的学前教育资源确实也满足了一些群体的需要。从高端民办园来说，软硬件较好，收费高，有一定市场需求。例如，江西省景德镇市金苹果幼儿园是一家民办幼儿园。它创办于2006年，最初教职工仅10余人。到2022年底，它已经成为有200余名教职工、2000多名幼儿、7个连锁园的市"一级一类幼儿园"。像金苹果幼儿园这类民办园，它满足了一些较高收入家庭的学前教育需要。金苹果幼儿园所在社区的有些家长甚至不将子女送到当地的公办园，而愿送到金苹果幼儿园。从低端民办园来说，软硬件差，收费不高，也有一定市场需求。它往往存在于一些无公办园可入的区域，满足了一些家庭收入不高的幼儿的学前教育需要。课题组的调研显示，30.6%的幼儿家长认为"有个地方托管一下孩子就行"。可见，有些家长对幼儿园并不苛求过多，即便他们有过高要求，家庭收入也不允许。

  进入21世纪之后不久，在学前教育领域已出现相当大程度产业化的情况，学前教育政策开始回归学前教育的公益性，希望限制教育产业化。党和政府的许多文件都体现了这一点。2010年11月，国务院发布的《关于当前发展学前教育的若干意见》指出，"学前教育是终身学习的开端，是国民教育体系的重要组成部分，是重要的社会公益事业"，"发展学前教育，必须坚持公益性和普惠性，努力构建覆盖城乡、布局合理的学前教育公共服务体系，保障适龄儿童接受基本的、有质量的学前教育"。2016年12月，国务院发布的《关于鼓励社会力量兴办教育 促进民办教育健康发展的若干意见》强调，"坚持教育的公益

---

① 周洁，白杉. 教育——是一座亟待开发的金矿 [J]. 党政干部学刊, 1999 (10): 28-29.
② 傅发春. 教育产业——启动内需新引擎 [J]. 福建改革, 1999 (7): 45-46.
③ 黄继宾，郑国中. 教育产业: 启动内需的良方 [J]. 教育艺术, 1999 (11): 22.
④ 杨德广. 发展教育产业迫在眉睫 [J]. 探索与争鸣, 1999 (10): 29-31.
⑤ 李京文. 兴办教育产业是振兴我国经济的根本措施 [J]. 宏观经济研究, 1999 (3): 43-47.
⑥ 周济: 中国政府坚决反对教育产业化 [EB/OL]. (2007-10-16) [2023-08-02]. http://news.cctv.com/china/20071016/106342.shtml.

属性,无论是非营利性民办学校还是营利性民办学校都要始终把社会效益放在首位"。2018年11月,中共中央、国务院发布的《关于学前教育深化改革规范发展的若干意见》指出,学前教育是终身学习的开端,是国民教育体系的重要组成部分,是重要的社会公益事业。办好学前教育、实现幼有所育,是党的十九大作出的重大决策部署,是党和政府为老百姓办实事的重大民生工程,关系亿万名儿童健康成长,关系社会和谐稳定,关系党和国家事业的未来。概括这些文件的一项重要原则是,社会力量举办幼儿园的动机应出于社会目标,而不是经济目标。

然而,无论政府的学前教育政策如何调整,个体利益取向的社会力量的办园目的仍然是营利。有人对民办学校出资意图的抽样调查显示,仅有10.8%是捐赠,其余89.2%是要求回报的。① 王海英等人于2018年的调研也表明,在全国2923所民办园中,75.71%的民办园是要求取得回报的。② 这种现象从普惠性民办学前教育政策出台以来至今未变。对于民办园举办者的办园动机,民办园教师是非常清楚的。课题组2018年对民办园教师的调查问卷显示,85.0%的民办园教师认为民办园举办者的办园目的是"赚钱"。

2018年8月10日,江西省LF县托幼办主任告诉课题组:"2018年全县普惠性幼儿园覆盖率已超过80%。……民办幼儿园是以利益为最终的目的。他们加入普惠,就是看有多少好处!"该主任的话非常典型地透露出,许多民办园举办者不但未因幼儿园已认定为"普惠性"而改变营利动机,反而将其作为营利的契机。在调研中,有的普惠性民办园举办者公开向课题组抱怨,"加入普惠,没什么好处,还不让多收钱";有的则坦言,"在考虑退出普惠"。这些都是普惠性民办园举办者的办园动机是营利的具体表现。

2022年7月6日,江西省LS县MT幼儿园教师HD对课题组说:"老板办幼儿园的目的就是赚钱。民办幼儿园没有社保,也没有公积金,有的会一次性给个3000元社保,以后就没有了。老板还是(都是)尽量压缩成本。"可见,MT幼儿园的举办者是在以办企业的方式办园而营利。

综上所述,个体利益取向的社会力量主要是公民个人构成,不同于以往集体办的民办园。个体利益取向的社会力量举办幼儿园,包括举办普惠性民办园,或者已被认定为普惠性民办园,其动机仍然是营利,与政府文件确立的社会目标要求并不一致。在政府鼓励和支持社会力量办园,并且不过多干预学前教育,市场有较大需求,以及教育产业化其他条件仍然具备的情况下,社会力量在提供学前教育资源中的实践角色就能充当主要角色。而在政府要切实落实学前教

---

① 方建锋. 民办学校分类管理宏观制度设计的基本走向[J]. 复旦教育论坛,2017,15(2):46-53.
② 王海英,刘静,魏聪. "普惠之困"与"营利之忧":民办幼儿园的两难困境与突围之道[J]. 教育发展研究,2020(12):27.

育的公益性，要求个体利益取向的社会力量提供普惠性学前教育资源的情况下，导致个体利益取向的社会力量的利益受损或无利可图，多数举办者是不愿意的，他们很难在实践中成为提供普惠性学前教育资源的重要角色。

（二）集体利益取向的社会力量提供学前教育资源实践角色的内在机理

第二章已提到，新中国成立后到改革开放初，有一部分社会力量（主要是集体利益取向的社会力量），包括城市厂矿、企业、机关、团体、农村社队等，实际已在一定程度上在提供普惠性学前教育资源中充当主要角色。其内在机理主要在于以下几个方面。

1. 集体利益取向的社会力量有共同的利益基础

经过对农业、手工业、资本主义工商业的社会主义改造之后，1956年底，我国生产资料基本实现了公有化，基本建立起社会主义经济制度。当时的生产资料公有制包括全民所有制和劳动群众集体所有制[①]。在这一基础上，改革开放前的中国逐步形成了单位社会。当时，集体利益取向的社会力量有共同利益基础的基本表现形式就是人们所在的单位。

在计划经济时代，人们将自己所就业的社会组织或机构——工厂、商店、学校、医院、研究所、文化团体、党政机关、人民公社等统称为"单位"。人们首先生活在"单位"内，而后通过单位生活在国家中。人们可以没有证明其公民身份的"公民身份证"，但不能没有证明其所属单位的"工作证"[②]。所有社会成员都被组织到单位中[③]，单位是当时我国各种社会组织所普遍采取的一种特殊的组织形式，是我国政治、经济和社会体制的基础[④]，是我国社会的"基石"，整个国家犹如千百万块"单位基石"逐级垒造而成的金字塔。数亿人民长期生活在这种特殊形态的社会组织中[⑤]。

单位有以下明显特点：一是所有单位都设立党组织，具有明显的党政合一的特征。二是单位制度是与社会主义公有制和计划经济相适应的，单位是适应

[①] 中共中央党史研究室. 中国共产党的九十年：社会主义革命和建设时期 [M]. 北京：中共党史出版社，党建读物出版社，2016：459-460.

[②] 曹锦清，陈中亚. 走出"理想"城堡：中国"单位"现象研究 [M]. 深圳：海天出版社，1997：64.

[③] 曹锦清，陈中亚. 走出"理想"城堡：中国"单位"现象研究 [M]. 深圳：海天出版社，1997：80.

[④] 路风. 单位：一种特殊的社会组织形式 [J]. 中国社会科学，1989 (1)：71.

[⑤] 曹锦清，陈中亚. 走出"理想"城堡：中国"单位"现象研究 [M]. 深圳：海天出版社，1997：76.

公有制和计划经济的需要而建立起来的。① 因而单位在社会上的地位还表现在所有制上,即单位总是以一定的所有制形式出现的。人们通常习惯于把单位的所有制形态简单归纳为国营的、集体的(大集体、小集体)。和单位的行政级别一样,单位的所有制层次愈高,其所能占有的各种资源、机会和利益就愈多,在社会上的地位和声誉就愈高,与其他单位进行行为互动的交易成本就愈小。三是单位全面占有和控制单位成员发展的机会以及他们在社会、政治、经济及文化生活中所必需的资源,进而形成对单位成员的领导和支配。事实上,企业单位办社会或者单位功能多元化的一个直接和突出的社会后果,就是在较大程度上强化了单位成员对其单位的全面依赖性。② 四是单位和家庭一样,也是一个功能多元化的事业组织和社群,实行"从摇篮到墓地"大包大揽的衣食父母式的管理方式。③

概括单位的上述特点,充分反映出计划经济时代的各个单位内部都有坚实的共同利益基础。也正因如此,中国人民愿意在所在单位努力工作,为集体或国家作出贡献。在较短的时间内,不仅解决了全体中国人的基本生存和初步发展的需要,几亿人口的绝大多数从赤贫状态逐步进入温饱阶段,部分人口甚至超过温饱阶段,人民的生活水平普遍提高。④ 并且,"建立起独立的比较完整的工业体系和国民经济体系,独立研制出'两弹一星',有效维护了国家主权和安全,成为在世界上有重要影响的大国"⑤;"不论农业方面、工业方面,还是其他方面,都建立了社会主义的初步基础"⑥。

基于坚实的共同利益基础,本质上属于集体利益取向的社会力量的当时的单位,为所在单位员工家庭的学龄前儿童,提供作为一种福利的普惠性学前教育资源是再正常不过的事情。反之,在缺乏共同的利益基础或者利益处对立状态的社会组织中,组织的所有者既不会向组织之外的成员,也不会向组织之内的成员提供这种福利。

2. 集体利益取向的社会力量举办的幼儿园的产权属共有产权

在产权经济学看来,产权作为社会经济生活中一项根本性的权利安排和制度设计,其关系是一切经济关系的核心和基础。

产权是财产权利与义务的组合,是财产主体相对于财产客体而形成的人与人之间的一种经济权利与义务关系,是权利与义务的统一,它不但是财产权利,

---

① 曹锦清,陈中亚. 走出"理想"城堡:中国"单位"现象研究 [M]. 深圳:海天出版社,1997:77-80.
② 李汉林. 中国单位社会:议论、思考与研究 [M]. 北京:中国社会科学出版社,2014:22-26.
③ 李汉林. 中国单位社会:议论、思考与研究 [M]. 北京:中国社会科学出版社,2014:68.
④ 陆学艺主编. 21世纪的中国社会 [M]. 昆明:云南人民出版社,1996:225.
⑤ 本书编写组. 中国共产党简史 [M]. 北京:人民出版社,2021:215-216.
⑥ 邓小平文选(第二卷)(第2版)[M]. 北京:人民出版社,1994:167,311.

而且是保护或者侵害他人经济利益的行为权利。任何一项产权都包括了产权主体的权能（产权主体对财产的权力和职能）和利益（财产对产权主体的具体效用或所带来的好处）两部分内容，产权的这两部分内容相互依存，具有内在统一的关系。如果从最狭义上理解，产权可视同为"物（包括不动产和动产）权"。一般来说，产权是一组权利束，它至少包括财产的所有权、占有权、支配权和使用权四个方面的基本权利。

第一，所有权，指产权主体把特定财产当作自己的专有物，它排除其他一切无关主体对此财产的所有。所有权是产权中起决定性的权利。在权利统一而不相互分离的情况下，拥有所有权，就意味着拥有与财产相关的全部权利，即拥有完全产权。具体而言，所有权包括：确立了所有者对财产排他性占有的主体地位；所有者可对其财产设置法律许可的权项；所有者可利用财产的权能获取一定的经济收益。

第二，占有权，指产权主体实际地运用或管理财产，并能对之施加实际影响的权能。任何私有财产的基础都是占有，但并非任何占有都能构成法权观念上的私有财产。这种财产所有权与占有关系不同，它们之间存在着明显的差别。一是所有权可指广义上完整的所有，即包括产权的一切权能，而占有权，只能是指产权主体的一项权能，理论上其权能并不包括所有权、使用权、支配权等，权能并不完整。二是所有权有时也可指狭义上的所有权。这时，产权的各项权能已经分属不同的产权主体，拥有所有权仅仅只表明物的所有关系受到法律的承认与保障，这种意义上的所有者并不能直接掌控法律层面上属于他的财产客体。而此时实际占有者则可根据需要事实上可操控财产客体。简而言之，所有者并不意味着实际上能占有该物，而占有者也不意味着就是被占有物的所有者。

第三，支配权，指产权主体处理财产客体的权能。这种支配权在法的意义上就是产权主体有权如何处置财产客体，如可以租赁、赠予、抵押，也可以自己使用，甚至闲置。支配权在实际生活中涉及的范围较广，对人们的生活、生产影响大，在具体实施行为中可视情况酌情处置。

第四，使用权，指产权主体利用和消费财产客体的权能。这种对财产客体的使用包括维持或改变其具体形状和性质。至于收益权或用益权等，则是实施产权各种权能时所获得收益的权利，基本上与上述四种权力的运用杂糅在一起。

通常而言，生产资料所有制内部关系即所有、占有、支配、使用关系，如果以法律意志的形式表现，就是我们所称的所有权、占有权、支配权、使用权。一般而言，人们习惯上又把占有权、支配权、使用权合称经营权。当然，这四种权利既可以统一为一个权利主体，也可以分属不同的权利主体。

现代意义上的财产权的权限界定起码在理论假设上是清晰的，它直接可减少相关成本，从而提高社会整体的经济效益。所以，产权作为一种特定的社会权利，包含着诸多特性规定，其中"排他性、可分割性、可转让性"是一个健全的产权所应具备的基本特性。排他性是产权的决定性特征,是指财产归谁所有和支配的经济行为的法律关系,它包含两点内容:一是明确所有者主体,即明确财产归谁所有、归谁使用等;二是明确所有者客体,即明确某个所有者占有、使用和支配的是何种产权和何种权利。可分割性,是指产权可分离的特性,如所有权与经营权的分离。不过,这种分离是相对的分离,不是绝对的分离。可转让性又叫可交易性,是产权的又一属性,是指产权在不同主体之间的转手和让渡。①

产权制度可概括为三种:共有产权制、私人产权制和国有产权制。共有产权制,也可称集体产权,是社区里所有成员都可以行使,而社区外的公民个人不得干涉的产权制度。私人产权制,是社区承认所有者产权而排斥其他人行使的产权制度。国有产权制下,只要国家遵循公认的政治程序来决定谁不得使用国有产权,国家就可以排除其使用的产权制度。② 原始社会对土地、部落周围的生产资源及劳动产品采取共有产权制。私人产权的普遍形式是国家和法律出现以后实行的。国有产权制是有了国家以后才开始建立,它最初存在的一个原因是社会碰到了公共产品的难题。这种物品虽为人人需要但无人愿意生产。于是,国家便以服务者的姿态出现,通过控制部分财产权利,直接组织资源进行生产。但是,并非所有的国有产权制的建立都是出于为社会服务的目的,国家归根结底由统治者及其代理人控制。③

基于对产权及产权制度的梳理,我们可发现,产权并非只有私人产权一种,还有共有产权、国有产权。有的学者常常主张的明晰产权,实际是错误地认为产权只有私人产权这一种产权类型。集体企业、国营企业并非产权不明晰或者所有者虚位,它们的产权实际上是清晰的,属于共有产权或国有产权。在计划经济时代,农村社队等这一类集体利益取向的社会力量举办的幼儿园的产权不属于国家产权,也不属于私人产权,而属于共有产权,是集体成员共同拥有的产权。由于它不属于私人产权,因而这类幼儿园(包括园长)不能利用共有产权为私人牟利;由于它属于集体成员共有,因而所有集体成员都可以从中受益,集体成员一般也愿意为之提供条件,支持这类集体办的幼儿园发展。例如,集体成员一般不会反对利用集体土地、闲置房屋、集体资金等举办服务于本集体成员的幼儿园,假如某人试图利用这些条件来举办私立幼儿园,很可能会有集体中的成员反对,因为前者是共有产权的幼儿园,而后者是私人产权的幼儿园。概括来说,共有产权制有利于集体利益取向的社会力量提供普惠性学前教育资

---

① 邵晓秋. 产权正义论 [M]. 北京:人民出版社,2014:29-32.

② Harold Demsetz. Toward a Theory of Property Rights [J]. The American Economic Review, 1967, 57 (2):354.

③ 可参见谭秋成. 乡镇企业集体产权结构的特征与变革 [M]. 长沙:湖南人民出版社,1998:59-60.

源,集体利益取向的社会力量可在提供普惠性学前教育资源中充当主要角色或重要角色。相比之下,当前多数民办园的产权属于私人产权,主要追求私人利益,自然不愿意提供普惠性学前教育资源,难以在提供普惠性学前教育资源中充当重要角色。

3. 集体利益取向的社会力量基本是生产性的社会组织

举办幼儿园需要人力、物力、财力资源的投入,尤其是财力资源的投入。集体利益取向的社会力量曾在我国提供普惠性学前教育资源中充当主要角色。其中一个基本条件在于,这些集体利益取向的社会力量基本是生产性而非单纯消费性的社会组织,它们能从不断创造出来的且日益增加的财富中,拿出一部分用于举办幼儿园。从广大农村来看,1978年已有14.10万所幼儿园,在园幼儿数有579.04万人,分别占全国总数的86.01%、73.51%。[1] 这与新中国成立之初农村基本无幼儿园的面貌相比,已经发生了翻天覆地的变化。其中一个最基本的条件是当时农村的社队绝大多数是生产性的,并且经济实力比新中国成立之初已有根本改观。

从1958年开始,中国农村建立起政社合一的人民公社体制后,中国主要靠农村人民公社的积累,支撑起整个中国的工业化,而不像西方发达国家那样靠对外侵夺、战争等方式。人民公社剩余的产生,并不是单纯靠农业,人民公社也不是纯粹的农业组织。从20世纪50年代末开始,农村就开始搞多种经营,推行农村工业化。这与毛泽东同志的大力倡导与支持有很大关系。他认为,农村工业化不仅利于农村增加雄厚的生产资料,推动实现国家工业化,促进农村中全民所有制的实现,缩小城乡差别[2][3],也利于农业剩余劳动力的就地转移,避免农村人口盲目流入城市,造成城市病[4],而且,在1959年2月的郑州会议上,他指出,农村工业化是农村"伟大的、光明灿烂的希望"[5]。20世纪60年代末,毛泽东同志看了有关华西社队企业的调查报告后批示说:"这是农村光明灿烂的希望!"[6]

---

[1] 数据来源:《中国教育统计年鉴》(1978)。

[2] 中共中央文献研究室编. 建国以来重要文献选编(第11册)[M]. 北京:中央文献出版社,1995:609-610.

[3] 中共中央文献研究室编. 毛泽东年谱(1949—1976)(第4卷)[M]. 北京:中央文献出版社,2013:279.

[4] 中共中央文献研究室编. 毛泽东年谱(1949—1976)(第4卷)[M]. 北京:中央文献出版社,2013:260.

[5] 中共中央文献研究室编. 建国以来毛泽东文稿(第8册)[M]. 北京:中央文献出版社,1993:69.

[6] 彭维锋,孙海燕. 华西铁律:成就"天下第一村"的二十五条"金科玉律"[M]. 厦门:鹭江出版社,2007:8.

经过近二十年的艰辛探索与曲折实践,到 1975 年,中国大陆已经有 90% 的公社和 60% 的大队有了自己的企业,共 81.8 万个,产值 215 亿元。① 1976 年,社队企业数已增至 111.5 万个,总收入 272.3 亿元,占公社三级经济收入的 23.3%②;社队工业产值达 243 亿元,其中公社工业产值 124 亿元,1971 年至 1976 年年均增长分别为 25.5% 和 21.9%。到 1978 年底,中国大陆已有 94.7% 的人民公社和 78.7% 的生产大队办起了以工业为主的各类企业③,农村社队企业达 152.4 万个,其中工业企业 79.4 万个,占社队企业总数的 52.09%;社队企业总收入 418.1 亿元,占农村经济收入的 22.22%,其中,社队工业产值达 385.26 亿元,占社队企业总产值的 78.13%,占全国工业总产值的 9.1%;社队企业从业人员 2828.5 万人,占农村劳动力总数的 9.02%,其中,工业企业从业人员 1734.4 万人,占社队企业从业人员总数的 61.32%。即使到了人民公社解散前的 1982 年,农村社队工业企业除了数量减少到 74.93 万个外,其他方面仍在以较快速度增长,工业产值增至 646.02 亿元,占社队企业总产值的 75.73%,占全国工业总产值的 11.58%,比 1978 年增长了 67.68%;工业企业从业人员增至 2072.8 万人,占社队企业从业人员总数的 66.59%,占农村劳动力总数的 6.0%④,比 1978 年增长了 19.51%。

到 20 世纪 80 年代中期,农村集体工业已经开始起步,农村经济发展很快,乃至得到邓小平同志的高度肯定。1987 年 6 月 12 日,他在会见南斯拉夫共产主义者联盟中央主席团委员科罗舍茨时,称赞以工业为主的乡镇企业"发展起来了""异军突起","每年都是百分之二十几的增长率",是"完全没有预料到的最大的收获"。⑤

农村社队企业的发展与经济实力的增长,除了解决农民就业,使农民增收,增加国家税收,推动农业发展外,使农村集体福利事业也得到了提升。改革开放前,农村已逐步建立了五保供养、合作医疗、民办教育等集体福利事业。这也得益于社队企业的发展。例如,20 世纪 70 年代,河北省枣强县马屯公社用社队工业积累兴办了卫生院、广播站、电影队、中小学、合作医疗等。⑥ 1978 年,中国乡村两级企业利润使用中,用于集体福利事业的资金 4.0 亿元,占比为 4.54%,用于农村各项事业建设的资金 26.85 亿元,占比为 30.48%;到 1985

---

① 国家计委经济研究所社队企业调查组. 坚持正确方向 办好社队企业 [M]. 北京:农业出版社,1979:序言.

② 于驰前,黄海光. 当代中国的乡镇企业 [M]. 北京:当代中国出版社,1991:59.

③ 马泉山. 新中国工业经济史(1966—1978)[M]. 北京:经济管理出版社,1998:364.

④ 数据来源:《中国统计年鉴》(1982)、《中国农村统计年鉴》(1985)、《中国乡镇企业统计年鉴》(1978—1987).

⑤ 邓小平文选(第三卷)[M]. 北京:人民出版社,1993:238.

⑥ 《社队办企业》编辑组. 社队办企业(第 1 集)[M]. 北京:农业出版社,1976:51.

年，乡村两级企业利润使用中，用于集体福利事业的资金增至19.7亿元，占比为11.50%，用于农村各项事业建设的资金增至63.38亿元，占比为36.99%。①

概括来说，从改革开放初还在发展中的农村社队来看，这些集体利益取向的社会力量能够提供普惠性学前教育资源，得益于它们自身就是生产性的，与城市中的企业、厂矿等能提供普惠性学前教育资源类似。如今，多数提供学前教育资源的社会力量是消费性的，它们除了提供学前教育资源外，不创造其他财富，除了靠收取学杂费外基本没有其他收入来源。纯粹消费性的社会力量，即便主观上愿意提供普惠性学前教育资源也难以持续。

4. 有集体主义的文化氛围

集体利益取向的社会力量曾在我国提供普惠性学前教育的实践中充当主要角色，还有一种重要的原因在于集体主义的文化氛围。

集体主义也称整体主义，它强调集体的利益、意志和秩序，体现公共意志、人民利益及合法秩序的需要。集体主义往往与"个人主义""自私自利""私心杂念"等价值观念相对立，也反对"自由主义""自由散漫""目无组织"等价值取向，它强调"克己""服从""奉公"，倡导与集体主义相连的"自我牺牲""大公无私"等道德原则。

在计划经济时代，集体主义形成了一种文化氛围，从根本上来说，源于生产资料公有制或集体所有制的实施，从而消除了单位内部个人与个人之间、个人与集体之间的利益对立。生产资料公有制排除了在私有制条件下，少数人凭借生产资料的私人所有权而剥削其他组织成员的可能性，消除了私有制条件下各类工商组织内部、雇工与雇主之间的利益对立，实现了个人与个人、个人与集体之间根本利益的一致性。换句话说，各单位成员在单位整体利益中有自己的利益。所谓整体利益，是聚集起来的所有单位成员的利益。每个人的贡献越多，整体产生的利益也越多，可供个人分配的利益也越多。如果说存在着个人与集体利益之间的矛盾冲突，只是个人的长远利益与眼前利益、局部利益与整体利益、正当利益与不太合理的利益之间的冲突。由此说来，个人利益服从集体利益，说到底是个人的不正当要求服从正当要求，个人的眼前利益服从长远利益。

集体主义文化的形成，对单位社会下的中国具有十分重大的意义。集体主义不但发挥了道德职能，还具有政治功能和社会功能。在道德上，集体主义强调整体利益（单位和国家）对个体利益的绝对优先地位。它要求人们，当个人利益与单位利益和国家利益发生冲突时，应服从后者的要求。反之，"个人主义""自私自利""私心杂念"或"目无组织纪律"，都是不道德的。"个人服

---

① 数据来源：《中国乡镇企业年鉴》（1978—1987），《中国农村统计年鉴》（1985）、（1986）。

从集体"在单位体制下,成为整个社会的最高道德准则。这为所有单位有效地实施管理提供了道德依据。集体主义在道德上的另一个重大意义是为个人的工作、生活、学习等活动提供一个完整而崇高的意义。因为每一个个体的生命是有限的,生命活动的意义通常总是由个体所从属的整体来规定的。在单位体制下,只要人们在内心接受整体所赋予的人生意义,人们的生活就有明确目标,安心在平凡的工作岗位,为集体乃至整个国家贡献力量。[①] 在一穷二白的基础上建立新中国,假如缺乏集体主义的文化氛围,改革开放前类似于"两弹一星"之类的成就是很难取得的。

在集体主义的文化氛围中,以企事业单位、城乡集体等为主的集体利益取向的社会力量,愿意从集体主义的原则出发,充分利用所在单位的资源举办幼儿园,为集体成员解决入托入园需要;幼儿园中的教职工一般也认同集体主义的价值观念,愿意在工资待遇不高的情况下为学前教育事业奉献,人员流失率很低。因此,集体利益取向的社会力量在提供普惠性学前教育资源的实践中能充当主要角色。如今,集体主义文化氛围已经较大程度弱化,个人主义文化上升。在个人主义的文化氛围中,以公民个人构成的个体利益取向的社会力量一般是追求个人利益,难以基于集体主义原则为集体或社会提供普惠性学前教育资源,进而难以在提供普惠性学前教育资源的实践中充当重要角色。

除了上述四个方面之外,集体利益取向的社会力量曾在我国提供普惠性学前教育中充当主要角色,还有一个很重要的条件是,集体利益取向的社会力量提供普惠性学前教育服务是服务于社会组织内部成员的。例如,当时的国营企业举办的幼儿园是服务于企业内部职工的幼儿,企业外部职工的子女一般是不能享受这些学前教育资源的。从这一点来看,它的普惠性是有限的。

综上,集体利益取向的社会力量曾在我国提供普惠性学前教育中充当的实践角色是主要角色,在于当时的集体利益取向的社会力量有共同的利益基础,它们举办的幼儿园产权属于共有产权,它们基本是生产性的社会组织,当时有较浓厚的集体主义的文化氛围,以及是出于服务于组织内部成员的出发点等。

如今,尽管仍有集体利益取向的社会力量在提供普惠性学前教育资源,但是它们的数量很少。2018 年,所有社会力量举办的幼儿园有 184069 所,其中,其他部门办的 1750 所,地方企业办的 1280 所,事业单位办的 3142 所,部队办的 499 所,集体办的 11611 所,民办的 165779 所,占比分别为 0.95%、0.70%、1.71%、0.27%、6.31%、90.06%。[②] 其中,占比 90.06% 的民办园大多是营利性的,其他基本是非营利性的,但非营利性的占比合计仅为 9.94%。特别是其

[①] 可参见曹锦清,陈中亚. 走出"理想"城堡:中国"单位"现象研究 [M]. 深圳:海天出版社,1997:82—85.

[②] 数据来源:《中国教育统计年鉴》(2018)。

中集体办的也仅占6.31%，已远不能和1978年农村集体办的幼儿园数量占86.01%相比。① 其根源在于农村集体利益取向的社会力量生产性的退化。它集中体现在农村集体经济的衰弱。从数量上来看，1982年，乡镇企业中工业企业有74.93万个，基本是集体的，到2010年，乡镇集体企业锐减至11.64万个，只占乡镇企业总数的0.42%。从从业人员来看，1982年，乡镇工业企业从业人员有2092.0万人，集体工业企业从业人员有2072.8万人，占乡镇工业企业从业人员总数的99.08%。到2010年末，乡镇集体企业从业人员锐减至389.87万人，只占乡镇企业从业人员总数的2.45%，个体私有的占97.55%，处于绝对优势。从产值来看，1982年，乡镇工业总产值有646.02亿元，占全国工农业总产值的7.79%，且基本上是集体的。2010年，乡镇集体企业产值11700.47亿元，锐减至乡镇企业总产值的2.52%，而个体私有企业产值已占乡镇企业总产值的97.48%，处于绝对优势。② 农村集体利益取向的社会力量生产性的退化，农村集体经济的衰退，使村委会在很大程度上成为消费性的组织，缺乏资源投入学前教育领域，农村集体办的多数幼儿园要么倒闭，要么转制为私人举办，大大减少了普惠性学前教育资源的供给。再有，农村居民共同的利益基础薄弱，集体主义文化淡化，也是农村集体利益取向的社会力量在提供普惠性学前教育资源中不再是重要角色的因素。

此外，其他集体利益取向的社会力量，如国有企业，在提供普惠性学前教育资源中的作用下降，也与以往的条件，如共同的利益基础、文化氛围等发生变迁密不可分。

---

① 数据来源：《教育统计年鉴》（1978）。
② 数据来源：《中国农村统计年鉴》（1985），《中国统计年鉴》（1983）（1991）（2001）（2011），《中国乡镇企业年鉴》（1991）（2001），《中国乡镇企业及农产品加工年鉴》（2011）。

第四章　个体利益取向的社会力量在提供普惠性学前教育资源中的角色冲突

在社会角色的扮演中，角色之间或角色内部发生矛盾、对立和抵触，妨碍角色扮演的顺利进行，就会产生角色冲突。角色冲突包括角色间的冲突和角色内的冲突。① 在当前提供学前教育资源的社会力量中，个体利益取向的社会力量占绝大多数，集体利益取向的社会力量占少数。因而，通过深入实地进行调查研究，探讨社会力量在提供普惠性学前教育资源中的角色，我们着重探讨个体利益取向的社会力量在提供普惠性学前教育资源中的角色冲突。它包括个体利益取向的社会力量与政府之间的角色冲突、个体利益取向的社会力量自身的角色冲突、个体利益取向的社会力量与幼儿家长之间的角色冲突、幼儿家长与政府教育管理部门之间的角色冲突。

一、个体利益取向的社会力量与政府之间的角色冲突

个体利益取向的社会力量与政府之间的角色冲突主要体现在，个体利益取向的社会力量提供私人产品与被要求提供公共产品之间的角色冲突。

本书第三章已经阐述，如今举办民办园的社会力量，绝大多数不是农村集体、国有企业和事业单位等集体利益取向的社会力量，而是公民个人构成的个体利益取向的社会力量。个体利益取向的社会力量办园的动机是营利或将营利作为目的之一。个体利益取向的社会力量提供的学前教育资源属于私人产品。他们通过为社会提供私人产品以营利。假如不考虑其他因素，在一般的市场经济条件下，个体利益取向的社会力量提供学前教育资源基本不存在角色冲突问题，他们只是将学前教育服务作为一种商品，提供给由幼儿组成的学前教育服务市场，而幼儿家长按市场交换原则支付保育教育等费用，个体利益取向的社会力量因此赚取利润。但是，问题恰恰在于，学前教育服务并非一般性的提供服务的行为，而是一项重要的社会公益事业，学前教育服务也并非一般性的商品服务，而是要促进儿童德智体美劳全面发展的特殊服务。换句话来说，个体利益取向的社会力量本质上提供的是私人产品，但是学前教育政策要求他们主

---

① 郑杭生主编. 社会学概论新修 [M]. 5版. 北京：中国人民大学出版社，2019：166-167.

第四章　个体利益取向的社会力量在提供普惠性学前教育资源中的角色冲突

要提供公共产品。因此，个体利益取向的社会力量与政府之间产生角色冲突。

尽管近年来，一些社会力量及其代表人物呼吁教育产业化，希望举办者更加合理合法地取得办学收益，不过，一直以来，国家教育法律法规基本坚持了教育的公益性原则，至少国家教育法律法规的文本是如此。

第一，从《宪法》来看，它实际确立了教育的公益性。

2018年修正的《宪法》规定，"中华人民共和国公民有受教育的权利和义务"；"国家培养青年、少年、儿童在品德、智力、体质等方面全面发展"；"国家通过普及理想教育、道德教育、文化教育、纪律和法制教育，通过在城乡不同范围的群众中制定和执行各种守则、公约，加强社会主义精神文明的建设"；"国家倡导社会主义核心价值观，提倡爱祖国、爱人民、爱劳动、爱科学、爱社会主义的公德，在人民中进行爱国主义、集体主义和国际主义、共产主义的教育，进行辩证唯物主义和历史唯物主义的教育，反对资本主义的、封建主义的和其他的腐朽思想"。这些条款的基本内容早在1982年已载入《宪法》。不难发现，落实《宪法》的这些目标任务，必须将教育作为一项公益事业来发展才有可能实现。如果将教育作为一项产业或营利的手段，脱胎于半封建半殖民地的中国，如今仍处于社会主义初级阶段，则很难实现这些目标任务。《宪法》的这些规定，为确立学前教育的公共产品性质提供了最高的法律依据。

第二，从教育方面的综合性法律来看，《教育法》确立了教育的公益性。

1995年9月施行的《教育法》规定，"教育是社会主义现代化建设的基础，国家保障教育事业优先发展"；"教育必须为社会主义现代化建设服务，必须与生产劳动相结合，培养德、智、体等方面全面发展的社会主义事业的建设者和接班人"；"国家在受教育者中进行爱国主义、集体主义、社会主义的教育，进行理想、道德、纪律、法制、国防和民族团结的教育"；"教育应当继承和弘扬中华民族优秀的历史文化传统，吸收人类文明发展的一切优秀成果"；"教育活动必须符合国家和社会公共利益"。这些条款明显体现出教育的公益性，尤其是"教育活动必须符合国家和社会公共利益"，更是直接明确了教育的性质。经过两次修正后，2021年4月发布的《教育法》不仅保留了1995年的这些内容，而且针对教育的公益性增加了一些内容：强调教育"对提高人民综合素质、促进人的全面发展、增强中华民族创新创造活力、实现中华民族伟大复兴具有决定性意义"；提出教育"为人民服务"和教育与"社会实践相结合"；要求"教育应当坚持立德树人，对受教育者加强社会主义核心价值观教育，增强受教育者的社会责任感、创新精神和实践能力"；进一步提倡教育应当继承和弘扬"革命文化、社会主义先进文化"。可见，《教育法》增加的内容非但未认可学界有人提出的教育的产业性，相反，进一步强化了教育的公益性。

第三，从民办教育方面的综合性法律来看，《民办教育促进法》基本坚持了民办教育的公益性。

2002年底出台的《民办教育促进法》规定,"民办教育事业属于公益性事业,是社会主义教育事业的组成部分";"民办学校应当遵守法律、法规,贯彻国家的教育方针,保证教育质量,致力于培养社会主义建设事业的各类人才";"民办学校收取的费用应当主要用于教育教学活动和改善办学条件";"民办学校资产的使用和财务管理受审批机关和其他有关部门的监督";"新建、扩建民办学校,人民政府应当按照公益事业用地及建设的有关规定给予优惠"。这些都是坚持民办教育公益性的具体表现。当然,《民办教育促进法》规定:"民办学校在扣除办学成本、预留发展基金以及按照国家有关规定提取其他的必需的费用后,出资人可以从办学结余中取得合理回报。"对此,有人认为这一条款违背了教育的公益性。全国人大教科文卫委员会教育室副主任侯小娟解释说:"'合理回报'应当被看成是国家对民办教育出资人的鼓励、奖励措施。这个鼓励、奖励措施和允许盈利是两回事,不应该等同。'合理回报'和'奖励'或'补偿'相比,更能反映事物的本质特征,更能反映事物的本来面貌,更符合客观实际。"[①]

2018年12月修正后的《民办教育促进法》继续强调了民办教育的公益性:"民办教育事业属于公益性事业,是社会主义教育事业的组成部分。"另外,还明确规定,"民办学校的举办者可以自主选择设立非营利性或者营利性民办学校。但是,不得设立实施义务教育的营利性民办学校";"非营利性民办学校的举办者不得取得办学收益,学校的办学结余全部用于办学";"营利性民办学校的举办者可以取得办学收益,学校的办学结余依照公司法等有关法律、行政法规的规定处理";"民办学校收取费用的项目和标准根据办学成本、市场需求等因素确定,向社会公示,并接受有关主管部门的监督";"非营利性民办学校收费的具体办法,由省、自治区、直辖市人民政府制定;营利性民办学校的收费标准,实行市场调节,由学校自主决定";"民办学校收取的费用应当主要用于教育教学活动、改善办学条件和保障教职工待遇"。这些条款的目的是,在力图维护民办教育的公益性与允许营利性民办学校举办者希望取得收益之间找到平衡点。相比之下,对于非营利性民办学校,《民办教育促进法》给予营利性民办学校所没有的支持举措:县级以上各级人民政府"对非营利性民办学校还可以采取政府补贴、基金奖励、捐资激励等扶持措施";"民办学校享受国家规定的税收优惠政策。其中,非营利性民办学校享受与公办学校同等的税收优惠政策";"新建、扩建非营利性民办学校,人民政府应当按照与公办学校同等原则,以划拨等方式给予用地优惠"。

---

① 张晓帆. 全国人大教科文卫委员会教育室副主任侯小娟解读《民办教育促进法》[J]. 中国培训, 2003 (5): 7.

第四章 个体利益取向的社会力量在提供普惠性学前教育资源中的角色冲突

概括而言,《民办教育促进法》基本坚持了民办教育的公益性,并没有将民办教育作为资本的"盛宴",即便允许设立营利性学校并取得办学收益也有许多限制。

第四,从学前教育方面即将问世的专门法律来看,《学前教育法(草案)》基本坚持了学前教育的公益性。

2023年6月2日,国务院总理李强主持召开国务院常务会议,会议讨论并原则通过《学前教育法(草案)》(本章简称《草案》),决定将《草案》提请全国人大常委会审议。① 对学前教育的性质,《草案》规定,"学前教育是学校教育制度的起始阶段,是国民教育体系的重要组成部分,是重要的社会公益事业"。对学前教育的方针目标,《草案》规定,"实施学前教育应当坚持中国共产党的全面领导,全面贯彻国家教育方针,坚持社会主义办学方向,落实立德树人根本任务,遵循儿童身心发展规律,培育社会主义核心价值观,促进儿童德智体美劳全面发展,为培养担当民族复兴大任的时代新人奠定基础"。对于幼儿的权利和学前教育的原则,《草案》规定,"国家保障学前儿童的受教育权";"对学前儿童的教育应当坚持儿童优先和儿童利益最大化原则,尊重儿童人格,保障学前儿童享有游戏、受到平等对待的权利"。对于学前教育收费与经费管理,《草案》规定,"幼儿园收取的费用主要用于保育教育活动、保障教职工待遇和改善办园条件";"幼儿园实行收费公示制度,收费项目和标准、服务内容、退费规则等应当向家长公示,接受社会监督";"幼儿园应当依法建立健全财务、会计及资产管理制度,合理使用经费,严格经费管理,提高经费使用效益";"幼儿园应当按照规定实行财务公开,接受审计和社会监督";"民办幼儿园每年应当向当地教育行政部门和登记机关提交经审计的财务报告,并公布审计结果";"省、自治区、直辖市人民政府制定幼儿园收费管理办法,根据办园成本、经济发展水平和群众承受能力等因素,合理确定公办幼儿园收费标准、普惠性民办幼儿园最高收费标准和其他非营利性民办幼儿园的收费政府指导价,并建立定期动态调整机制";"营利性民办幼儿园收费标准由幼儿园根据核算的生均成本合理确定";"县级以上地方人民政府及相关部门依法对营利性民办幼儿园实行价格指导和成本审核,加强对公办幼儿园和非营利性幼儿园收费的监管,遏制超成本过高收费"。此外,对营利性民办园举办者取得收益,《草案》规定:"省、自治区、直辖市人民政府可以根据实际制定具体办法,对举办者获得收益的合理范围作出规定。"

综上,《草案》将学前教育作为"重要的社会公益事业",一方面,大力支持和鼓励非营利民办园发展,力图激发其公益性,又对营利性民办园设置了不

---

① 【图解】《学前教育法(草案)》[EB/OL].(2023-06-04)[2023-08-04]. http://sohu.com/a/682043886_121498866.

少限制;另一方面,允许举办部分营利性民办园,正如时任教育部基础教育司司长吕玉刚2018年11月所说的占全部学前教育领域20%的空间①,总体上,基本坚持了学前教育的公益性。

第五,从学前教育方面的规章来看,基本强调学前教育的公益性。

近年来,中共中央、国务院及国家教育部门与相关部门发布的关于学前教育的规章,主要有以下方面。

1989年9月,国家教育委员会发布的《幼儿园管理条例》规定,"幼儿园的保育和教育工作应当促进幼儿在体、智、德、美诸方面和谐发展";"幼儿园应当贯彻保育与教育相结合的原则,创设与幼儿的教育和发展相适应的和谐环境,引导幼儿个性的健康发展;幼儿园应当保障幼儿的身体健康,培养幼儿的良好生活、卫生习惯;促进幼儿的智力发展;培养幼儿热爱祖国的情感以及良好的品德行为"。

2010年11月,《国务院关于当前发展学前教育的若干意见》规定,"学前教育是终身学习的开端,是国民教育体系的重要组成部分,是重要的社会公益事业";"发展学前教育,必须坚持公益性和普惠性,努力构建覆盖城乡、布局合理的学前教育公共服务体系,保障适龄儿童接受基本的、有质量的学前教育";"必须坚持科学育儿,遵循幼儿身心发展规律,促进幼儿健康快乐成长";"加快建设一支师德高尚、热爱儿童、业务精良、结构合理的幼儿教师队伍";要"完善法律法规,规范学前教育管理","严格执行幼儿园准入制度";要"坚持科学保教,促进幼儿身心健康发展"。

2011年12月,国家发展改革委、教育部、财政部共同出台的《幼儿园收费管理暂行办法》规定,"民办幼儿园保教费、住宿费标准,由幼儿园按照《民办教育促进法》及其实施条例规定,根据保育教育和住宿成本合理确定,报当地价格主管部门、教育行政部门备案后执行";"幼儿园为在园幼儿教育、生活提供方便而代收代管的费用,应遵循'家长自愿,据实收取,及时结算,定期公布'的原则,不得与保教费一并统一收取";"幼儿园服务性收费和代收费项目由省级教育行政部门根据当地实际情况提出意见,经省级价格主管部门、财政部门审核,三部门共同报省级人民政府批准后执行";"幼儿园不得收取书本费";"幼儿园除收取保教费、住宿费及省级人民政府批准的服务性收费、代收费外,不得再向幼儿家长收取其他费用";"幼儿园不得在保教费外以开办实验班、特色班、兴趣班、课后培训班和亲子班等特色教育为名向幼儿家长另行收取费用,不得以任何名义向幼儿家长收取与入园挂钩的赞助费、捐资助学费、

---

① 教育部. 未来公办园占50%,限制过度逐利,不限制民办教育发展[EB/OL].(2018-11-18)[2023-08-04]. http://www.moe.gov.cn/jyb_xwfb/xw_fbh/moe_2069/xwfbh_2018n/xwfb_20181128/mtbd/201811/t20181128_361817.html.

建校费、教育成本补偿费等费用";"对家庭经济困难的幼儿、孤儿和残疾幼儿,应酌情减免收取保教费";"幼儿园应通过设立公示栏、公示牌、公示墙等形式,向社会公示收费项目、收费标准等相关内容";"幼儿园接受价格、教育、财政部门的收费监督检查时,要如实提供监督检查所必需的账簿、财务报告、会计核算等资料";"幼儿园取得的合法收费收入应主要用于幼儿保育、教育活动和改善办园条件,任何单位和部门不得截留、平调。任何组织和个人不得违反法律、法规规定向幼儿园收取任何费用"。

2015年12月,教育部发布的《幼儿园工作规程》规定,幼儿园的任务是:贯彻国家的教育方针,按照保育与教育相结合的原则,遵循幼儿身心发展特点和规律,实施德、智、体、美等方面全面发展的教育,促进幼儿身心和谐发展。幼儿园同时面向幼儿家长提供科学育儿指导。幼儿园保育和教育的主要目标是:①促进幼儿身体正常发育和机能的协调发展,增强体质,促进心理健康,培养良好的生活习惯、卫生习惯和参加体育活动的兴趣;②发展幼儿智力,培养正确运用感官和运用语言交往的基本能力,增进对环境的认识,培养有益的兴趣和求知欲望,培养初步的动手探究能力;③萌发幼儿爱祖国、爱家乡、爱集体、爱劳动、爱科学的情感,培养诚实、自信、友爱、勇敢、勤学、好问、爱护公物、克服困难、讲礼貌、守纪律等良好的品德行为和习惯,以及活泼开朗的性格;④培养幼儿初步感受美和表现美的情趣和能力。此外,《幼儿园工作规程》还规定,"幼儿园教职工应当贯彻国家教育方针,具有良好品德,热爱教育事业,尊重和爱护幼儿,具有专业知识和技能以及相应的文化和专业素养,为人师表,忠于职责,身心健康";幼儿园园长负责幼儿园的全面工作,要"贯彻执行国家的有关法律、法规、方针、政策和地方的相关规定,负责建立并组织执行幼儿园的各项规章制度"等。

2018年11月,《中共中央 国务院关于学前教育深化改革规范发展的若干意见》(本章简称《意见》)涉及学前教育的公益性的内容主要有以下方面。

其一,关于学前教育的性质,《意见》规定:"学前教育是终身学习的开端,是国民教育体系的重要组成部分,是重要的社会公益事业。"

其二,关于学前教育工作的重要性,《意见》指出:"办好学前教育、实现幼有所育,是党的十九大作出的重大决策部署,是党和政府为老百姓办实事的重大民生工程,关系亿万儿童健康成长,关系社会和谐稳定,关系党和国家事业未来。"

其三,关于学前教育深化改革规范发展的指导思想,《意见》规定:"以习近平新时代中国特色社会主义思想为指导,全面贯彻党的十九大精神和党的教育方针,认真落实立德树人根本任务,遵循学前教育规律,牢牢把握学前教育正确发展方向,完善学前教育体制机制,健全学前教育政策保障体系,推进学前教育普及普惠安全优质发展,满足人民群众对幼有所育的美好期盼,为培养德智体美劳全面发展的社会主义建设者和接班人奠定坚实基础。"

其四，关于学前教育的基本原则，《意见》中有一项规定即"坚持党的领导"，要"加强党对学前教育工作的领导，确保党的教育方针在学前教育领域深入贯彻，确保立德树人根本任务落实到位，确保学前教育始终沿着正确方向发展"。

其五，关于学前教育的办园结构，《意见》强调："各地要把发展普惠性学前教育作为重点任务，结合本地实际，着力构建以普惠性资源为主体的办园体系，坚决扭转高收费民办园占比偏高的局面。大力发展公办园，充分发挥公办园保基本、兜底线、引领方向、平抑收费的主渠道作用。"

其六，关于社会力量办园与收费，《意见》规定："政府加大扶持力度，引导社会力量更多举办普惠性幼儿园。""民办园收费项目和标准根据办园成本、市场需求等因素合理确定，向社会公示，并接受有关主管部门的监督。非营利性民办园（包括普惠性民办园）收费具体办法由省级政府制定。营利性民办园收费标准实行市场调节，由幼儿园自主决定。地方政府依法加强对民办园收费的价格监管，坚决抑制过高收费。"

其七，关于幼儿园教师，《意见》强调，"严格教师队伍管理"，"认真落实教师资格准入与定期注册制度，严格执行幼儿园园长、教师专业标准，坚持公开招聘制度，全面落实幼儿园教师持证上岗，切实把好幼儿园园长、教师入口关。非学前教育专业毕业生到幼儿园从教须经专业培训并取得相应教师资格。强化师德师风建设，通过加强师德教育、完善考评制度、加大监察监督、建立信用记录、完善诚信承诺和失信惩戒机制等措施，提高教师职业素养，培养热爱幼教、热爱幼儿的职业情怀。对违反职业行为规范、影响恶劣的实行'一票否决'，终身不得从教"。

其八，关于民办园管理，《意见》提出"稳妥实施分类管理"，要求"民办园根据举办者申请，限期归口进行非营利性民办园或营利性民办园分类登记"。

其九，关于规范民办园发展，《意见》强调"遏制过度逐利行为"，要求"民办园应依法建立财务、会计和资产管理制度，按照国家有关规定设置会计账簿，收取的费用应主要用于幼儿保教活动、改善办园条件和保障教职工待遇，每年依规向当地教育、民政或市场监管部门提交经审计的财务报告。社会资本不得通过兼并收购、受托经营、加盟连锁、利用可变利益实体、协议控制等方式控制国有资产或集体资产举办的幼儿园、非营利性幼儿园；已违规的，由教育部门会同有关部门进行清理整治，清理整治完成前不得进行增资扩股。参与并购、加盟、连锁经营的营利性幼儿园，应将与相关利益企业签订的协议报县级以上教育部门备案并向社会公布；当地教育部门应对相关利益企业和幼儿园的资质、办园方向、课程资源、数量规模及管理能力等进行严格审核，实施加盟、连锁行为的营利性幼儿园原则上应取得省级示范园资质。幼儿园控制主体或品牌加盟主体变更，须经所在区县教育部门审批，举办者变更须按规定办理核准登记手续，按法定程序履行资产交割。所属幼儿园出现安全、经营、管理、质量、财务、资产等方面问题时，举办者、实际控制人、负责幼儿园经营的管理机构应承担相应责任。民办园一律不准单独或作为一部分资产打包上市。上市公司不得通过股票市场融资投资营利性幼儿园，不得通过发行股份或支付现金等方式购买营利性幼儿园资产"。

此外，《意见》提出，分类治理无证办园。要求"各地要将无证园全部纳入监管范围，建立工作台账，稳妥做好排查、分类、扶持和治理工作。加大整改扶持力度，通过整改扶持规范一批无证园，达到基本标准的，颁发办园许可证。整改后仍达不到安全卫生等办园基本要求的，地方政府要坚决予以取缔，并妥善分流和安置幼儿"。《意见》还倡导提高幼儿园保教质量，要求"全面改善办园条件""注重保教结合""完善学前教育教研体系""健全质量评估监测体系"。

综上，国家教育法律法规基本坚持了学前教育的公益性，包括民办学前教育的公益性，国家实际上是希望社会力量主要提供公共产品。按教育部基础教育司前司长吕玉刚2018年11月所说，普惠性民办园应当占全国民办园的60%①，也就是说能提供公共产品的民办园应当占60%。然而，在现实中，绝大多数民办园是个体利益取向的社会力量举办的，他们提供的是私人产品。因此，个体利益取向的社会力量提供私人产品与被要求主要提供公共产品造成角色冲突。

个体利益取向的社会力量主观只想提供私人产品，国家学前教育政策客观要求他们提供公共产品，在现实中就出现政策执行偏差现象。有的地方通过降低普惠性幼儿园的门槛，重数量而轻质量。例如，2021年初，在江西省PL市，普惠性民办园已占社会力量举办的幼儿园总数的88%，而实际上合格的很少。单按"两教一保"标准认定，其中合格的不足10%。有的地方会少报民办园的数量。例如，2022年8月6日，课题组在江西省ZW县了解到，当地教育部门管理者将毫不相干的数家民办园合并为一家，以减少民办园的数量，提升普惠性民办园的占比。有的则直接要求民办园都加入普惠性幼儿园。例如，2021年8月22日和2022年8月12日，江西省ZW县和江西省LF县先后有民办园举办者向课题组反映，当地教育部门管理者要求民办园都必须加入普惠性幼儿园。实际上，这种政策执行偏差在其他研究者的调研中也有所体现。例如，王海英等人于2017年、2018年对2923所民办园的调研显示，普惠性民办园中17.4%是因当地政府施加压力而不得不加入普惠性幼儿园之列。②

---

① 教育部. 未来公办园占50%，限制过度逐利，不限制民办教育发展［EB/OL］.（2018-11-18）［2023-08-04］. http://www. moe. gov. cn/jyb_ xwfb/xw_ fbh/moe_ 2069/xwfbh_ 2018n/xwfb_ 20181128/mtbd/201811/t20181128_ 361817. html.

② 王海英，刘静，魏聪. "普惠之困"与"营利之忧"：民办幼儿园的两难困境与突围之道［J］. 教育发展研究，2020（12）：23-25.

总之，个体利益取向的社会力量与政府之间的角色冲突，既给普惠性学前教育发展带来不利影响，也不利于一般的民办学前教育发展。

二、个体利益取向的社会力量自身的角色冲突

个体利益取向的社会力量举办的幼儿园，就是人们通常所说的民办园或者私立幼儿园。民办园一般是由民办园举办者、幼儿教师、保育员及其他人员构成的组织。民办园中的举办者及其他人员都是个体利益取向的社会力量的组成部分，区别在于他们各自所充当的角色、收益分配等方面有所不同。民办园举办者是民办园的创办者和投资者，对于民办园的产生非常关键。民办园举办者通常担任园长。民办园的教师，是具有一定学前教育专业知识与技能的专业人才，是学前教育服务的主要提供者，直接关系到民办园的保育教育质量的高低。保育员也是民办园不可缺少的员工，为幼儿提供一些生活服务。此外，民办园还需要炊事人员、财会人员、安保人员、卫生保健人员等其他员工。现实中，民办园教师或其他人员还兼任民办园的一些工作。从理论上来说，民办园中的各种角色应按相关规章制度，各司其职，互相配合，才能共同推动民办园各项工作顺利开展。但在现实中，个体利益取向的社会力量自身存在角色冲突，主要体现在民办园举办者与所聘教工之间的角色冲突。

导致民办园举办者与所聘教职工之间产生角色冲突的原因，主要在于以下两个方面。

第一，民办园举办者往往不配齐足够的教职工。

2013年1月，教育部发布的《幼儿园教职工配备标准（暂行）》，对幼儿园的教职工配备作出了相应规定，详见表4-1。

表4-1 幼儿园班级规模及专任教师和保育员配备标准 （单位：人）

年龄班	班级规模	全日制		半日制	
		专任教师	保育员	专任教师	保育员
小班（3~4岁）	20~25	2	1	2	有条件的应配备1名保育员
中班（4~5岁）	25~30	2	1	2	
大班（5~6岁）	30~35	2	1	2	
混龄班	<30	2	1	2~3	

资料来源：《幼儿园教职工配备标准（暂行）》。

从表4-1可见，教育部对不同年龄段的幼儿组成的班级规模作出相应规定。这有利于幼儿园教工的保育教育工作的开展。如果班级人员超过最大限度，既增加教职工的工作负担，也不利于幼儿成长。无论小班、中班、大班，每班至少要有2名专任教师。

2020年，民办园共有922648个班级，按每班2名专任教师的标准计算，需

要184.53万名专任教师，实际上只配备了161.88万名，缺口为22.65万名，缺口率①是最高的，为12.27%。相比之下，其他部门、集体、部队、地方企业的幼儿园的师资配备状况明显比民办园要好，2021年的情况也是如此。详见表4-2。

表4-2 2020年、2021年社会力量举办的幼儿园师资配备状况

	民办		其他部门办		集体办		部队办		地方企业办	
	2020年	2021年	2020年	2021年	2020年	2021年	2020年	2021年	2020年	2021年
班级数（个）	922648	908574	20969	21082	66978	70589	3635	3727	12895	14710
应配备专任教师数（万人）	184.53	181.72	4.19	4.20	13.40	14.12	0.73	0.75	2.58	2.94
实际配备专任教师数（万人）	161.88	160.51	3.86	4.00	12.53	13.57	0.92	0.91	2.87	3.17
教师缺口数（万人）	22.65	21.20	0.34	0.20	0.87	0.55	-0.19	-0.16	-0.29	-0.23
教师缺口率（%）	12.27	11.67	8.11	4.76	6.49	3.90	-26.03	-21.33	-11.24	-7.82

资料来源：《中国教育统计年鉴》（2020）、（2021）及根据相关数据计算所得。

从表4-2可见，民办园的专任教师配备存在不达标现象，缺口率比集体办的幼儿园、其他部门办的幼儿园的缺口率明显要高，师资配备状况更无法与部队办的幼儿园和地方企业办的幼儿园相比，部队和地方企业办的幼儿园师资配备都是超额配备。

民办园的专任教师配备不达标，无疑增加了在岗教师的工作量，在岗教师就需要付出更多的劳动。这就难免导致民办园举办者与所聘教职工之间产生角色冲突。

第二，民办园教职工的工资福利待遇低下。

民办园教师比公办园教师要付出更多的劳动，但民办园教职工的工资福利待遇却更加低下。

2016年，民办园教职工的人均工资福利支出为2.68万元，而公办园人均为7.81万元，民办园只有公办园的34.31%。民办园教职工的人均工资福利根本达不到当年全国职工人均6.76万元的平均水平，也达不到教育行业职工人均7.45万元的平均水平，在常见的农林牧渔业、制造业、建筑业、批发和零售、交通运输、仓储和邮政业等13个行业中，民办园教职工的人均工资水平是最低的。2017年，民办园的工资福利支出人均为2.89万元，公办园人均为8.05万元，民办园的人均工资福利只有公办园的35.90%。民办园教职工的人均工资福利仍然根本达不到当年全国职工人均7.43万元的平均水平，也达不到教育行业

---

① 专任教师的缺口数与应配备的教师总数之比。

职工人均 8.34 万元的平均水平，在常见的 13 个行业中，民办园教职工的人均工资水平仍是最低的。2018 年，民办园的工资福利支出人均为 3.16 万元，只有公办园的 34.02%。2019 年，民办园的工资福利支出人均为 3.33 万元，只有公办园的 35.43%。2020 年，民办园的工资福利支出人均为 2.93 万元，比 2019 年下降了 12.01%，公办园人均为 8.52 万元。① 民办园的人均工资福利仍然只有公办园的 34.39%。并且，民办园教职工的人均工资福利增长水平一直都低于全国平均增速（近年来民办园教职工的工资福利、全国及常见行业的人均工资状况见表 4-3）。

表 4-3 近年来民办园教职工的工资福利、全国及常见行业的人均工资 （单位：万元）

年份	2016 年	2017 年	2018 年	2019 年	2020 年
民办园的人均工资福利	2.68	2.89	3.16	3.33	2.93
公办园的人均工资福利	7.81	8.05	9.29	9.40	8.52
全国人均工资	6.76	7.43	8.24	9.05	9.73
教育行业人均工资	7.45	8.34	9.38	9.77	10.65
农林牧渔业人均工资	3.36	3.65	3.65	3.93	4.85
制造业人均工资	5.95	6.45	7.21	7.81	8.28
建筑业人均工资	5.21	5.56	6.05	6.56	7.00
批发、零售业人均工资	6.51	7.12	8.06	8.90	9.65
交通运输、仓储和邮政业人均工资	7.37	8.02	8.85	9.71	10.06
住宿、餐饮业人均工资	4.34	4.58	4.83	5.03	4.88
信息传输、软件和信息技术服务业人均工资	12.25	13.31	14.77	16.14	17.75
金融业人均工资	11.74	12.29	12.98	13.14	13.34
房地产业人均工资	6.55	6.93	7.53	8.02	8.38
居民服务、修理和其他服务业人均工资	4.76	5.06	5.53	6.02	6.07
卫生和社会工作业人均工资	8.00	8.96	9.81	10.89	11.54
文化、体育和娱乐业人均工资	7.99	8.78	9.86	10.77	11.21
公共管理、社会保障和社会组织业人均工资	7.10	8.04	8.79	9.44	10.45

资料来源：《中国统计年鉴》（2017—2021）。

此外，2017 年，全国民办园教职工平均工资福利为 3.1 万元②，据课题组 2018 年的调研，江西省民办园教师年平均收入为 2.8 万元；江西省民办园教师

---

① 数据来源：根据《中国教育经费统计年鉴》（2017—2021）、《中国教育统计年鉴》（2016—2020）相关数据计算所得。

② 数据来源：根据《中国教育经费统计年鉴》（2017）、《中国教育统计年鉴》（2017）相关数据计算所得。

第四章 个体利益取向的社会力量在提供普惠性学前教育资源中的角色冲突

67.1%没有养老保险，55.6%没有医疗保险，76.7%没有住房公积金。① 这些也反映出，民办园教职工的工资福利待遇低下。

普惠性民办园教职工工资福利低下状况在其他研究者的成果中也有反映。

2018年，有人调研我国普惠性民办园、非普惠性民办园、公办园三类幼儿园中32174名教师的工资福利待遇情况，结果显示，非普惠性民办园教师的月均工资为3000.43元，普惠性民办园为3126.54元，分别只有公办园的76.63%、79.85%。没有社会保险的教师，普惠性民办园占38.87%，非普惠性民办园占57.67%；没有住房公积金的教师，普惠性民办园占64.31%，非普惠性民办园占77.27%。②

2020年，赵诗静等人对四川中部丘陵地区Z市Y区农村普惠性民办园进行问卷调查，涉及125名教师和园长。统计显示，教师月均工资在1000~1500元的占12.8%，1500~2000元的占21.6%，2000~2500元的占29.6%，2500~3000元的占28.8%，3000元以上的占7.2%；教师都没有五险一金。③

2020年，刘焱等人对3个省5个区县的123所普惠性民办园的调研发现，普惠性民办园教师工资收入平均值为4.45万元/年，最小值仅为2万元/年，最大值为7.63万元/年。与我国2019年城镇非私营单位就业人员平均工资相比，普惠性民办园教师工资仅为全国平均水平（9.05万元）的49.17%，只有教育行业平均工资（9.77万元）的45.55%，而且52.00%的普惠性民办园教师工资低于4.45万元/年的平均数。④

普惠性民办园教职工的工资福利待遇低下的原因是多方面的。从民办园的收入方面而言，其收入绝大部分靠保教费、学杂费等，政府的财政补助很少；很多家庭也并不富裕，无法承担过高的收费；学前教育领域竞争激烈，如果学杂费太高就会影响生源。这些使民办园的收入来源受限。从民办园的支出方面而言，许多民办园要额外支付一些费用，如房租。公办园的园舍由国家兴建，公办园不用支付房租。这些因素就决定了许多民办园客观上难以给所聘教职工更高的工资以及更好的福利待遇。除此之外，一个最主要的原因在于，民办园举办者大多要营利，为最大限度逐利，主观上不会为所聘教职工提供较高的工资和较好的福利待遇。即便有的民办园教职工的工资较高，福利待遇较好，但

---

① 张水华，查明辉. 普惠性教育政策实施中的问题及其解决［J］. 江西社会科学，2021，41（7）：250.

② 徐莹莹，王海英，闫慧祖，等. 扶持政策能否优化普惠性民办园教师资源配置？——基于我国三类幼儿园32174名教师的实证研究［J］. 早期教育，2022（5）：12-15.

③ 赵诗静，彭涵，代燕. 乡村振兴背景下乡村普惠性民办园师资队伍水平提升策略研究——以川中丘陵地区为例［J］. 红河学院学报，2023，21（2）：100-104.

④ 刘焱，郑孝玲，宋丽芹. 财政补贴对普惠性民办幼儿园教育质量的影响路径［J］. 教育研究，2021（4）：30.

他们往往要付出比公办园教职工更多的劳动。

概括来说，由于民办园教职工的工资福利待遇低下，导致民办园举办者与所聘教职工之间产生角色冲突，冲突的最突出表现就是民办园教职工的高流失率。

综上所述，个体利益取向的社会力量自身存在角色冲突，既影响为幼儿提供合格的普惠性学前教育质量，也给普惠性民办园自身的可持续发展带来不利影响。

三、个体利益取向的社会力量与幼儿家长之间的角色冲突

个体利益取向的社会力量举办幼儿园，提供学前教育服务，家长支付学杂费为幼儿购买民办学前教育服务，从理论上来说，双方自愿交换，不存在冲突。然而，往往因学费、保育教育质量等原因，个体利益取向的社会力量与幼儿家长之间产生角色冲突。

（一）因民办园的学费而导致角色冲突

考察民办园学费的高低，主要看基于哪个收入阶层。将中国大陆人口按收入五等份分组，民办园的学费相对于20%的高收入户、20%的中上收入户可能并不算高，而相对于低收入户、中下收入户和中等收入户，情况则不同，详见表4-4。

表4-4 近年来民办园的人均学费与低收入户、中下收入户、中等收入户的人均可支配收入状况

年份	民办园的人均学费（元）	比上年的增速	低收入户（20%）的人均可支配收入（元）	比上年的增速	民办园的人均学费在其中占比	中下收入户（20%）的人均可支配收入（元）	比上年的增速	民办园的人均学费在其中的占比	中等收入户（20%）的人均可支配收入（元）	比上年的增速	民办园的人均学费在其中的占比
2013	2664.5	11.7%	4402.4	—	60.5%	9653.7	—	27.6%	15698.0	—	17.0%
2014	3213.3	20.6%	4747.3	7.8%	67.7%	10887.4	12.8%	29.5%	17631.0	12.3%	18.2%
2015	3538.3	10.1%	5221.2	10.0%	67.8%	11894.0	9.2%	29.8%	19320.1	9.6%	18.3%
2016	3950.8	11.7%	5528.7	5.9%	71.5%	12898.9	8.4%	30.6%	20924.4	8.3%	18.9%
2017	4382.7	10.9%	5958.4	7.8%	73.6%	13842.8	7.3%	31.7%	22495.3	7.5%	19.5%
2018	4913.2	12.1%	6440.5	8.1%	76.3%	14360.5	3.7%	34.2%	23188.9	3.1%	21.2%
2019	5568.3	13.3%	7380.4	14.6%	75.5%	15777.0	9.9%	35.3%	25034.7	8.0%	22.2%
2020	4604.2	-17.3%	7868.8	6.6%	58.5%	16442.7	4.2%	28.0%	26248.9	4.9%	17.5%

资料来源：《中国教育经费统计年鉴》（2013—2021）、《中国教育统计年鉴》（2012—2020）、《中国统计年鉴》（2020、2021）。

从表 4-4 可见：①从民办园人均学费的增速看，除了 2020 年因疫情影响出现负增长 17.3% 外，2013 年至 2019 年增速都超过 10%，2014 年比 2013 年更是增长了 20.6%，民办园人均学费的增速相对于低收入户人均可支配收入的增速而言，只有 2019 年低收入户人均可支配收入增速高于学费增速，而 2014 年至 2018 年，学费增速都超过收入增速；2014 年至 2019 年，民办园人均学费增速都超过了中下收入户和中等收入户的人均可支配收入增速。②从民办园人均学费占人均可支配收入的比重来看，2013 年至 2020 年，民办园人均学费占低收入户人均可支配收入的都超过了 50%，2019 年更是高达 75.5%，显然对于低收入户而言民办园的学费太贵；对于中下收入户而言，民办园的人均学费占可支配收入的 30% 左右，负担也较重；民办园学费约占中等收入户人均可支配收入的 20%，这也是一笔不轻的负担。

实际上，国家统计部门的统计数据只显示学费情况，而伙食费、特色班或兴趣班的费用及其他费用往往没有统计。这些费用对于中低收入家庭而言，都是不小的开支。

一些幼儿家长对普惠性民办园收费的满意度不高，在其他研究者的论文中也有体现。例如，2020 年，李琪、孙晓轲在安徽省淮北市以"问卷星"的形式①，向普惠性民办园的幼儿家长进行了总数为 516 份的问卷调查，统计显示，幼儿家长对收费的满意度得分只有 3.564 分（总分为 5 分），仅比最低得分——普惠性民办园周边环境 3.529 分的得分略高，但比精神环境、办园理念和特色、班级规模、内部的环境卫生、硬件设施的得分都要低。②

再有，一些普惠性民办园的学杂费过高，在下列其他一些资料中也有显现。

2021 年 2 月，山东省日照市东港区有市民向区政府反映："新市区惠普性幼儿园太少了，私立的幼儿园太贵了，我住在安泰名筑，周围就只有一所金海幼儿园是惠普性的，学费 890 元、吃住一天 25 元还算合理，可是学校太小了，收取的学生也太少了，光金海学府就有 800 多人报名，才收了 120 多人，还是有很多孩子上不了便宜实惠的幼儿园，其他的私立幼儿园都太贵了，一个月光学费就得 3500 元。吃住按一天 25 元算，一个月也得 750 元，加上学费一个月就得 4250 元，真的是上不起幼儿园啊！日照工资水平正常上班族一个月才能挣多少钱啊？这也远远超过了普通家庭的承受能力，政府能不能多建一些普惠性幼儿园，或者扩大普惠性幼儿园的招生，多收些班呢？"③

---

① "问卷星"这种调查形式简便易行，但它无法调查不用微信或没有时间用微信的幼儿家长，因而存在缺陷。不过，这种调查方式还是具有一些参考价值的。

② 李琪,孙晓轲. 普惠性民办幼儿园家长满意度的调查研究——以淮北市为例 [J]. 幼儿教育（教育科学）, 2021 (7, 8): 60.

③ 幼儿园 3500 元/月！私立太贵，普惠的太少！[EB/OL]. (2021-02-15) [2023-08-05]. http://sohu.com/a/450939133_120067683.

2023年3月的全国两会期间,全国人大代表、上海熊猫机械(集团)有限公司采购经理李丰向记者表示,"上海作为经济发展最前沿的城市,人口大量流入不可避免地成了其城市特性之一,也同时带来了更多随迁子女的受教育需要,而在公办学前教育不足的情况下,民办普惠性的学前幼儿园就成了接收这些外来学生的载体,其中以外来务工人员子女居多"。李丰还发现,上海市的普惠性学前幼儿园,民办收费远高于公办数倍,多居于2000元/月以上。真正需要普惠性学前教育的多为以低收入家庭为代表的普通家庭,这类家庭的经济功能与养育功能都发挥得不好,与公办园相比,连续3年的高昂学前育儿成本支出,已经极大地影响了流动人口对城市教育公平的感知和再生育的意愿。① 一些民办园的学杂费过高,使一部分幼儿家庭负担较重。

综上,由于民办园的学杂费相对于约占人口一半的家庭而言过高,增速过快,因而导致个体利益取向的社会力量与幼儿家长之间的角色冲突。近年来,一些地方政府开办了不少公办园,很多幼儿家长便"用脚投票",将子女送入公办园。

(二)因民办学前教育的质量而导致角色冲突

幼儿园教育质量大致可以界定为:幼儿园的教育满足相关利益主体某种需要的特性的总和。它涉及的利益主体包括幼儿、幼儿教师、幼儿园举办者、幼儿家庭、社区等。既然关涉不同群体的利益和教育价值观,一方面,需要多主体参与到评价标准的制定工作中,在标准制定过程中表达自身及其所代表群体的利益诉求,确保评价标准的科学性;另一方面,需要多主体参与到评价标准的实施过程中,确保评价结果的客观性和公正性。考察幼儿园教育质量不仅应关注幼儿,同时也应关注幼儿园如何服务于幼儿家长和教师、是否能满足相关利益主体的需求。比如其涉及的指标,包括教师如何向幼儿家长征询意见、提供支持性服务,在职人员如何接受培训,教师如何接受观察和反馈等。对学前教育的评价实施过程也应由多方参与。

长期以来,我国幼儿园教育质量评价工作主要是由教育行政部门或下属机构承担,评价人员主要由政府行政人员组成,而其他利益主体(如幼儿园工作人员、幼儿家长等)基本被排斥在评价过程之外。由于评价主体的单一,在幼儿园教育质量评价标准的制定上,往往也只是从教育行政部门的一元视角来看待质量。这样的评价既做不到专业性,也无法保证公平、公正、公开,对幼儿园专业支持和质量提升的促进作用并不大。因此,在质量评价标准的制定过程中应邀请来自社会不同阶层、代表不同群体利益的人员(如幼教专家、行政人员、园长、教师、幼儿家长等)从各自的认识和观点出发对幼儿园教育提出建

---

① 陈颖婷. 公办入园难,民办入园贵,怎么办?——人大代表建议加强对普惠性民办幼儿园的建设支持[N]. 上海法治报,2023-03-07(A05).

第四章　个体利益取向的社会力量在提供普惠性学前教育资源中的角色冲突

议，由专业研究者进行有机整合后作为建构质量评价标准和工具的依据，这也有利于质量标准获得公众的认同和支持；在评价过程中，也应建立合理的多元评价主体共同协作的评价机制，真正有助于幼儿园全面了解自身各方面教育质量，为教育质量的最终改进提供依据，还有利于引起社会各界对幼儿园教育质量的关注和监督。①

据课题组的调研，如果从幼儿家长的视角来考察学前教育质量，应当了解家长送幼儿入园的出发点。一般来说，能较好满足家长需求的，学前教育质量就高，反之则质量低。具体来说，民办园应当满足家长以下方面需求：①让幼儿养成良好的道德品质。课题组的调研显示，有88.3%的幼儿家长选择了这一需求。这也是幼儿家长选择最多的选项。②让幼儿能学习一些知识。有85.7%的幼儿家长选择了这一需求。③让幼儿养成良好的生活习惯。有75.4%的幼儿家长选择了这一需求。④有个地方托管孩子。有30.6%的幼儿家长选择了该选项。从这一点可见，有些幼儿家长对幼儿园的质量要求很低。此外，有4.2%的幼儿家长送幼儿入园的出发点为"其他"。例如，有的幼儿家长注明送幼儿入园的出发点是"不想带孩子"。

有些幼儿家长可能并不清楚高深的学前教育质量评估指标，但他们的前三项需求，即让幼儿养成良好的道德品质、学习一些知识、养成良好的生活习惯，大体符合《幼儿园工作规程》规定的幼儿园的任务和幼儿园保育教育的主要目标。《幼儿园工作规程》规定，"幼儿园的任务是：贯彻国家的教育方针，按照保育与教育相结合的原则，遵循幼儿身心发展特点和规律，实施德、智、体、美等方面全面发展的教育，促进幼儿身心和谐发展"。《幼儿园工作规程》还规定，幼儿园保育和教育的主要目标包括："促进幼儿身体正常发育和机能的协调发展，增强体质，促进心理健康，培养良好的生活习惯、卫生习惯和参加体育活动的兴趣"；"发展幼儿智力，培养正确运用感官和运用语言交往的基本能力，增进对环境的认识，培养有益的兴趣和求知欲望，培养初步的动手探究能力"；"萌发幼儿爱祖国、爱家乡、爱集体、爱劳动、爱科学的情感，培养诚实、自信、友爱、勇敢、勤学、好问、爱护公物、克服困难、讲礼貌、守纪律等良好的品德行为和习惯，以及活泼开朗的性格"；等等。

一些幼儿家长基于自身认定的学前教育质量标准，认为民办园的教育质量不高，这从课题组以下方面的调研发现可以得到反映。

第一，家长明显更加信任公办园，而非民办园。在课题组的家长问卷部分，有一道单选题旨在考察幼儿家长对公办园和民办园的偏好："如果同时有公办幼儿园和民办幼儿园可以上，您选择什么？"统计显示，70.3%的家长选择"看情

---

① 黄爽，霍力岩. 美国《学前教育机构质量评价系统》的特点及其启示 [J]. 外国中小学教育，2018（3）：48.

况",即看哪个幼儿园质量更好。显然这是非常理性的选择,因为无论公办园还是民办园都有质量高低之分。除此之外,27.2%的家长选择了"公办幼儿园";仅2.5%的家长选择了"民办幼儿园"。这反映出,幼儿家长明显主观上更加信任公办园,二者相差24.7%。

第二,不少幼儿家长认为民办园需要提高保育教育质量。课题组在家长问卷部分设计了一道多选题征询,关于民办园的保育教育质量方面,需要改善的地方主要有:①教师保育教育水平不高。有57.1%的幼儿家长选择了该选项。②教师对幼儿缺乏爱心。有31.5%的幼儿家长选择了该选项。③教师队伍不稳定。有28.6%的幼儿家长选择了该选项。2022年8月6日,江西省LS县DT幼儿园的家长DH对课题组说:"(民办园)教师不稳定,孩子熟悉了某个老师后有可能(不久)老师就走了。"教师队伍不稳定,不利于保障民办园的保育教育质量。此外,民办园保育教育质量需要提升,这在课题组设计的民办园教师问卷部分和园长问卷部分也有反映。43.7%的民办园教师、37.6%的民办园园长承认"教师保育教育水平不高"。民办园教师保教水平不高,主要是教师的因素,从教师的学历来看,本科及以上高学历者偏少,从园长的学历来看,53.4%为大专,初中、高中或中专为37.5%,9.1%为本科,园长中学历低者较多。当然,民办园教师保教水平不高,其背后最主要的因素还是在于举办者要营利,如聘请更多高学历者需要更多的成本,影响利润率。

考察民办园保育教育质量,除了要考虑幼儿家长的因素,还可从教师的角度进行考察。开封市实验幼儿园园长邓萍认为,有些民办园保育教育质量有待提升与在民办园保教工作过程中存在较多教师保教行为不规范等问题有关。其主要表现在于以下方面。

第一,有些民办园的保育意识淡薄。幼儿园应保教并重,将幼儿的身心健康放在首位。这就要求幼儿园以高质量的保育工作来支持幼儿发展。有些民办园的保教工作较为滞后。一是日常保育工作不细致,卫生消毒、环境安全等工作不到位。不少民办园认为高薪聘请专业的保健医生没有必要,幼儿园的保健医生常常是一人"身兼多职",甚至借人凑数。二是已有保育人员专业知识匮乏,难以较好落实科学育儿。不少民办园在招聘保育员时对专业素养要求偏低,缺乏评估保育人员的专业资格与认证其专业能力,加之后期缺乏对保育人员的培训,专业支持也有限,使保育人员处于幼儿园师资队伍的末端,进而加剧了保育人员对保育工作的懈怠。

第二,不少民办园的保育内容匮乏。与公办园相比,有些民办园"小学化"现象严重,幼儿的在园生活有大量的集体教育活动与读、写、算活动[①],

---

① 刘磊,刘瑞. 民办园教育"小学化"的治理困境——新制度主义的视角[J]. 教育科学,2022,38(3):83-89.

导致民办园原有的保育内容被压缩。有些民办园的保育内容较为空泛，浮于表面，流于形式[1]，主要体现在日常保育局限于入园晨检、卫生打扫、环境安全等，未与幼儿园健康领域的教学内容有机结合。同时，因民办园转型升级、水平提升、留住生源的需要，其保育内容往往要迎合各级各层审查与幼儿家长入园参观的主要内容，有时虽然材料充实，但往往浮于表面，难以有效落实。

第三，有些民办园的保育方式僵化。这与幼儿园保育人员的角色定位及社会认知有关。不少民办园教师在保教工作繁重琐碎、社会期望不断提高，但工资福利待遇低下的情况下，职业幸福感偏低，创新能力严重不足。民办园教师的职业幸福感要明显低于公办园教师[2]。与此同时，由于网络传播虐童现象、家长质疑教师对幼儿的态度等舆情案件，使许多幼儿教师也不愿意冒险、轻易改变，常常以"不出错"或"不出事"的心态对待保育工作，这难免使保育方式僵化。[3] 可以说，社会舆论与家长干预在很大程度上造成了民办园教师在保教中畏首畏尾，保育方式趋于刻板僵化。[4]

概括来说，无论是从幼儿家长，还是从教师的角度来说，民办学前教育的质量都有提升的空间，因而导致个体利益取向的社会力量与幼儿家长之间产生角色冲突。

（三）因民办园硬件设施不足导致角色冲突

幼儿园的硬件设施应符合相关规定，否则不利于幼儿成长和保育教育工作的开展。

《幼儿园工作规程》对幼儿园的园舍、设备做了相应规定，主要有：①幼儿园应当按照国家的相关规定设活动室、寝室、卫生间、保健室、综合活动室、厨房和办公用房等，并达到相应的建设标准。有条件的幼儿园应当优先扩大幼儿游戏和活动空间。寄宿制幼儿园应当增设隔离室、浴室和教职工值班室等。②幼儿园应当有与其规模相适应的户外活动场地，配备必要的游戏和体育活动设施，创造条件开辟沙地、水池、种植园地等，并根据幼儿活动的需要绿化、美化园地。幼儿园应当配备适合幼儿特点的桌椅、玩具架、盥洗卫生用具，以及必要的玩教具、图书和乐器等。玩教具应当具有教育意义并符合安全、卫生

---

[1] 黄鑫, 陶志琼. 从"情"到"行"：幼儿园保育员专业发展的有效路径[J]. 学前教育研究, 2023 (1): 60-71.

[2] 吴海龙. 幼儿园教师职业幸福感的特点及其与心理资本的关系[J]. 幼儿教育, 2020 (9): 20-24, 46.

[3] 谭奕林, 金金. "虐童现象"扩大化背景下幼儿教师保教行为的个案研究[J]. 现代中小学教育, 2019, 35 (1): 58-60.

[4] 邓萍. 民办园教师保教行为不规范的突出表现、成因分析与改进策略[J]. 早期教育, 2023 (25): 19-20.

要求。幼儿园应当因地制宜，就地取材，自制玩教具。③幼儿园的建筑规划面积、建筑设计和功能要求，以及设施设备、玩教具配备，按照国家和地方的相关规定执行。

然而，不少民办园并未配备足够的硬件设施。课题组的调研表明，在民办园园长问卷部分，46.9%的民办园园长承认"幼儿园硬件不足"。在民办园教师问卷部分，统计显示，64.8%的民办园教师认为"幼儿园硬件不足"。因民办园硬件设施不足，有些幼儿家长对课题组抱怨。例如，2022年7月20日，江西省ZDJ市JC区ML乡有家长告诉课题组，"（她儿子所在的民办）幼儿园没什么玩的，除了一个滑梯，就没有什么"。

民办园硬件设施不足问题，也屡见报道。例如，2022年3月1日，青海省人大代表楚永红在其提案中提到，青海省西宁市，"部分民办幼儿园在城区民用住宅楼内的套房内。由于民办幼儿园投入不足，硬件设施差，卫生条件差，活动面积狭小，安全隐患多。由于使用民房办学场地有限，幼儿户外活动面积小，严重影响幼儿的健康成长"①。张海英等人的调研也显示，截至2018年底，陕西省靖边县共有民办园95所，占比为64.63%，但民办园存在硬件设施不足问题。②

因民办园硬件设施不足，影响幼儿保育保教，导致个体利益取向的社会力量与幼儿家长之间产生角色冲突。

四、幼儿家长与政府教育管理部门之间的角色冲突

不少幼儿家长与政府教育管理部门之间的角色冲突，突出表现在双方对待民办学前教育"小学化"问题上。

学前教育"小学化"是指，幼儿园将小学的知识拿到幼儿园来教或以小学的方式开展学前教育。③ 这是学前教育领域的一个由来已久的问题。1987年，第一次全国幼教工作会议就批评了学前教育"小学化"现象。④

学前教育"小学化"的主要表现有以下方面。

第一，教育目标"小学化"。一些幼儿园无视幼儿的身心发展规律与特点，拔高幼儿教育的培养目标，导致保教功能发挥不够，轻保而重教，过分强调幼儿园与小学的衔接。不少幼儿园要求儿童识字，学习拼音、外语、珠算等，同

---

① 关于加强对民办幼儿园监管的建议［EB/OL］.（2022-04-13）［2023-08-06］. http：//qhrd.gov.cn/yajy/202204/t20220413_201786.html.

② 张海英，杨连军，王永红. 关于加快公立幼儿园建设的建议［EB/OL］.（2019-04-26）［2023-08-06］. http：//jingbian.gov.cn/ztzl/rlyjjblh/zxwyta/1285142887687786497.html? eqid = 9a21ec3b002913530000000364983c38.

③ 黄绍文. 幼儿教育小学化现象辨析［J］. 学前教育研究，2005（9）：10-11.

④ 中国学前教育研究会编. 百年中国幼教［M］. 北京：教育科学出版社，2003：27.

时还给孩子布置了一定量的所谓的家庭作业。

第二，课程设置"小学化"。一些幼儿园开设了小学一年级课程，内容包括拼音、汉字、计算、古诗等。还有一部分幼儿园开设了英语、珠心算等一些学科课程，仅保留很少的一部分时间开展舞蹈、绘画、游戏等活动。许多幼儿园设有一些兴趣班或特色班，要求孩子参加，孩子们每天在幼儿园从早忙到晚，回到家中感到很疲劳。

第三，教学过程"小学化"。许多幼儿园的教学一般采用灌输式讲解，如学习汉字的授课程序为：出示字卡或写在黑板上，由教师领幼儿认读；讲解字义，进行组词、造句训练；教师教给幼儿该汉字的书写顺序及格式；在教师的指导下幼儿开始反复进行书写练习，完全与小学生的汉字学习过程相同。而幼儿通过观察、动手操作等获取知识的活动很少；强调纪律性，儿童的自主权往往被忽视或剥夺。

第四，行为规范"小学化"。不少幼儿园直接套用小学的行为规范来约束儿童，要求孩子绝对服从教师，上课必须认真听讲，不允许插嘴、顶嘴与辩解，坐姿要端正，不能随便走动，回答问题要举手，不能开小差，不准做小动作，课间不许奔跑跳跃，不许高声喊叫，等等。另外，为了维护课堂秩序，多数幼儿园所采用的批评惩罚措施也常有"小学化"特点。如一些教师往往对于"违纪者"采取罚站、严厉斥责、罚抄等处罚性措施。

第五，教学评价"小学化"。一些幼儿园教学评价注重知识的掌握、智力的发展等内容，对幼儿学习能力、学习态度、主动性以及情感需要重视不够。一部分幼儿园设置了名目繁多的特色课程，如双语教育、艺术教育、珠心算、识字训练等。对这些课程的评价构成了幼儿园教学评价的主要内容。许多幼儿园在对幼儿实施评价时，通常选用小学的评价标准，采用整齐划一的方式。对于语文、数学、外语等科目的测试有着详细的评分标准，而对于音乐、美术、常识等的评定往往流于形式，实效性较差。[①]

学前教育"小学化"给幼儿以下方面造成较大危害。

第一，幼儿尚未上学就已厌学。孔子曰："知之者不如好之者，好之者不如乐之者。"爱好学习是学习的最高境界。从天性而言，刚出生的婴儿就具有这种境界。他们好奇地探索，乐此不疲地游戏。因为爱好学习，他们能在成人的帮助下，很快学会语言沟通与行走，掌握吃饭、穿衣等生活自理能力，初步认识周围世界。在这种爱好的状态下，学习环境不囿于某次活动或课堂，而是丰富的周围环境和每天的生活；学习方式不是听课和强化，而是快乐地游戏；学习内容不是枯燥地认字、计算和写字，而是饶有趣味地探索、发现和建构。他们建构着积极的自我，建构着对周围世界的积极认识，也建构着自己的宝贵经验

---

① 谢玉坤. 幼儿园教育"小学化"倾向的表现及对策［J］. 教育探索，2013（5）：150.

和良好习惯，形成了积极健全的人格。正是这诸多的建构，才打下了未来发展的坚实基础。正所谓"三岁看大，七岁看老"。但是，学前教育"小学化"，幼儿教师往往缺乏耐心让幼儿进行快乐的自主建构，以简单的填鸭、强化，甚至呵斥、打骂让孩子就范，让幼儿学习其不感兴趣、力不能及的东西。幼儿可能学会了一些具体而不那么重要的计算、识字和拼音，却失去了内在且极其重要的学习兴趣，尚未上学就已经厌学。

第二，压抑幼儿天性，剥夺其快乐。理想的学前教育是顺应天性，帮助幼儿自主建构的教育，而非让幼儿为人生成功而牺牲快乐的"小学化"的学前教育。这正像卢梭所说："大自然希望儿童在成人以前，就要像儿童的样子。如果我们打乱这个次序，就会造成一些果实早熟，它们长得既不丰满也不甜美，而且很快就会腐烂。也就是说，我们将造就一些年纪轻轻的博士和老态龙钟的儿童。"① 因不珍视儿童的天性与发展次序，造就了不少高分低能、发展失衡、不丰满也不甜美的果实，使不少神童小时了了，大未必佳，也使众多幼儿天性被压抑，郁郁寡欢。有的幼儿因不想上幼儿园而经常梦魇，有的幼儿经常被父母强制性地送到幼儿园的教室，还有的幼儿经常在老师和父母的斥责下被迫学习。"小学化"的做法实际上是以成人的世界干扰儿童世界，以成人的意愿压抑儿童的天性，以机械记忆的无意义学习取代意义学习和发现式学习。其结果是扼杀幼儿的天性，限制幼儿的发展，无情地剥夺他们本该充满无限欣喜和快乐的美好童年。

第三，违背幼儿生理，损害其健康。幼儿在"小学化"的学前教育中，经常表现为注意力不集中，喜欢做小动作。这种表现与其大脑的生理特点有关。幼儿的大脑皮层容易兴奋，不容易抑制，注意力易分散和疲劳，在无兴趣的活动中更是如此。如此强制幼儿长时间集中注意，就会造成大脑因过度疲劳而受到伤害。另外，幼儿新陈代谢旺盛，呼吸系统和循环系统的功能有限，机体尤其是大脑对缺氧非常敏感，过多静坐和室内授课减少了幼儿的户外活动，容易使他们的大脑缺氧，机体供氧不足。幼儿大肌肉群发育较早而小肌肉群发育较晚，对于写字等精细运动难以掌握，力不从心，强调写字姿势和写字练习的"小学化"学前教育，不仅会导致他们备受挫折，而且会造成小肌肉群的损伤。幼儿眼睛的晶状体调节能力强，视近距离短，若没有养成良好的读书习惯，经常近距离或偏斜地看书写字，不仅容易导致近视、弱视、斜视等视力问题，而且会形成驼背等健康问题。

第四，打击幼儿自信，使其个性不健全。自信是积极的自我评价，是自我意识的重要组成部分。对于幼儿个性的健全发展、心理健康、交往与社会适应，以及积极的自我教育和自我完善等，自信均具有举足轻重的作用。幼儿的自我

---

① 卢梭. 爱弥儿（上卷）[M]. 李平沤，译. 北京：商务印书馆，1978：91.

评价正处于形成和发展的关键时期，具有两个主要特点：一是主要依赖成人的评价；二是评价不客观、比较情绪化。如果在这一时期内让幼儿获得较多的积极情绪、成功体验和正面反馈，就会非常有助于他们形成积极的自我评价，从而具有较强的自信心。游戏化、生活化、操作化的学前教育符合幼儿的心理特点，能够让他们自主活动，因而有利于建立幼儿的自信，使他们获得理想的发展。相反，学前教育"小学化"，违反幼儿的生理和心理发展规律，幼儿无法自主完成学习任务，经常在成人的强迫和责备中强制学习，学习负担沉重，个性压抑，快乐缺失，成功体验匮乏，久而久之，就会打击幼儿的自信心，使他们的自我评价越来越低，形成自卑情结，因而导致他们个性无法健全发展，心理健康水平下降，并影响其社会适应和自我完善能力的发展。

第五，导致幼儿片面发展。有些家长推崇学前教育"小学化"的理由在于：学习识字、拼音和简单的计算就是学到了东西，这比让幼儿在幼儿园里瞎玩好。实际上，间接知识的学习和灌输，貌似增长了幼儿的知识，发展了幼儿的智力，实则阻碍了对其可持续发展更为重要的想象力和主动思考能力的发展，得不偿失。幼儿接受能力强，幼儿时期是诸多能力和素质发展的关键期。因此，许多"小学化"的学前教育都会以此为理由，比如：幼儿是记忆能力发展的关键期，所以要让他们多记忆。实际上，当人们片面发展幼儿记忆力的同时，好奇心、探索力、想象力、思考力、创造力，以及对幼儿发展极其重要的自我意识等也都在发展的关键期，记忆力的片面发展也许正在危害着其他素质和能力的发展。所以，在进行学前教育时，必须研究什么发展更有价值，如何使更有价值的各方面获得均衡和理想的发展。这才是真正为人的一生做准备，而不是只为小学做准备。[①]

鉴于学前教育"小学化"带来的危害，早在1981年，教育部颁发的《关于试行幼儿园教育纲要的通知（试行草案）》即规定，"游戏是幼儿生活中的基本活动，上课应该以游戏为主要形式，要求防止幼儿园教育的'小学化'和成人化"[②]。1989年9月，国家教委出台的《幼儿园管理条例》也规定，"幼儿园应当以游戏为基本活动形式"；"幼儿园可以根据本园的实际，安排和选择教育内容与方法，但不得进行违背幼儿教育规律，有损于幼儿身心健康的活动"。这些实际上已对学前教育"小学化"作出了禁止性规定。此后，国家教育部门也发布了一些文件，试图纠正已经比较普遍存在的"小学化"倾向。

然而，进入21世纪以来，学前教育"小学化"问题不但未消除，反而愈

---

① 叶平枝，赵南. 学前教育"小学化"的危害、原因及对策 [J]. 广州大学学报（社会科学版），2013，12（8）：70-71.

② 徐文松，王婧文，赵梅菊主编. 学前教育政策与法规 [M]. 北京：北京理工大学出版社，2021：12.

演愈烈。为此，近年来，国家出台了一系列"去小学化"政策，力图解决该问题。①

2001年7月，教育部出台的《幼儿园教育指导纲要（试行）》②规定，"幼儿园教育应尊重幼儿的人格和权利，尊重幼儿身心发展的规律和学习特点，以游戏为基本活动，保教并重，关注个别差异，促进每个幼儿富有个性的发展"；"健康领域的活动要充分尊重幼儿生长发育的规律，严禁以任何名义进行有损幼儿健康的比赛、表演或训练等"；"教育活动内容的组织应充分考虑幼儿的学习特点和认识规律，各领域的内容要有机联系，相互渗透，注重综合性、趣味性、活动性，寓教育于生活、游戏之中"。

2010年11月，《国务院关于当前发展学前教育的若干意见》规定，防止和纠正幼儿园教育"小学化"倾向。

2011年9月，时任教育部部长袁贵仁表示，要防止"小学化"倾向。③与此同时，教育部、财政部发布的《关于加大财政投入支持学前教育发展的通知》规定，遵循儿童身心发展特点和教育规律，防止和纠正"小学化"倾向。

2011年12月，针对学前教育"小学化"问题，教育部专门发布《关于规范幼儿园保育教育工作防止和纠正"小学化"现象的通知》，要求"遵循幼儿身心发展规律，纠正'小学化'教育内容和方式"；"创设适宜幼儿发展的良好条件，整治'小学化'教育环境"；"严格执行义务教育招生政策，严禁一切形式的小学入学考试"；"加强业务指导和动态监管，建立长效机制"；"加大社会宣传，营造良好社会氛围"。

2012年2月，教育部发布了《学前教育督导评估暂行办法》，督促各地根据要求，结合本地实际情况，制订本省（区、市）学前教育督导评估实施方案，做好督导评估工作。其中的一项重要内容是："规范学前教育管理，有效解决'小学化'倾向和问题等方面的情况。"

为解决学前教育"小学化"问题，2012年10月，教育部组织力量研究制定了《3~6岁儿童学习与发展指南》（本章简称《指南》），其中规定，要抓好幼小衔接。地方各级教育行政部门要制定相关配套政策，采取有效措施，严禁幼儿园提前学习小学教育内容，严禁小学举办各种形式的入学选拔考试，严禁小学一年级以任何理由压缩课程或加快课程进度。积极探索幼儿园和小学的双

---

① 许倩倩. 幼儿园教师在"去小学化"政策执行中的困境感知与策略选择［J］. 教师教育研究，2022，34（1）：101-102.
② 1981年教育部颁发的《关于试行幼儿园教育纲要的通知（试行草案）》同时废止。
③ 袁贵仁：要防止学前教育"小学化"倾向［EB/OL］.（2011-09-27）［2023-08-07］. http：//moe. gov. cn/jyb_ xwfb/moe_ 2082/zl_ 2015n/s5205/201109/t20110927_ 125028. html.

向衔接，为《指南》的全面贯彻落实创造条件。① 时任教育部基础教育二司副司长李天顺还表示，《指南》"就是要告诉大家，这个年龄段的孩子的学习与发展有什么特点，能够学什么，应该怎样学，通过什么样的策略和方法支持孩子学习"；"小学化"的问题应该可以逐步得到有效的解决。②

2012 年 12 月，教育部办公厅《关于举办学前教育三年行动计划网络巡展的通知》规定展示内容包括各地加强幼儿园保育教育工作监管和指导，防止和纠正"小学化"倾向，提高学前教育质量的举措和成效。③

2016 年 1 月，教育部出台的《幼儿园工作规程》强调，"幼儿园和小学应当密切联系，互相配合，注意两个阶段教育的相互衔接"；"幼儿园不得提前教授小学教育内容，不得开展任何违背幼儿身心发展规律的活动"。

2016 年 12 月，《国务院关于鼓励社会力量兴办教育促进民办教育健康发展的若干意见》规定，学前教育阶段鼓励举办普惠性民办幼儿园，坚持科学保教，防止和纠正"小学化"现象。

2017 年 4 月，教育部、国家发展改革委、财政部、人力资源和社会保障部共同出台的教育部等四部门《关于实施第三期学前教育行动计划的意见》提出，到 2020 年，幼儿园保教质量评估监管体系基本形成，办园行为普遍规范，"小学化"现象基本消除。这就为杜绝学前教育"小学化"问题定下了时间表。

2018 年 7 月，教育部办公厅发布《关于开展幼儿园"小学化"专项治理工作的通知》，决定开展幼儿园"小学化"专项治理工作，要求"严禁教授小学课程内容"；"纠正'小学化'教育方式"；"整治'小学化'教育环境"；"解决教师资质能力不合格问题"；"小学坚持零起点教学"。④

2018 年 11 月，《中共中央 国务院关于学前教育深化改革规范发展的若干意见》针对学前教育领域存在"小学化"倾向，强调"开展幼儿园'小学化'专项治理行动，坚决克服和纠正'小学化'倾向，小学起始年级必须按国家课程标准坚持零起点教学"。

2021 年 3 月，教育部出台了《关于大力推进幼儿园与小学科学衔接的指导意见》，为推进幼儿园与小学科学有效衔接，提出幼儿园入学准备教育指导要点。

---

① 教育部关于印发《3~6 岁儿童学习与发展指南》的通知 [EB/OL]. (2012-10-09) [2023-08-07]. http://www.moe.gov.cn/srcsite/A06/s3327/201210/t20121009_143254.html.

② 教育部：无证幼儿园整改合格后可发证招生 [EB/OL]. (2011-02-23) [2023-08-07]. http://www.moe.gov.cn/jyb_xwfb/s5147/201102/t20110223_115182.html.

③ 教育部办公厅关于举办学前教育三年行动计划网络巡展的通知 [EB/OL]. (2012-12-25) [2023-08-07]. http://moe.gov.cn/srcsite/A06/s3327/201212/t20121225_146325.html.

④ 教育部办公厅关于开展幼儿园"小学化"专项治理工作的通知 [EB/OL]. (2018-07-13) [2023-08-07]. http://moe.gov.cn/srcsite/A06/s3327/201807/t20180713_342997.html.

2022年1月，教育部颁发了《关于开展中小学幼儿园校（园）长任期结束综合督导评估工作的意见》，其中规定幼儿园园长任期结束，要考察其幼小衔接、克服"小学化"等方面的情况。

2022年3月，教育部办公厅发布了《关于开展2022年全国学前教育宣传月活动的通知》①，其中要求"严把宣传方向，防止以幼小衔接名义出现新的'小学化'行为，严防搭车搞商业化宣传"。

2023年6月，《学前教育法（草案）》规定，"幼儿园不得教授小学阶段的教育内容，不得开展违背学前儿童身心发展规律的活动"；"幼儿园不得教授小学阶段的教育内容，不得开展违背学前儿童身心发展规律的活动"；"幼儿园不得违反国家规定收取费用，不得向学前儿童及其家长组织征订教科书和教辅材料，推销或者变相推销商品、服务等"；"校外培训机构等其他教育机构不得对学前儿童开展半日制或者全日制培训"。

从上述关于治理学前教育"小学化"文件的梳理可知，近年来，国家出台的一系列"去小学化"政策，鲜明反映出国家对学前教育"小学化"的态度，力图根治这一顽疾。

然而，学前教育"小学化"问题仍然存在，其治理效果仍需进一步提升。学前教育"小学化"问题并非单独存在于民办园，但这一问题往往在一些民办园体现得更加突出。② 例如，2020年，赵诗静等人对四川中部丘陵地区Z市Y区农村普惠性民办园的抽样调查显示，大部分仍然存在"小学化"现象。③ 2021年，陈冠亚对河南Z市的32所民办园调研发现，隐性"小学化"倾向仍然比较突出，一些民办园在去"小学化"的过程中，虽然去掉了"小学化"的表面问题，但没有根本改变。④ 学习拼音字母是小学一年级《语文》的内容，但从课题组2023年7月至8月的暑期调研来看，在江西省CN市HX区XHC幼儿园、LF县XXH幼儿园、LS县DTB幼儿园等民办园，都发现有教师教孩子学拼音的情况。可见，江西省普惠性民办园显然也存在学前教育"小学化"现象。

民办学前教育"小学化"现象，虽然问题出在民办园，但其原因并非单纯在民办园一方。其首要原因恰恰在于幼儿家长方面。

当前，幼儿园之间的竞争日益激烈。既有公办园与民办园之间的竞争，也

---

① 教育部办公厅关于开展2022年全国学前教育宣传月活动的通知［EB/OL］．（2022-04-07）［2023-08-07］．http://www.moe.gov.cn/srcsite/A06/s3327/202204/t20220407_614387.html.

② 刘磊，刘瑞．民办园教育"小学化"的治理困境——新制度主义的视角［J］．教育科学，2022，38（3）：85．

③ 赵诗静，彭涵，代燕．乡村振兴背景下乡村普惠性民办园师资队伍水平提升策略研究——以川中丘陵地区为例［J］．红河学院学报，2023，21（2）：100-104．

④ 陈冠亚．民办幼儿园"小学化"倾向的现状及对策——以Z市为例［J］．东方娃娃·保育与教育，2022（3）：39-42．

第四章 个体利益取向的社会力量在提供普惠性学前教育资源中的角色冲突

有民办园之间的竞争。而中国人口出生率又逐年减少,已由1978年的18.25‰降至2000年的14.03‰,2010年跌到了11.90‰,2020年进一步降至8.52‰,2021年已下降到7.52‰。① 2022年,中国人口出生率为6.77‰,又比2021年减少了,人口自然增长率为-0.60‰。② 这是1962年以来的首次负增长。中国人口出生率的持续走低,进一步加剧了幼儿园之间的竞争。即便公办园有国家投资,但是,有的地方的公办园也因人口出生率下降及人口外流而关闭。民办园的主要资金来源于幼儿家长交纳的学杂费,若要在激烈的竞争中生存下来,首要的甚至唯一的出路就是赢得幼儿家长的支持。几乎所有的家长都望子成龙,为了让自己的子女在日益激烈的未来社会竞争中脱颖而出,不被淘汰或者不"躺平"、不"啃老",只要家庭经济条件许可,家长都不希望孩子输在学前教育这条起跑线上。民办园将学前教育"小学化",恰恰在很大程度上适应了家长的这种需要。民办学前教育"小学化"如果没有家长的支持或默许,不可能长期存在。家长的做法在相当大程度上只是适应社会竞争的结果。只要这种残酷的社会竞争还存在,家长的做法就难以改变,民办学前教育"小学化"也难以消除。

综上,政府学前教育管理部门力图消除民办学前教育"小学化",在民办学前教育"小学化"中充当反对者角色,而一些幼儿家长则实际认可民办学前教育"小学化",在其中是支持者角色。显然,一些幼儿家长与政府教育管理部门之间会产生角色冲突。治理民办学前教育"小学化"问题,如果主要在民办园及家长方面下功夫,终归是治标不治本。

---

① 数据来源:《中国统计年鉴》(2022)。
② 王萍萍:人口总量略有下降 城镇化水平继续提高 [EB/OL].(2023-02-02)[2023-08-07]. http://stats.gov.cn/sj/sjjd/202302/t20230202_1896742.html.

第五章 政府在扶持社会力量提供普惠性学前教育资源中面临的角色失调

政府扶持社会力量提供普惠性学前教育资源面临的角色失调，是指政府在扶持社会力量提供普惠性学前教育资源中出现的角色差距、矛盾，甚至失败的现象。它包括角色不清、角色紧张、角色冲突等现象。[1] 学前教育是一项社会事业，政府作为全心全意为人民服务的权威公共组织，在其中的责任重大，要承担很多重要而关键的角色。但由于种种原因，政府扶持社会力量提供普惠性学前教育资源面临诸多角色失调现象，本章主要探讨在政府扶持社会力量提供普惠性学前教育资源中，政府作为普惠性民办学前教育政策供给者、资金支持者、监管者面临的角色失调。

一、政府作为普惠性民办学前教育政策供给者的角色失调

在政府扶持社会力量提供普惠性学前教育资源中，政府作为普惠性民办学前教育政策供给者，面临角色不清、角色冲突等角色失调现象。

（一）政府作为普惠性民办学前教育政策供给者的角色不清

政策，是政府、政党或其他组织为实现其目标而制定的各种规则和采取的各种行动的总和。它包括三层含义：①政策的主体可以是社会中的各种组织，但政府和政党的政策体系在社会中的影响最大。②政策的目标是实现组织的目标，以及围绕组织的目标而有序地处理各项日常事务。③政策包含了规则体系和各种具体的行动。[2] 政策的本质及功能集中体现在三个方面：①政策集中反映或体现统治阶级的意志和愿望，是执政党、国家或政府进行政治控制或阶级统治的工具或手段。②政策作为执政党、国家或政府的公共管理的手段，服务于社会经济的发展和文化的进步。③政策作为分配或调整各种利益关系的工具或手段，是各种利益关系的调节器。所有政策最终都表现为对利益关系的处理，总要给一些阶级、阶层或团体带来好处，而对另外一些阶级、阶层或团体带来

---

[1] 郑杭生主编. 社会学概论新修 [M]. 5版. 北京：中国人民大学出版社，2019：166-168.
[2] 关信平主编. 社会政策概论 [M]. 3版. 北京：高等教育出版社，2014：5.

损害或不增加利益。少量的政策会给全社会都带来益处。①

公共政策，属于政策的一个领域，是政府、政党或其他政治团体为实现一定的社会政治、经济和文化目标所采取的政治行动或所规定的行为准则，它是一系列法律、法规、条例、措施、办法等的总称。公共政策具有以下四个基本特征：①公共政策由特定的主体，即由国家或政府、执政党及其他政治团体所制定及执行。它是一种公共决策，是统治阶级意志的集中体现。它与个人决策、企业或市场决策不同，具有法定的权威性。②公共政策具有特定的价值取向，要实现特定目标或目的。政策主体尤其是执政党和政府总是试图通过制定和执行政策，来实现自己的价值目标。同时，政策总是在一定的时期内起作用，具有很强的时效性。③公共政策是政府为解决特定社会问题以及调整相关利益关系而采取的政治行动，是与法律、法规、条例、措施、办法等密切相关的政治行为。公共决策是一种政治过程，按照政治的程序和原则运转，这又明显区别于企业或市场决策。④公共政策是一种行为准则或行为规范。它总有具体的作用对象或客体（即目标团体），规定目标团体应做什么或不应做什么，鼓励或限制这些团体去做某事。政策作为一种规范或准则，带有强制性，必须为目标团体所遵守。②

教育政策，属于公共政策的一个领域，是政党或国家为实现一定时期的教育任务而制定的各种规则和采取的各种行动的总和。③ 教育政策是关于教育资源的权威分配形式，与全体社会成员的利益密切相关。教育决策的主体是国家和政党。教育政策的根本任务是为实现教育目标而服务的，是致力于教育实践的。教育政策要在教育理论的指导下制定，要符合教育规律，其本质是教育权利、资源、责任的再分配。④

教育政策从不同的角度，可做不同的划分。

教育政策按层次划分，纵向上可分为宏观教育政策与微观教育政策。宏观教育政策一般偏重于理论，指导性强一些。例如，科教兴国战略对教育改革与发展中存在的重大问题进行说明，并提出对策。微观教育政策通常偏重于实践，可操作性强一些，往往侧重于贯彻上级教育政策的实施意见。如《××省人民政府贯彻〈国务院关于基础教育改革与发展的决定〉的实施意见》等，对教育改革与发展提出明确而具体的要求。但有些教育政策既有宏观的内容，又有微观的内容。例如，《教师法》既有对教师宏观方面的要求，又有对教师微观方面

---

① 朱崇实，陈振明主编. 中国公共政策 [M]. 北京：中国人民大学出版社，2009：2-3.
② 朱崇实，陈振明主编. 中国公共政策 [M]. 北京：中国人民大学出版社，2009：2.
③ 参见袁振国主编. 教育政策学 [M]. 南京：江苏教育出版社，1996：115.
④ 朱崇实，陈振明主编. 中国公共政策 [M]. 北京：中国人民大学出版社，2009：381.

的规定。① 横向上，教育政策包括教育目标政策、教育途径政策和教育条件政策。② 教育目标政策，是指教育培养质量标准的政策，倾向于教育的理论，如教育质量政策属于教育目标政策的范畴；教育途径政策，是指实现质量标准的政策，既倾向于教育理论的一面，又倾向于教育实践的一面，如教育体制政策就属于这一范畴；教育条件政策，是指保证教育途径充分发挥育人功能的政策，倾向于教育实践，如教育经费政策、教育人事政策、教师教育政策等都属于教育条件政策的范畴。

教育政策按涵盖的内容划分，可分为四个层次：①某一单项政策，如高校扩招政策、"双减"政策等。②关于某一教育领域的政策的集合，如素质教育政策、职业教育政策等。③一个国家总体的教育政策，包括基本教育政策和具体教育政策。基本教育政策，是"有关教育发展总的原则性政策，反映了一定时期内党和国家对教育事业发展的总要求，规定了教育事业发展的方向与原则"，如《宪法》中有关教育的条款、《教育法》《义务教育法》《面向 21 世纪教育振兴行动计划》等，都属于基本教育政策。具体教育政策，是"为解决某一范围内的教育问题而制定的政策，它们是教育基本政策的具体化"。③ 具体教育政策主要表现为某一领域的政策，主要包括学前教育政策、义务教育政策、非义务教育政策（包括非义务中等教育政策和普通高等教育政策）、职业教育政策、成人教育政策、终身教育政策、师范教育政策、少数民族教育政策、农村教育政策、城市教育政策等。不同的具体教育政策又由许多单项教育政策组成。④元教育政策，是指关于教育政策制定和实施的基本理念与方法论。

教育政策按功能划分，可分为教育管理政策、教育教学政策。教育管理政策主要包括以下四种政策：①各种宏观指导性的政策，主要包括法治建设、意识形态引导、政治思想教育、政府的宣传号召、先进精神或先进事迹的倡导、对全国性活动的指导性意见和建议等方面的内容。②教育经费的政策，主要包括教育税费、筹资、拨款、融资、审计、学费、奖学金、国家助学贷款、各种研究基金的管理等方面的政策。③教育管理的政策，包括教育体制改革方面的政策、教育决策权、教育举办权、后勤社会化等问题。④教育环境的政策，包括校园周边环境、校园内外教学秩序、学生外出活动安全、卫生保健、传染病防治、校园网建设、校园文化建设、大学科技园建设等内容。教育教学政策主要包括以下五种政策：①教学的各种具体政策，包括课程、教材、教学计划、考试、实验室建设、人才培养计划、教学方法、教学器材等方面的政策。②关

---

① 参见王金霞，智学. 教育政策——教育理论与教育实践的桥梁［J］. 教育理论与实践，2005（12）：1-4.
② 参见孙绵涛. 关于国家教育政策体系的探讨［J］. 教育研究，2001（3）：8-10，58.
③ 成有信等. 教育政治学［M］. 南京：江苏教育出版社，1993：206-207.

于教师的政策,包括教师的培养、培训、聘任、待遇、处罚、解聘、交流等方面的政策。③关于学生的政策,包括学生的学习、思想、品德、招生、就业、心理健康、留学生、学生军训等方面的政策。④关于质量的政策,主要是优秀成果和优秀人员奖励、优秀人才培养、教育督导、教学评估等方面的政策。⑤有关学术的政策,这主要是针对高等教育而言的,包括国内外学者互访、学术组织建设、学科建设、科研及科技成果的转化、研究基地建设、对基础研究的鼓励等方面的政策。①

教育政策按表现形态划分,可分为静态、动态。从静态来看,教育政策是调整教育关系的法律、法规、文件、措施的总和,表现为教育活动的依据和准则;从动态来看,教育政策是政策主体的教育活动过程和行为,这里的政策主体包括决策主体、执行主体及参与主体。②

民办学前教育政策,是教育政策的一部分,是政党或国家为实现某一时期的民办学前教育任务而制定的各种规则和采取的各种行动的总和。它包括民办学前教育的主体、对象、资源、运行机制等方面的规则与采取的行动。

在政府扶持社会力量提供普惠性学前教育资源中,政府应充当普惠性民办学前教育政策供给者这一角色。其理由在于以下方面。

第一,民办学前教育政策的供给来自政府。

公共政策的供给来自政府。政府制定和实施公共政策的过程,就是政策的供给过程。政府在国家基本制度的基础上,根据实际情况及环境和条件,在一定理论指导之下,先确定政策目标和政策内容,再选择政策工具和政策手段,然后通过一定的组织机构贯彻执行,这就是政策供给的过程。③ 民办学前教育政策属于公共政策中的教育政策的范畴,其政策供给自然也来自政府。因此,在政府扶持社会力量提供普惠性学前教育资源中,政府有普惠性民办学前教育政策供给者这一角色。

第二,法律赋予政府民办学前教育政策供给者的角色。

《宪法》规定,"国家发展社会主义的教育事业,提高全国人民的科学文化水平";"国家举办各种学校,普及初等义务教育,发展中等教育、职业教育和高等教育,并且发展学前教育";"国家发展各种教育设施,扫除文盲,对工人、农民、国家工作人员和其他劳动者进行政治、文化、科学、技术、业务的教育,鼓励自学成才";"国家倡导社会主义核心价值观,提倡爱祖国、爱人民、爱劳动、爱科学、爱社会主义的公德,在人民中进行爱国主义、集体主义

---

① 朱崇实,陈振明. 中国公共政策 [M]. 北京:中国人民大学出版社,2009:385-387.
② 关信平. 社会政策概论 [M]. 3版. 北京:高等教育出版社,2014:323-324.
③ 熊清华,等. 走向绿色的发展:云南"绿色经济强省"建设理论探索 [M]. 昆明:云南人民出版社,2002:326.

和国际主义、共产主义的教育,进行辩证唯物主义和历史唯物主义的教育,反对资本主义的、封建主义的和其他的腐朽思想";"国家培养青年、少年、儿童在品德、智力、体质等方面全面发展";国务院有行使领导和管理教育的职权等。从《宪法》的这些条款不难发现,政府有发展教育,制定和实施教育政策的职能,即政府有教育政策供给者的角色,普惠性民办学前教育属教育的一部分,可见,《宪法》实际赋予了政府普惠性民办学前教育政策供给者这一角色。

《教育法》规定,国家"遵循宪法确定的基本原则,发展社会主义的教育事业";"国家保障教育事业优先发展";"国务院和地方各级人民政府根据分级管理、分工负责的原则,领导和管理教育工作";"国务院教育行政部门主管全国教育工作,统筹规划、协调管理全国的教育事业";"县级以上地方各级人民政府教育行政部门主管本行政区域内的教育工作";"县级以上各级人民政府其他有关部门在各自的职责范围内,负责有关的教育工作";"国家实行学前教育、初等教育、中等教育、高等教育的学校教育制度";"国家建立科学的学制系统。学制系统内的学校和其他教育机构的设置、教育形式、修业年限、招生对象、培养目标等,由国务院或者由国务院授权教育行政部门规定";"国家制定学前教育标准,加快普及学前教育,构建覆盖城乡,特别是农村的学前教育公共服务体系";"各级人民政府应当采取措施,为适龄儿童接受学前教育提供条件和支持";"国家鼓励企业事业组织、社会团体、其他社会组织及公民个人依法举办学校及其他教育机构"。此外,《教育法》还对教师、受教育者、教育投入与条件保障、法律责任等内容作出了规定。这些反映出,政府实际有普惠性民办学前教育政策供给者的角色,并且《教育法》已有一些原则性规定。

《民办教育促进法》规定,"国家对民办教育实行积极鼓励、大力支持、正确引导、依法管理的方针";"各级人民政府应当将民办教育事业纳入国民经济和社会发展规划";"国家保障民办学校举办者、校长、教职工和受教育者的合法权益";"国务院教育行政部门负责全国民办教育工作的统筹规划、综合协调和宏观管理";"国务院人力资源社会保障行政部门及其他有关部门在国务院规定的职责范围内分别负责有关的民办教育工作";"县级以上地方各级人民政府教育行政部门主管本行政区域内的民办教育工作";"县级以上地方各级人民政府人力资源社会保障行政部门及其他有关部门在各自的职责范围内,分别负责有关的民办教育工作";等等。这些充分反映出政府已充当了民办教育政策供给者的角色。不仅如此,《民办教育促进法》第七章专门设立"扶持与奖励"内容,包括采用政府设立专项资金、政府购买服务、税收优惠、信贷、土地划拨等手段,促进民办教育发展。普惠性民办学前教育属民办教育的一部分,《民办教育促进法》的这些规定充分体现出,在政府扶持社会力量提供普惠性学前教育资源中,政府也应充当普惠性民办学前教育政策供给者的角色。

第三,政府出台的其他文件体现出政府实际在充当普惠性民办学前教育政策供给者。

除了《宪法》及《教育法》《民办教育促进法》,实际上已赋予政府以普惠性民办学前教育政策供给者的角色外,政府出台的其他文件也体现出,在政府扶持社会力量提供普惠性学前教育资源中,政府在充当普惠性民办学前教育政策供给者。相关文件主要有:2010年11月,国务院出台了《关于当前发展学前教育的若干意见》;2011年9月,财政部、教育部发布了《关于加大财政投入支持学前教育发展的通知》;2014年11月,教育部、国家发展改革委、财政部出台了《关于实施第二期学前教育三年行动计划的意见》;2015年7月,财政部、教育部发布了《中央财政支持学前教育发展资金管理办法》;2016年12月,财政部、教育部出台了《支持学前教育发展资金管理办法》。2017年9月,财政部、教育部修订了《中央财政支持学前教育发展资金管理办法》;2017年4月,教育部、国家发展改革委、财政部、人力资源和社会保障部联合出台了《关于实施第三期学前教育行动计划的意见》;2018年11月,中共中央、国务院颁布了《关于学前教育深化改革规范发展的若干意见》;2021年12月,教育部、国家发展改革委、公安部等九部门共同出台了《"十四五"学前教育发展提升行动计划》。这些文件对普惠性民办学前教育政策的资金、保育教育、监管等方面作出了一些具体规定。

尽管法律法规赋予政府在扶持社会力量提供普惠性学前教育资源中,充当普惠性民办学前教育政策供给者,并且,各级政府已在其中做了很多工作,但政府仍然面临作为普惠性民办学前教育政策供给者角色不清的现象。这从政府未对民办园举办者的合理回报这一核心问题作出具体明确、合理合法的规定可以得到反映。

我国民办园的举办者绝大多数是公民个人,2021年占比为89.56%[①],他们绝大多数希望取得回报。并且,这一问题可以说是民办教育政策的核心问题。其实,举办者取得回报,这从一定程度上来说本无可厚非,因为人人都要生存,都要吃饭、穿衣。但是,政府作为民办教育政策的供给者,在民办教育的基本法——《民办教育促进法》中,未对举办者的合理回报作出具体明确、合理合法的规定。

《民办教育促进法》规定,"非营利性民办学校的举办者不得取得办学收益,学校的办学结余全部用于办学";"营利性民办学校的举办者可以取得办学收益,学校的办学结余依照公司法等有关法律、行政法规的规定处理"。此外,《民办教育促进法》还规定,"民办学校存续期间,所有资产由民办学校依法管

---

① 数据来源:根据《中国教育统计年鉴》(2021)相关数据计算所得。

理和使用，任何组织和个人不得侵占"；"民办学校收取的费用应当主要用于教育教学活动、改善办学条件和保障教职工待遇"。在此，对于民办园举办者而言，政府实行分类登记管理，存在以下两种情况。

一是，如果将民办园登记为非营利性民办学校，绝大多数举办者从心底是不愿意的，因为不能取得办学收益，违背了他们的办园初衷。这在有些调研中就表现为将信将疑或消极不满。①

二是，如果登记为营利性民办园，幼儿园就不能享受相关优惠，对招生宣传也不利。并且，绝大多数民办园的规模都不大。例如，2010年，社会力量举办的幼儿园平均每所的级数为4.86个，在园幼儿为141.80人，教职工数为11.87人；2020年，社会力量举办的幼儿园平均每所的级数为5.63个，在园幼儿为147.48人，教职工数为18.75人。② 多数民办园的盈余并不多，近年来已经有民办园亏损，甚至倒闭。2010年，民办园的总收入扣除总支出，总盈余为54541.1万元，平均每所民办园的盈余仅为466.76元。2011年，平均每所盈余增至9269.73元，比2010年有较大幅度增长，但盈余并不算多。2012年，平均每所盈余为9515.51元，仅比2011年增长了2.65%。2013年，平均每所盈余进一步增至11284.99元，比2012年增长了18.60%。2014年，平均每所盈余为14247.60元，达到近年来的最高峰，但盈余仍然不算多。2015年，平均每所盈余回落到11661.31元。2016年，平均每所盈余又增长到13258.16元，比2015年增长了13.69%。2017年，平均每所盈余大幅下降到9380.45元，比2016年下降了29.25%。2018年，全国民办园首次出现56122.3万元的亏损，平均每所亏损3385.37元。2019年，民办园扭亏为盈，但平均每所盈余仅641.04元。2020年，全国民办园再次亏损为94.02亿元，平均每所亏损5.60万元，民办园数量比2019年减少了5280所。2021年，全国民办园亏损为19.18亿元，平均每所亏损1.15万元，民办园数量比2020年减少了1254所。③ 显然，多数民办园如登记为营利性的，没有优惠政策更难生存，而取得回报更是奢谈。

所以，在现行民办学前教育政策下，无论是选择登记何种性质的民办园，对多数举办者而言都存在弊端，难以合理合法地满足他们取得回报的办园初衷。④ 换句话来说，政府作为普惠性民办学前教育政策供给者，缺乏对举办者的回报作出具体明确、合理合法的规定，即存在角色不清的一面。

---

① 魏聪，王海英，陈镜如，等. 民办园举办者对分类管理改革新政的认知理解及其提升策略［J］. 学前教育研究，2021（4）：58—76.

② 数据来源：根据《中国教育统计年鉴》（2010—2021）相关数据计算所得。

③ 数据来源：根据《中国教育统计年鉴》（2010—2021）和《中国教育经费统计年鉴》（2011—2022）相关数据计算所得。

④ 张水华，查明辉. 普惠性教育政策实施中的问题及其解决［J］. 江西社会科学，2021，41（7）：250.

(二) 政府作为普惠性民办学前教育政策供给者的角色冲突

政府作为普惠性民办学前教育政策的供给者，制定的政策应具有较高的科学性和可行性。这才利于政策的实施，反之，政策内容模糊、有歧义或不一致不完善，甚至互相矛盾，就会产生角色冲突。政府作为普惠性民办学前教育政策供给者，存在角色冲突的一面，这在小学"零起点"教学政策和幼小衔接政策方面表现得比较典型。

为解决学前教育的"小学化"问题，近年来，党和政府陆续出台的多份文件中都要求小学严格进行"零起点"教学。相关文件主要有以下方面。

2013年8月，教育部公布的《小学生减负十条规定（征求意见稿）》提出，应实施"零起点教学"，即对小学一年级新生应严格按照课程标准进行教学，把学生看作"零起点"。

2014年11月，教育部、国家发展改革委、财政部《关于实施第二期学前教育三年行动计划的意见》规定，坚持小学一年级"零起点"教学，严禁幼儿园提前教授小学教育内容。

2018年7月，教育部办公厅《关于开展幼儿园"小学化"专项治理工作的通知》规定，"小学坚持零起点教学。对于小学起始年级未按国家课标规定实施零起点教学、压缩课时、超前超标教学，以及在招生入学中面向幼儿组织小学内容的知识能力测试，或以幼儿参加有关竞赛成绩及证书作为招生依据的，要坚决纠正，并视具体情节追究校长和有关教师的责任，纳入规范办学诚信记录"。[①]

2018年8月，国务院办公厅《关于规范校外培训机构发展的意见》强调，"坚持依法从严治教，对中小学校不遵守教学计划、'非零起点教学'等行为，要坚决查处并追究有关校长和教师的责任"。

2018年11月，《中共中央 国务院关于学前教育深化改革规范发展的若干意见》强调，"小学起始年级必须按国家课程标准坚持零起点教学"。

2018年12月，教育部等九部门出台的《中小学生减负措施》对"规范学校办学行为"作出了规定，其中包括，"严格依照课标教学。严格执行国家课程方案和课程标准，开足开齐规定课程，努力提高教学质量，促进学生全面发展。不得随意提高教学难度和加快教学进度，杜绝'非零起点'教学"。[②]

2019年6月，《中共中央 国务院关于深化教育教学改革全面提高义务教育

---

① 教育部办公厅关于开展幼儿园"小学化"专项治理工作的通知［EB/OL］.（2018-07-13）［2023-08-19］. http：//www.moe.gov.cn/srcsite/A06/s3327/201807/t20180713_342997.html.

② 教育部等九部门关于印发《中小学生减负措施》的通知［EB/OL］.（2018-12-29）［2023-08-19］. http：//www.moe.gov.cn/srcsite/A06/s3321/201812/t20181229_365360.html.

质量的意见》规定,"严格按课程标准零起点教学,小学一年级设置过渡性活动课程,注重做好幼小衔接"。

2021年3月,教育部《关于大力推进幼儿园与小学科学衔接的指导意见》提到,"小学严格执行免试就近入学,严禁以各类考试、竞赛、培训成绩或证书等作为招生依据,坚持按课程标准零起点教学"。

2021年4月,教育部办公厅《关于加强义务教育学校作业管理的通知》规定,"各地各校要遵循教育规律、坚持因材施教,严格执行课程标准和教学计划,坚持小学一年级零起点教学"。[①]

2021年7月,中共中央办公厅、国务院办公厅印发了《关于进一步减轻义务教育阶段学生作业负担和校外培训负担的意见》,其中规定,"学校要开齐开足开好国家规定课程,积极推进幼小科学衔接,帮助学生做好入学准备,严格按课程标准零起点教学,做到应教尽教,确保学生达到国家规定的学业质量标准"。

上述文件充分反映出,政府希望"零起点"教学政策能在治理学前教育"小学化"问题中,发挥较大作用。

与此同时,党和政府近年来也颁布了很多关于幼小衔接政策的文件,而且,幼小衔接政策比"零起点"教学政策的出台更早。主要有以下方面。

1981年教育部制定的《幼儿园教育纲要(试行草案)》规定:"幼儿园的教育任务应是向幼儿进行体、智、德、美全面发展的教育,使其身心健康活泼地成长,为入小学打好基础,为造就一代新人打好基础。"这句话阐明了幼儿园教育与小学教育的衔接关系。

1983年9月,《关于发展农村幼儿教育的几点意见》规定,幼儿园教育的任务是使幼儿在体、智、德、美等各方面都得到良好的发展,为小学教育打好基础,为造就一代新人打好基础。

1986年6月,《国家教育委员会关于进一步办好幼儿学前班的意见》规定,"学前班应根据五至六周岁(或七周岁)幼儿生理、心理发展特点,创设良好环境,使幼儿在德、智、体、美各方面得到和谐发展,为幼儿入小学作准备,为一代新人的健康成长打基础"。

1988年8月,国家教委等8个部门共同出台的《关于加强幼儿教育工作的意见》规定,"幼儿园教育的任务是贯彻保教结合的原则,对幼儿进行体、智、德、美全面发展的教育,使其身心和谐发展,为入小学做好准备,为培养造就一代新人打好基础"。

1989年6月,国家教委颁布的《幼儿园工作规程(试行)》规定,"幼儿园

[①] 教育部办公厅关于加强义务教育学校作业管理的通知[EB/OL]. (2021-04-25)[2023-08-19]. http://www.moe.gov.cn/srcsite/A06/s3321/202104/t20210425_528077.html.

第五章 政府在扶持社会力量提供普惠性学前教育资源中面临的角色失调

和小学应密切联系，互相配合，注意两个阶段教育的相互衔接"。1996年3月，国家教委发布的《幼儿园工作规程》延续这些内容，2016年1月，教育部发布的《幼儿园工作规程》也延续了这些内容。

1996年1月，国家教委出台的《学前班工作评估指导要点（试行）》指出，办学前班就是要"为儿童入小学作准备，为九年义务教育打基础"。

2001年8月，教育部办公厅发布的《幼儿园教育指导纲要（试行）》规定，"幼儿园应与家庭、社区密切合作，与小学相互衔接，综合利用各种教育资源，共同为幼儿的发展创造良好的条件"；"幼儿园教育要与0~3岁儿童的保育教育以及小学教育相互衔接"。2011年7月教育部修订后的《幼儿园教育指导纲要（试行）》延续了这些规定。

2011年10月，教育部出台的《教师教育课程标准（试行）》规定，幼儿园职前教师教育课程要帮助未来教师"了解小学教育的有关知识和幼小衔接的一般方法"。

2012年9月，教育部印发的《幼儿园教师专业标准（试行）》规定，幼儿园教师要"了解0~3岁婴幼儿保教和幼小衔接的有关知识与基本方法"；小学教师要"了解幼小和小初衔接阶段小学生的心理特点，掌握帮助小学生顺利过渡的方法"。

2012年10月，为深入贯彻教育规划纲要和学前教育"国十条"，帮助广大幼儿园教师和家长了解幼儿学习与发展的基本规律和特点，全面提高科学保教水平，教育部研究制定了《3~6岁儿童学习与发展指南》。《3~6岁儿童学习与发展指南》要求，"抓好幼小衔接。地方各级教育行政部门要制定相关配套政策，采取有效措施，严禁幼儿园提前学习小学教育内容，严禁小学举办各种形式的入学选拔考试，严禁小学一年级以任何理由压缩课程或加快课程进度。积极探索幼儿园和小学的双向衔接，为《指南》的全面贯彻落实创造条件"。①

2019年6月，《中共中央 国务院关于深化教育教学改革全面提高义务教育质量的意见》规定，"小学一年级设置过渡性活动课程，注重做好幼小衔接"。

2021年3月，为推进幼儿园与小学科学有效衔接，教育部出台了《关于大力推进幼儿园与小学科学衔接的指导意见》，确立了坚持儿童为本、坚持双向衔接、坚持系统推进、坚持规范管理的基本原则。提出主要目标是：全面推进幼儿园和小学实施入学准备和入学适应教育，减缓衔接坡度，帮助儿童顺利实现从幼儿园到小学的过渡。幼儿园和小学教师及家长的教育观念与教育行为明显转变，幼小协同的有效机制基本建立，科学衔接的教育生态基本形成。重点任务包括：改变衔接意识薄弱，改变过度重视知识准备，改变衔接机制不健全的

---

① 教育部关于印发《3~6岁儿童学习与发展指南》的通知［EB/OL］.（2012-10-09）［2023-08-20］. http：//moe.gov.cn/srcsite/A06/s3327/201210/t20121009_143254.html.

状况。主要举措是：幼儿园做好入学准备教育，小学实施入学适应教育，建立联合教研制度，完善家园校共育机制，加大综合治理力度。

2021年4月，教育部出台的《学前教育专业师范生教师职业能力标准（试行）》规定，幼儿园教师要具备的综合育人能力包括"掌握开展幼儿园、家庭和社区各种协同活动的方式方法，能够开展幼儿园与小学教育的衔接工作"等。

2021年7月，中共中央办公厅、国务院办公厅印发了《关于进一步减轻义务教育阶段学生作业负担和校外培训负担的意见》，其中规定"学校要开齐开足开好国家规定课程，积极推进幼小科学衔接，帮助学生做好入学准备"，还要求各地统筹做好面向3~6岁学龄前儿童的校外培训治理工作，不得开展面向学龄前儿童的线上培训，严禁以学前班、幼小衔接班、思维训练班等名义面向学龄前儿童开展线下学科类（含外语）培训。

2022年2月，教育部出台的《幼儿园保育教育质量评估指标》规定，"关注幼儿发展的连续性，注重幼小科学衔接。大班下学期采取多种形式，有针对性地帮助幼儿做好身心、生活、社会和学习等多方面的准备，建立对小学的积极期待和向往，促进幼儿顺利过渡"。

2023年6月，《学前教育法（草案）》规定，幼儿园与小学应当互相衔接配合，共同帮助儿童做好入学准备和入学适应。

上述文件反映出，我国关于幼小衔接政策的历史至少可追溯到四十年前，远比"零起点"教学政策的历史要长。20世纪80年代大多立足于小学教育讨论学前教育，强调学前教育的工具性，为小学教育打基础，此后逐步侧重学前教育的相对独立性，重视学前教育与小学教育的同等重要性。另外，两项政策共同之处在于，都旨在破解学前教育"小学化"。

然而，从语文方面的幼小衔接政策来看，其本身即存在冲突之处。在教育部颁布的《3~6岁儿童学习与发展指南》中，对学前阶段书写的要求是"会正确书写自己的名字"，"写画时姿势正确"，并建议教师为幼儿示范"握笔的正确姿势"。《义务教育阶段语文课程标准》在第一学段（1~2年级）关于书写的要求是："写字姿势正确"，"掌握汉字的基本笔画和常用的偏旁部首，能按笔顺规则用硬笔写字，注意间架结构"。可见，学前阶段的要求"画"多于"写"，对于书写汉字的要求只是"会正确书写自己的名字"，而到了小学1~2年级的要求是"写字姿势正确"，重心明确放在"字"上。从"写名字"到"写字"，这意味着对小学生1~2年级学生的识字量和书写的规范都提出了要求。要能够正确地掌握汉字书写，就必须掌握"笔画""笔顺""偏旁部首""间架结构"。但是，小学一年级上册语文教材中并没有上述书写关键性要点的课程内容设计，只是在教材最后列出了《常用笔画名称表》和《常用偏旁名称表》。很显然，要实现《义务教育阶段语文课程标准》对小学一、二年级学生提出的"书写规范、端正、整洁"的要求，需要花费时间练习。孩子在不经过多次练习的情况下，是很难达到横平竖直、书写规范的要求的。课堂时间有限难以完成这种训练，而小学一、二年级是不布置家庭书面作业的，即课外又不能存在这种由学校布置的训练。[①] 显然，幼小衔接政策在语文课程要求上存在冲突之处。

从上述对学前教育阶段书写的要求："会正确书写自己的名字"，"写画时姿势正确"，小学语文在这种基础上教学，显然不宜再称"零起点"教学。可见，语文方面的幼小衔接政策与"零起点"教学也存在矛盾之处。

从数学方面的幼小衔接政策来看，也存在类似于语文的冲突之处。学前阶段要求 5~6 岁的孩子"能辨别自己的左右"，但未要求会书写"左"和"右"。在小学一年级（上）语文识字表和写字表中，均未出现对"左""右"二字的识字和写字要求。然而，在小学一年级（上）的数学中，则要求学生通过书写"左""右"来答题。可见，小学一年级数学课程已"默认"这是学前阶段应掌握的知识点，而学前阶段并没有相关要求，在此明显存在矛盾。另外，《3~6 岁儿童学习与发展指南》中要求，"能感知和发现常见几何图形的基本特征，并能进行分类"；"能根据需要画出图形，线条基本平滑"。在教育建议中，并未列举"常见几何图形"，也没有对"画出图形"的精准程度提出具体的要求，只是"线条基本平滑"。但到小学阶段，一年级第一学期的数学中直接要求学生用手绘图形来作题，其中包括正三角形、倒三角形、左三角形、右三角形、直角三角形、半圆形、1/4 圆形等。假如小学生不会画，就算知道答案也不会书面作答。可见，在学前教育阶段，假如孩子未接受相关教育或培训，很难达到小学一年级第一学期的数学要求，进而极易产生强烈的挫败感。[②] 因此，在孩子能够准确地手绘图形的能力培养方面，幼小衔接政策也存在矛盾之处。

从上述对学前教育阶段的数学方面的要求，"能感知和发现常见几何图形的基本特征，并能进行分类""能根据需要画出图形，线条基本平滑"；在一年级第一学期的数学中直接要求学生用手绘图形来作题等——在这种基础上的一年级教学，显然也不宜再称"零起点"教学。

综上，从小学"零起点"教学政策和幼小衔接政策来看，政府作为普惠性民办学前教育政策供给者，存在角色冲突之处。

二、政府作为普惠性民办学前教育资金支持者的角色失调

民办园提供普惠性学前教育服务需要资金。课题组的调查显示，92.2%的

---

① 段会冬，莫丽娟，王轶哲."双减"政策背景下如何安放家长的教育焦虑——基于幼小衔接的分析［J］.广西师范大学学报（哲学社会科学版），2022，38（3）：76.
② 段会冬，莫丽娟，王轶哲."双减"政策背景下如何安放家长的教育焦虑——基于幼小衔接的分析［J］.广西师范大学学报（哲学社会科学版），2022，38（3）：76.

普惠性民办园园长认为，民办园首要的困难是办园经费不足；56.4%的普惠性民办园教师认为，民办园存在"办园经费不足"的困难。政府应帮助普惠性民办园解决资金问题。然而，在政府扶持社会力量提供普惠性学前教育资源中，政府作为普惠性民办学前教育的资金支持者，存在的角色失调现象首先是角色不清。

民办学前教育是重要的社会公益事业，关系到人数众多的学龄前儿童。《宪法》规定，"中华人民共和国公民有受教育的权利和义务"；"国家培养青年、少年、儿童在品德、智力、体质等方面全面发展"。《未成年人保护法》也规定，"国家保障未成年人的生存权、发展权、受保护权、参与权等权利"；"未成年人依法平等地享有各项权利，不因本人及其父母或者其他监护人的民族、种族、性别、户籍、职业、宗教信仰、教育程度、家庭状况、身心健康状况等受到歧视"。

政府应充当普惠性民办学前教育的资金支持者，这在近年来政府出台的很多学前教育政策中已有日益明确的规定。

《民办教育促进法》规定，"县级以上各级人民政府可以设立专项资金，用于资助民办学校的发展，奖励和表彰有突出贡献的集体和个人"；"县级以上各级人民政府可以采取购买服务、助学贷款、奖助学金和出租、转让闲置的国有资产等措施对民办学校予以扶持；对非营利性民办学校还可以采取政府补贴、基金奖励、捐资激励等扶持措施"；"民办学校享受国家规定的税收优惠政策；其中，非营利性民办学校享受与公办学校同等的税收优惠政策"。

除了《民办教育促进法》这一基本法外，基于2011年财政部和教育部出台的《中央财政扶持民办幼儿园发展奖补资金管理暂行办法》，2015年财政部、教育部发布的《中央财政支持学前教育发展资金管理办法》，2016年财政部、教育部发布的《支持学前教育发展资金管理办法》等，2017年9月，财政部、教育部修订的《中央财政支持学前教育发展资金管理办法》对政府充当普惠性民办学前教育的资金支持者作出了规定，强调学前教育发展资金（由中央财政通过专项转移支付安排、用于支持学前教育发展的资金）重点支持的内容包括："支持地方公办民办并举、多种形式扩大普惠性学前教育资源"，包括支持各地扶持普惠性民办幼儿园发展；支持地方健全幼儿资助制度；支持老旧城区、棚户区改造和新城区、城镇小区建设按需要配建幼儿园，并办成公办园和普惠性民办园等。可见，国家已将普惠性民办园纳入中央财政支持学前教育发展之中。在分配上，学前教育发展资金采取因素法分配。先按照中西部地区90%、东部地区10%（东部地区适当向困难省份倾斜）的区域因素确定学前教育发展资金规模，再按基础因素、投入因素、管理创新因素分配到各省份。这有利于欠发达地区学前教育发展，同时也考虑到其他因素。

第五章 政府在扶持社会力量提供普惠性学前教育资源中面临的角色失调

在中央政府已逐步充当普惠性民办学前教育资金支持者的示范作用下，各级地方政府逐步在区域范围内充当普惠性民办学前教育资金支持者的角色。

在内蒙古自治区，截至 2011 年底，民办园有 1595 所。2012 年，为引导民间资金进入学前教育领域，自治区政府设立了专项资金 1.3 亿元，资金来源包括中央财政扶持民办幼儿园发展奖补资金和自治区财政安排的专项资金，其中自治区安排 9000 万元，主要用于建设、设备购置和奖励。①

在广西壮族自治区，2011—2013 年，自治区政府筹措扶持民办园奖补资金 2.95 亿元；制定扶持城市幼儿发展政策，筹措扶持城市幼儿园奖补资金 2.02 亿元。据统计，这两项资金惠及全区 4000 余所民办和城市幼儿园，超过全区幼儿园总数的 50%。②

在黑龙江省，2012 年，省政府结合中央财政奖补资金，设立了 1000 万元省级财政奖补资金扶持民办园发展。③

在新疆维吾尔自治区，2013 年投入的学前教育发展资金（包括中央和自治区本级财政）1.6 亿元，其中"扶持民办幼儿园发展奖补资金"达 2900 万元。④

在四川省，2013 年在学前教育保教费减免政策的基础上，实施民族地区保教费减免政策，按每生每年 600 元标准减免民族地区所有在园幼儿保教费。2016 年春季起，全省全部民族自治县实施学前三年免费教育，"四大片区"（秦巴山区、乌蒙山区、大小凉山彝区、高原藏族地区）非免费教育县减免家庭经济困难儿童、孤儿和残疾儿童保教费比例由 10% 提高到 20%。其中，建档立卡家庭经济困难幼儿据实免除。2018 年投入中央和省级资金 4.6 亿元，全面免除全部民族自治县 30 多万名在园幼儿保教费，减免少数民族地区待遇县 20 万名在园幼儿和非少数民族地区 29 万名家庭经济困难的在园幼儿、孤儿和残疾儿童保教费。⑤

在天津市，2014 年 12 月，市政府拨付的 1781 万元奖补资金，经由各区县教育部门陆续发放到全市 170 所民办幼儿园，专门用于幼儿园玩教具、设备、

---

① 郝文婷. 内蒙古投 1.3 亿专项扶持民办园 [EB/OL]. (2012-11-28) [2023-08-21]. http://www.moe.gov.cn/jyb_xwfb/s5147/201211/t20121128_144916.html.

② 周仕敏. 投 40 亿专项资金缓解"入园难" 广西乡镇中心园覆盖率达 65% [EB/OL]. (2014-04-17) [2023-08-21]. http://www.moe.gov.cn/jyb_xwfb/s5147/201404/t20140417_167303.html.

③ 曹曦. 黑龙江投 30 亿建公办园 [EB/OL]. (2013-07-12) [2023-08-21]. http://www.moe.gov.cn/jyb_xwfb/s5147/201307/t20130712_154112.html.

④ 蒋夫尔. 新疆投 1.6 亿支持学前教育 设扶持民办园发展奖补资金 [EB/OL]. (2013-01-28) [2023-08-21]. http://www.moe.gov.cn/jyb_xwfb/s5147/201301/t20130128_147215.html.

⑤ 四川省着力推进学前教育普惠发展 [EB/OL]. (2019-03-01) [2023-08-21]. http://www.moe.gov.cn/jyb_xwfb/s6192/s222/moe_1755/201903/t20190301_371771.html.

图书等教学仪器用具的购置及校舍修缮等支出，可使4.2万余名民办园幼儿受益。① 2019年11月，天津市教委、市财政局又印发了《扩大普惠性民办学前教育资源奖补项目和资金管理办法》，规定改造闲置资源举办的普惠性民办园，每个学位将获5600元的奖补资金。②

在甘肃省，2015年，省政府拿出3328万元，用于普惠性民办幼儿园的专项奖补资金。奖补资金通过县（市、区）、市（州）教育和财政部门的逐级评选推荐，将民办幼儿园普惠等级、在园幼儿数量、收费标准和办园规模等因素作为奖补主要参数，惠及全省近200所民办幼儿园。③

在山东省，省政府下达2015年学前教育转移支付资金6.81亿元。其中，民办幼儿园发展奖补资金22000万元，用于通过政府购买服务、奖励等方式，支持普惠性民办幼儿园发展，统筹用于幼儿园改善办园条件、购置玩教具等。④ 2019年，山东省制定了给予普惠性民办园每生每年710元的补助标准。⑤

在重庆市，2019年，制定了按照每生每年600~800元的标准，对普惠性民办园进行补助。⑥

在北京市，2019年1月，北京市财政局、市教委联合发布的《北京市市级财政支持学前教育事业发展补助资金管理使用实施细则（修订）》，首次明确对普惠幼儿园不再分一、二、三级园差别补助，而是均按每人每月1000元给予生均定额补助。无论公办、民办，政府的生均补助标准是一样的，家长交纳的学费是一样的，实现了办园标准统一、财政补助统一、收费标准统一、教师待遇统一。2018年，北京市学前教育经费占财政教育经费的比例由3%提高到10%。⑦

---

① 张宝敏. 天津拨付民办园奖补资金 专门用于购置教学仪器用具等［EB/OL］. （2014-12-15）［2023-08-21］. http：//www. moe. gov. cn/jyb_ xwfb/s5147/201412/t20141215_ 181551. html.

② 陈欣然. 天津：改造闲置资源办普惠性民办园有奖补［EB/OL］. （2019-11-04）［2023-08-21］. http：//www. moe. gov. cn/jyb_ xwfb/s5147/201911/t20191104_ 406738. html.

③ 陈少远，马绮徽. 甘肃设民办教育专项奖补资金，将民办园教师纳入国培省培——民办园撑起"半边天"［EB/OL］. （2016-05-16）［2023-08-21］. http：//www. moe. gov. cn/jyb_ xwfb/s5147/201605/t20160516_ 244025. html.

④ 魏海政. 山东6.81亿专项支持学前教育 含民办园奖补资金22000万元［EB/OL］. （2015-05-10）［2023-08-21］. http：//www. moe. gov. cn/jyb_ xwfb/s5147/201505/t20150510_ 187924. html.

⑤ 王家源，刘博智. 2019年中央财政支持学前教育发展专项资金增至168.5亿元［EB/OL］. （2019-04-19）［2023-08-21］. http：//www. moe. gov. cn/jyb_ xwfb/xw_ zt/moe_ 357/jyzt_ 2019n/2019_ zt4/bjx/mtjj/201904/t20190419_ 378792. html.

⑥ 王家源，刘博智. 2019年中央财政支持学前教育发展专项资金增至168.5亿元［EB/OL］. （2019-04-19）［2023-08-21］. http：//www. moe. gov. cn/jyb_ xwfb/xw_ zt/moe_ 357/jyzt_ 2019n/2019_ zt4/bjx/mtjj/201904/t20190419_ 378792. html.

⑦ 北京普惠性幼儿园公办民办补助统一——学前学位去年新增逾3万个后今年拟再增3万个，未来几年学位仍存缺口［EB/OL］. （2019-04-23）［2023-08-21］. http：//www. moe. gov. cn/jyb_ xwfb/xw_ zt/moe_ 357/jyzt_ 2019n/2019_ zt4/bjx/mtjj/201904/t20190423_ 379230. html.

第五章 政府在扶持社会力量提供普惠性学前教育资源中面临的角色失调

在深圳市，2020年8月，为帮助民办园渡过难关，市政府办公厅发布的《关于进一步做好疫情防控期间民办幼儿园等民办教育机构帮扶工作的通知》提出，对符合条件的民办园按照每班每月不低于4000元的标准，给予运行支持专项补助，补助时间为3个月。补助经费用于帮助民办园疫情防控期间维持教职工薪酬支出、支付园舍租金等，补助经费由各区财政予以保障。民办园申请专项补助的条件之一，是疫情防控期间坚持并承诺不裁员或少裁员（教职工失业率不超过5.5%）。①

在青海省，2020年，省政府给普惠性民办园下达补助资金4300万元，购买岗位保教4780个，并按公办园同等标准安排民办园生均公用经费拨款，提前下达2020年学前资助资金1.7亿元，其中民办园4600余万元，重点保障疫情防控期间幼儿园的运转，资助在园幼儿1.5万余名。②

在江西省，2020年，省财政厅规定，在普惠性民办幼儿园奖补标准方面，从2020年起，对教育部门认定的普惠性民办园，由幼儿园审批属地同级财政部门按照每生每年不低于200元的标准进行补助。省级财政将对普惠性民办园补助标准落实到位的地区，按照普惠性民办在园幼儿人数和地方财力情况等因素，给予平均生均100元/年的奖补。③

此外，近年来还有其他省（区、市）也陆续出台了普惠性民办园的奖补政策。

截至2020年底，全国所有省（区、市）均已出台公办园生均财政拨款标准（生均公用经费标准）和普惠性民办园补助标准。④ 2020年，"支持学前教育发展资金"共投入资金560.45亿元，专项累计支出501.49亿元，预算执行率为89.48%。其中，中央资金共投入188.40亿元，累计支出166.15亿元，预算执行率为88.19%。有31个省（区、市）在中央财政"支持学前教育发展资金"基础上增加投入348.23亿元，累计支出314.83亿元，预算执行率为90.41%。政府资助781.15万人。⑤ 这些表明，不仅中央政府已担负起普惠性民办学前教育资金支持者的角色，地方政府也不同程度地担负起普惠性民办学前教育资金支持者的角色。

---

① 刘盾，杨瑾，张紫欣. 深圳：民办园每班每月补助不低于4000元［EB/OL］.（2020-08-03）［2023-08-22］. http://www.moe.gov.cn/jyb_xwfb/s5147/202008/t20200803_476425.html.

② 青海省多措并举为学前教育机构纾困解难［EB/OL］.（2020-09-10）［2023-08-22］. http://www.moe.gov.cn/jyb_xwfb/s6192/s222/moe_1761/202009/t20200910_486931.html.

③ 【江西晨报】我省"真金白银"支持学前教育发展［EB/OL］.（2020-05-06）［2023-08-22］. http://jxf.jiangxi.gov.cn/art/2020/5/6/art_39216_2552440.html.

④ 对十三届全国人大四次会议第4715号建议的答复［EB/OL］.（2022-09-20）［2023-08-22］. http://www.moe.gov.cn/jyb_xxgk/xxgk_jyta/jyta/caiwusi/202209/t20220926_664913.html.

⑤ 财务司. 2020年度支持学前教育发展资金绩效自评报告［EB/OL］.（2021-11-24）［2023-08-22］. http://www.moe.gov.cn/s78/A05/gongzuo/jfgl/202112/t20211224_589996.html.

然而，当前政府在充当普惠性民办学前教育资金支持者时，仍然存在角色不清的现象，具体表现在以下两个方面。

一方面，政府对普惠性民办园的支持力度不够。详见表5-1。

表5-1　近年来公办园、民办园生均财政补助状况

年份	民办园生均教育经费支出	民办园生均财政补助支出			教育和其他部门幼儿园生均教育经费支出	教育和其他部门幼儿园生均财政补助支出	
			占民办园生均教育经费支出的比重	占教育和其他部门幼儿园生均财政补助支出的比重			占生均教育经费支出的比重
2017	5149.98元	400.32元	7.77%	4.84%	10788.68元	8262.96元	76.59%
2018	5853.99元	467.86元	7.99%	5.10%	11820.58元	9169.98元	77.58%
2019	6550.82元	579.08元	8.84%	5.73%	12839.07元	10102.72元	78.69%
2020	6217.17元	798.29元	12.84%	7.44%	12940.25元	10722.57元	82.86%
2021	7880.11元	873.47元	11.08%	7.51%	14647.39元	11636.26元	79.44%

资料来源：根据《中国教育经费统计年鉴》（2018—2022）、《中国教育统计年鉴》（2017—2021）相关数据计算所得。

从表5-1可见，2017年，政府对民办园的生均财政补助支出为400.32元，仅占民办园生均教育经费支出的7.77%，只占教育和其他部门幼儿园（公办园）生均财政补助支出的4.84%。此后，政府对民办园的补助力度逐年加大，到2021年，政府对民办园的生均财政补助支出已达873.47元，但是所占比重仍然较低，只占民办园生均教育经费支出的11.08%，只占公办园生均财政补助支出的7.51%。相比之下，2017年至2021年，公办园生均财政补助支出占公办园生均教育经费支出的比重都在80%左右。显然，政府对民办园财政补助的力度太小。

另一方面，政府对普惠性民办园支持的方式存在不妥之处。近年来，政府对普惠性民办园的财政补助力度在加大，但在很多时候，资助普惠性民办园的方式值得探讨，即不少地方政府教育部门通过采购玩具、电脑等办公用品的方式，资助普惠性民办园发展。在此，往往存在两个问题：①政府为普惠性民办园采购的东西价格太贵。例如，2022年7月13日，接受课题组访谈的江西省LF县DFC幼儿园园长LXQ说："政府有时会给我们拨点玩具，比如，滑梯什么的，但是，它的东西贵得要死，一点点东西，就要上万块钱。"②存在针对普惠性民办园的重复资助现象。例如，2022年8月25日，江西省ZW县JT镇BBL幼儿园园长告诉课题组："政府经常拨电脑给我们，已经拨过了（电脑）还要拨。其实我们不需要这么多，电脑又不好用。上回拨的还在那里。不如拨点钱，

第五章 政府在扶持社会力量提供普惠性学前教育资源中面临的角色失调

直接补给贫困生。"概括这两个方面的问题,当前政府资助普惠民办园的方式存在资源使用效益不高,甚至浪费的现象。

综上可见,政府作为普惠性民办学前教育资金支持者,至今仍然存在角色不清的现象。

此外,政府作为普惠性民办学前教育资金支持者,还存在角色冲突的现象。政府作为普惠性民办园的资金支持者,需要足够的财政资金才能较好充当该角色。有许多学者呼吁政府加大对民办园的补助力度。①②③ 然而,近年来,有的地方政府常常面临财政赤字问题,这导致政府很难增大对普惠性民办园的财政补助力度,因而产生角色冲突。

三、政府作为普惠性民办学前教育监管者的角色失调

政府必须充当普惠性民办学前教育监管者,原因在于以下几个方面。

首先,从举办者来看,民办园的举办者是公民个人,民办园举办者很有可能出于营利的目的,侵犯幼儿及家庭、幼儿园教师的权益。例如,向幼儿家长乱收费、克扣教师工资。政府作为公共利益的代表,因此有责任对民办园进行监管,以维护幼儿及其家庭、幼儿园教师的权益。

其次,从保育教育质量而言,学前教育旨在培养德智体美劳全面发展的儿童,普惠性民办园在理论上是有一定质量的幼儿园,而民办园举办者有可能忽视保育教育质量,以次充好。因此,为保障国家的学前教育方针得到切实的贯彻,保障民办学前教育的质量,需要政府对普惠性民办学前教育进行监管。

最后,从不同性质民办园的管理政策而言,需要政府监管民办园。民办园分营利性和非营利性。不同性质的民办园有不同的税收和财政补助政策。民办园到底属于哪一类,以及应享受何种优惠政策,不应仅仅根据民办园的自我认定或登记在册的性质,而应基于政府对民办园财务收支状态的有效把握才能确定。假如政府未真正了解民办园真实的财务收支状态,很难认定其到底是营利性民办园还是非营利性民办园。

实际上,我国法律不仅已经赋予政府以普惠性民办学前教育监管者的角色,而且对政府作为该角色的具体内容作了明确规定。

作为普惠性民办学前教育监管者,《民办教育促进法》主要有三章规定了政府监管的内容。

第一,在教师和受教育者方面,包括:①民办学校的教师、受教育者与公

---

① 马媛. 普惠性视角下民办园"转普"的困境及出路 [J]. 教育导刊(下半月), 2017 (11): 21-22.
② 郭猛. 建设普惠性民办幼儿园的价值与路径选择 [J]. 基础教育研究, 2018 (18): 5-6.
③ 雷万鹏, 谢静. 价格约束下民办园向普惠转型的财政支持政策研究——基于湖北省4市6区(县)的实证调查 [J]. 教育发展研究, 2022, 42 (6): 4-7.

办学校的教师、受教育者具有同等的法律地位。②民办学校聘任的教师，应当具有国家规定的任教资格。③民办学校应当对教师进行思想品德教育和业务培训。④民办学校应当依法保障教职工的工资、福利待遇和其他合法权益，并为教职工缴纳社会保险费。国家鼓励民办学校按照国家规定为教职工办理补充养老保险。⑤民办学校教职工在业务培训、职务聘任、教龄和工龄计算、表彰奖励、社会活动等方面依法享有与公办学校教职工同等权利。⑥民办学校依法保障受教育者的合法权益。民办学校按照国家规定建立学籍管理制度，对受教育者实施奖励或者处分。⑦民办学校的受教育者在升学、就业、社会优待以及参加先进评选等方面享有与同级同类公办学校的受教育者同等权利。

第二，在学校资产与财务管理方面，包括：①民办学校应当依法建立财务、会计制度和资产管理制度，并按照国家有关规定设置会计账簿。②民办学校对举办者投入民办学校的资产、国有资产、受赠的财产以及办学积累，享有法人财产权。③民办学校存续期间，所有资产由民办学校依法管理和使用，任何组织和个人不得侵占。任何组织和个人都不得违反法律、法规向民办教育机构收取任何费用。④民办学校收取费用的项目和标准根据办学成本、市场需求等因素确定，向社会公示，并接受有关主管部门的监督。非营利性民办学校收费的具体办法，由省、自治区、直辖市人民政府制定；营利性民办学校的收费标准，实行市场调节，由学校自主决定。民办学校收取的费用应当主要用于教育教学活动、改善办学条件和保障教职工待遇。⑤民办学校资产的使用和财务管理受审批机关和其他有关部门的监督。民办学校应当在每个会计年度结束时制作财务会计报告，委托会计师事务所依法进行审计，并公布审计结果。

第三，在管理与监督方面，包括：①教育行政部门及有关部门应当对民办学校的教育教学工作、教师培训工作进行指导。②教育行政部门及有关部门依法对民办学校实行督导，建立民办学校信息公示和信用档案制度，促进提高办学质量；组织或者委托社会中介组织评估办学水平和教育质量，并将评估结果向社会公布。③民办学校的招生简章和广告，应当报审批机关备案。④民办学校侵犯受教育者的合法权益，受教育者及其亲属有权向教育行政部门和其他有关部门申诉，有关部门应当及时予以处理。⑤国家支持和鼓励社会中介组织为民办学校提供服务。

除了《民办教育促进法》这一基本法规定了针对民办园教师和在园幼儿、保育教育质量、财务等方面的监管内容，还有其他学前教育政策规定了政府需要监管的内容，主要有以下方面。

其一，《幼儿园管理条例》。

为了加强幼儿园的管理，促进幼儿教育事业的发展，1989年9月，国家教委出台了《幼儿园管理条例》，对举办幼儿园的基本条件和审批程序、幼儿园的保育和教育工作、幼儿园的行政事务以及奖励与处罚等作出了规定。

第五章 政府在扶持社会力量提供普惠性学前教育资源中面临的角色失调

其二,《幼儿园工作规程》。

为了加强幼儿园的科学管理,规范办园行为,提高保育和教育质量,促进幼儿身心健康,教育部2016年发布的《幼儿园工作规程》规定,幼儿园的任务是:贯彻国家的教育方针,按照保育与教育相结合的原则,遵循幼儿身心发展特点和规律,实施德、智、体、美等方面全面发展的教育,促进幼儿身心和谐发展。幼儿园同时面向幼儿家长提供科学育儿指导。幼儿园保育和教育的主要目标是:①促进幼儿身体正常发育和机能的协调发展,增强体质,促进心理健康,培养良好的生活习惯、卫生习惯和参加体育活动的兴趣。②发展幼儿智力,培养正确运用感官和运用语言交往的基本能力,增进对环境的认识,培养有益的兴趣和求知欲望,培养初步的动手探究能力。③萌发幼儿爱祖国、爱家乡、爱集体、爱劳动、爱科学的情感,培养诚实、自信、友爱、勇敢、勤学、好问、爱护公物、克服困难、讲礼貌、守纪律等良好的品德行为和习惯,以及活泼开朗的性格。④培养幼儿初步感受美和表现美的情趣和能力。并且,《幼儿园工作规程》还对幼儿入园和编班、幼儿园的安全、卫生保健、教育、园舍和设备、教职工、经费、幼儿园的管理等方面作了具体要求。

其三,《幼儿园教职工配备标准(暂行)》。

2013年1月,教育部发布的《幼儿园教职工配备标准(暂行)》对幼儿园教职工与幼儿的比例、专任教师和保育员配备、其他人员配备等方面的合格标准作出了规定。

其四,《国务院关于当前发展学前教育的若干意见》。

2010年11月,《国务院关于当前发展学前教育的若干意见》中,规定的监管内容主要包括以下几个方面。

第一,加强幼儿园准入管理。应完善法律法规,规范学前教育管理。严格执行幼儿园准入制度。各地根据国家基本标准和社会对幼儿保教的不同需求,制定各种类型幼儿园的办园标准,实行分类管理、分类指导。县级教育行政部门负责审批各类幼儿园,建立幼儿园信息管理系统,对幼儿园实行动态监管。完善和落实幼儿园年检制度。未取得办园许可证和未办理登记注册手续,任何单位和个人不得举办幼儿园。对社会各类幼儿培训机构和早期教育指导机构,审批主管部门要加强监督管理。分类治理、妥善解决无证办园问题。各地要对目前存在的无证办园进行全面排查,加强指导,督促整改。整改期间,要保证幼儿正常接受学前教育。经整改达到相应标准的,颁发《办园许可证》。整改后仍未达到保障幼儿安全、健康等基本要求的,当地政府要依法予以取缔,妥善分流和安置幼儿。

第二,强化幼儿园安全监管。各地要高度重视幼儿园安全保障工作,加强安全设施建设,配备保安人员,健全各项安全管理制度和安全责任制,落实各项措施,严防事故发生。相关部门按职能分工,建立全覆盖的幼儿园安全防护体系，切实加大工作力度，加强监督指导。幼儿园要提高安全防范意识，加强内部安全管理。幼儿园所在街道、社区和村民委员会要共同做好幼儿园安全管理工作。

第三，规范幼儿园收费管理。国家有关部门于2011年出台幼儿园收费管理办法。省级有关部门根据城乡经济社会发展水平、办园成本和群众承受能力，按照非义务教育阶段家庭合理分担教育成本的原则，制定公办幼儿园收费标准。加强民办幼儿园收费管理，完善备案程序，加强分类指导。幼儿园实行收费公示制度，接受社会监督。加强收费监管，坚决查处乱收费。

第四，坚持科学保教，促进幼儿身心健康发展。加强对幼儿园保教工作的指导，2010年国家颁布幼儿学习与发展指南。遵循幼儿身心发展规律，面向全体幼儿，关注个体差异，坚持以游戏为基本活动，保教结合，寓教于乐，促进幼儿健康成长。加强对幼儿园玩教具、幼儿图书的配备与指导，为儿童创设丰富多彩的教育环境，防止和纠正幼儿园教育"小学化"倾向。研究制定幼儿园教师指导用书审定办法。建立幼儿园保教质量评估监管体系。健全学前教育教研指导网络。要把幼儿园教育和家庭教育紧密结合，共同为幼儿的健康成长创造良好环境。

其五，《中共中央 国务院关于学前教育深化改革规范发展的若干意见》。

为进一步完善学前教育公共服务体系，切实办好新时代学前教育，更好实现幼有所育，针对学前教育深化改革、规范发展，2018年11月，中共中央、国务院发布了《关于学前教育深化改革规范发展的若干意见》，其中规定的监管内容主要包括以下方面：①大力加强幼儿园教师队伍建设，包括：严格依标配备教职工；依法保障幼儿园教师地位和待遇；完善教师培养体系；健全教师培训制度；严格教师队伍管理。②完善监管体系，包括：落实监管责任；加强源头监管；完善过程监管；强化安全监管；严格依法监管。③规范发展民办园，包括：稳妥实施分类管理；遏制过度逐利行为；分类治理无证办园。④提高幼儿园保教质量，包括：全面改善办园条件；注重保教结合；完善学前教育教研体系；健全质量评估监测体系。⑤加强组织领导，包括：加强党的领导；健全管理体制；完善部门协调机制；建立督导问责机制等。

其六，《幼儿园教育指导纲要（试行）》。

为推进幼儿园实施素质教育，全面提高幼儿园教育质量，2001年7月，教育部印发了《幼儿园教育指导纲要（试行）》，对幼儿园教育的内容与要求、组织与实施、教育评价作了具体规定。

其七，《3~6岁儿童学习与发展指南》。

2012年10月，教育部出台了《3~6岁儿童学习与发展指南》，它以为幼儿后续学习和终身发展奠定良好素质基础为目标，以促进幼儿体、智、德、美各方面的协调发展为核心，从健康、语言、社会、科学、艺术五个领域描述幼儿的学习与发展。通过提出 3~6 岁各年龄段儿童学习与发展目标和相应的教育建议，帮助幼儿园教师和家长了解 3~6 岁幼儿学习与发展的基本规律和特点，建立对幼儿发展的合理期望，实施科学的保育和教育。

其八，《关于大力推进幼儿园与小学科学衔接的指导意见》。

2021 年 3 月，教育部出台了《关于大力推进幼儿园与小学科学衔接的指导意见》，为推进幼儿园与小学科学有效衔接，提出幼儿园入学准备教育指导要点。要求幼儿园全面把握、把握重点、尊重规律，内容包括身心准备、生活准备、社会准备、学习准备四个方面的发展目标、具体表现、教育建议。

其九，教育部《关于规范幼儿园保育教育工作 防止和纠正"小学化"现象的通知》。

为规范办园行为，防止和纠正"小学化"现象，保障幼儿健康快乐成长，2011 年 12 月，教育部发布《关于规范幼儿园保育教育工作 防止和纠正"小学化"现象的通知》，要求各地采取切实可行的措施，对幼儿园教育"小学化"现象和小学违规举行入学考试的现象进行督查和整改。具体要做好如下工作：遵循幼儿身心发展规律，纠正"小学化"教育内容和方式；创设适宜幼儿发展的良好条件，整治"小学化"教育环境；严格执行义务教育招生政策，严禁一切形式的小学入学考试；加强业务指导和动态监管，建立长效机制。

其十，《幼儿园收费管理暂行办法》。

为加强幼儿园收费管理工作，规范幼儿园收费行为，保障受教育者和幼儿园的合法权益，2011 年 12 月，国家发展改革委、教育部、财政部共同出台了《幼儿园收费管理暂行办法》，对民办园的收费作出了规定。其中包括：民办幼儿园保教费、住宿费标准，由幼儿园按照《民办教育促进法》及其实施条例规定，根据保育教育和住宿成本合理确定，报当地价格主管部门、教育行政部门备案后执行。幼儿园为在园幼儿教育、生活提供方便而代收代管的费用，应遵循"家长自愿，据实收取，及时结算，定期公布"的原则，不得与保教费一并统一收取。幼儿园服务性收费和代收费项目由省级教育行政部门根据当地实际情况提出意见，经省级价格主管部门、财政部门审核，三部门共同报省级人民政府批准后执行。幼儿园不得收取书本费。幼儿园除收取保教费、住宿费及省级人民政府批准的服务性收费、代收费外，不得再向幼儿家长收取其他费用。幼儿园不得在保教费以外以开办实验班、特色班、兴趣班、课后培训班和亲子班等特色教育为名向幼儿家长另行收取费用，不得以任何名义向幼儿家长收取与入园挂钩的赞助费、捐资助学费、建校费、教育成本补偿费等费用。幼儿园应通过设立公示栏、公示牌、公示墙等形式，向社会公示收费项目、收费标准等相关内容。幼儿园招生简章应写明幼儿园性质、办园条件、收费项目和收费标准等内容。幼儿园接受价格、教育、财政部门的收费监督检查时，要如实提供监督检查所必需的账簿、财务报告、会计核算等资料。幼儿园取得的合法收费收入应主要用于幼儿保育、教育活动和改善办园条件,任何单位和部门不得截留、平调。任何组织和个人不得违反法律、法规规定向幼儿园收取任何费用等。

其十一,《托儿所幼儿园卫生保健管理办法》。

为提高托儿所、幼儿园卫生保健工作水平,预防和减少疾病发生,保障儿童身心健康,2010年9月,卫生部、教育部共同出台了《托儿所幼儿园卫生保健管理办法》,要求托幼机构应当贯彻保教结合、预防为主的方针,认真做好卫生保健工作。并且,规定县级以上各级人民政府卫生行政部门应当将托幼机构的卫生保健工作作为公共卫生服务的重要内容,加强监督和指导;县级以上各级人民政府教育行政部门协助卫生行政部门检查指导托幼机构的卫生保健工作。

概括《民办教育促进法》及其他文件可知,政府已在普惠性民办园的准入、教职工配备、保育教育、收费、安全、卫生保健等方面有比较细致、全面的规定。这些都是基层学前教育管理部门及其工作人员应监管的内容。它既需要政府设置和配备相应的监管部门及人员,并且熟悉监管内容,才有可能较好行使监管角色,也需要监管实现常态化制度化,才有可能实施有效监管。

然而,政府作为普惠性民办学前教育的监管者,从基层学前教育部门来看,当前政府仍存在角色不清、角色冲突等角色失调现象。

(一) 政府作为普惠性民办学前教育监管者的角色不清

一般来说,政府作为普惠性民办学前教育的监管者,在城乡都有相应的机构及人员承担相应的职责。

在江西省的城市地区,例如,在江西省南昌市东湖区,民办园主要归东湖区教育体育局监管。从东湖区教育体育局公开的机构职责来看,东湖区教育体育局指导幼儿教育,全面实施素质教育,主管全区学校教师工作。负责全区初级中学、小学、幼儿园教师资格认定和管理、教师系列专业技术职务评聘以及系统表彰奖励工作等。并且,东湖区教育体育局专门设有学前教育股。学前教育股负责统筹规划、管理全区学前教育工作,拟定学前教育改革、发展提升等指导性文件,促进公、民办幼儿园健康有序发展及保教质量提升;负责全区幼儿学籍管理工作,强化全区学前教育机构日常监管,依法对民办学前教育机构实施审批、登记注册及年检;协调相关部门做好普惠性民办幼儿园认定及管理工作。[①]

在江西省的农村地区,例如,在江西省金溪县,民办园主要归金溪县教育体育局监管。从金溪县教育体育局公开的机构职责来看,其职责包括:负责管

---

① 东湖区教体局机构设置 [EB/OL]. (2021-04-25) [2023-08-23]. http://dhq.nc.gov.cn/dhqrmzf/bmjgzn3/202104/6e7c8e242c204caf92d87ad756d35376.shtml.

理全县职业教育、成人教育、民办教育、幼儿教育；负责面向社会认定幼儿园、小学、初中教师资格；负责《中等职业学校专业目录》外专业、保安、学前教育、医学类专业开设备案；负责全县公办学校参与民办学校和民办教育的行政审批服务等工作；协调县级人民政府有关部门做好中小学、幼儿园的校车、校舍安全管理以及消防、防雷安全管理等。金溪县教育体育局具体下设监管民办园的机构包括：①基教股（综教股、行政审批服务股），综合管理全县基础教育和特殊教育。组织实施基础教育的评估标准，指导中小学教育改革；负责全县中小学德育、国防教育工作；负责全县青少年科技教育工作；管理全县初中、小学学籍；负责小学、初中毕业证发放工作。负责管理全县职业教育、成人教育、民办教育、幼儿教育；负责面向社会认定幼儿园、小学、初中教师资格；负责《中等职业学校专业目录》外专业、保安、学前教育、医学类专业开设备案；负责全县公办学校参与民办学校和民办教育的行政审批服务等。指导全县普通高等学校和中等专业学校招生考试、成人高等教育招生考试、高等教育自学考试和普通高中毕业会考等工作。②财审股（校建办），负责制定、实施全县中小学及幼儿园校园建设总体目标；负责全县中小学及幼儿园校园规划的编制、修订及实施，指导、监督全县中小学及幼儿园基建和危房改造等工作。③督导室（安稳办、信访室），负责督导评估全县中小学和幼儿园及其他教育体育机构的工作；指导、监督全县中小学和幼儿园建立健全和落实学校安全管理责任制；协调县级人民政府有关部门做好中小学、幼儿园的校车、校舍安全管理以及消防、防雷安全管理等工作。①

  尽管政府在城乡都已设立了管理民办园的机构及人员，也确立了民办园监管的具体内容，但是仍然存在监管角色不清的现象。这从一些地方政府学前教育管理部门未真正监管普惠性民办园的财务，可得到充分反映。

  监管普惠性民办园的财务，这应是政府监管民办园的一个核心内容，因为它是判断民办园性质的关键。假如民办园存在将利润分配给举办者个人的现象，它就属于营利性民办园，不仅不应当享受国家的税收优惠，而且应当照章纳税。民办园只有将资产用于教育，不存在利润分配给举办者个人的现象，才属于真正非营利性民办园。而地方政府学前教育管理部门如果不监管民办园财务，显然难以判断民办园的真正性质。并且，如今的民办园大多或多或少有政府拨付的生均经费，由于生均经费的"国家财政"属性，对获得资助的民办园需要相应的监管和问责制度，以保障其产出符合公共利益。针对财政资金监管，《国务院关于鼓励社会力量兴办教育促进民办教育健康发展的若干意见》也专门规定，财政扶持民办教育发展的资金要纳入预算，并向社会公开，接受审计和社

---

① 金溪县教育体育局部门介绍 [EB/OL]. (2023-01-05) [2023-08-23]. http：//www.jinxi.gov.cn/art/2023/1/5/art_ 10583_ 3942673.html.

会监督，提高资金使用效益。① 因此，政府监管民办园的财务很有必要。然而，课题组调研发现，不少地方政府学前教育管理部门未真正监管民办园财务。

2022 年 8 月 10 日，接受课题组访谈的江西省 LF 县托幼办主任 YP 说："财务这一块，基本上我们要求他们建立财务制度，但监管，有什么好管的啊？民办园，我们去翻它的账？是不是？（笑）什么意思啊？它们财务跟我们一点关系都没有，说得不好听点，放到我们这里来，由我们主管，国家认定它是公益事业单位，它不属于工商监管的，它没有营业执照，不办营业许可证，如果有营业执照的话，就由他们（工商部门）去管它了，对不对？"从 YP 的访谈中可以看出，他认为政府学前教育管理部门没有必要监管民办园的财务。

2022 年 8 月 13 日，针对课题组询问对于民办园的安全、教育教学、教师工资福利待遇、财务、卫生等监管内容的看法时，接受访谈的江西省 ZDJ 市 JC 区教委托幼办主任 YSW 告诉课题组："（这些）我们基本都会检查，但是我们以安全为重点检查……财务，民办幼儿园，（我们）一般会了解，不会检查那么细致。我们的检查重点还是在安全这块。"在访谈中，尽管 YSW 表示"一般会了解"民办园的财务，但是又委婉地承认"不会检查那么细致"，而检查财务只有细致才能发现问题，否则谈不上监管财务。由此可以反映出，当地民办园主管部门实际并未真正监管民办园的财务。

2023 年 8 月 19 日，接受课题组访谈的江西省 LF 县 TJ 镇中心小学校长 RGW 说："我们镇里有一所民办园，它是三个人合伙办的。查（账），我们不会查，为什么呢？因为是私人办的，自负盈亏的，那个没有什么违规不违规，你说是吧？"RGW 的话表明，政府学前教育部门一些工作人员认为监管民办园的财务缺乏必要性。

2023 年 8 月 27 日，接受课题组访谈的江西省 PL 市 GH 镇中心小学校长 SJH 说："你要管他们（民办园），说得不好听，你又管不到（民办园的）财权，管不到什么东西，人事又管不到，就是帮他们（民办园）负责任，安全不能出问题，……他们自己赚的钱，你又不能收他的经费，生均经费还是要拨给他们，民办的，办了证的，都有（生均经费）的，知道吧？这个钱，多少钱，还是拨给他们，（我们）不能截留。叫你管他们，怎么管？"SJH 的话同样反映出其认为民办园的财务并非政府学前教育管理部门的监管范畴，监管民办园的财务既没有必要，也没有意义。

综上，民办园的财务理应是基层政府教育管理部门监管的重点内容之一，然而，从课题组所收集的许多访谈资料可见，一些地方政府教育管理部门实际上并没有担负起监管民办园财务的角色，体现出政府作为普惠性民办学前教育监管者存在角色不清的现象。

---

① 骈茂林. 义务教育阶段非营利性民办学校的监管政策走向［J］. 中国教育学刊，2018（8）：19.

此外，一些地方政府学前教育管理部门也未较好监管民办园的保育教育质量、教职工聘用关系等其他应当监管的内容。这些都反映出政府作为普惠性民办学前教育监管者，存在角色不清的现象。

(二) 政府作为普惠性民办学前教育监管者的角色冲突

政府作为普惠性民办学前教育的监管者，由于各种原因，存在以下方面的角色冲突。

第一，政府作为监管者，与其支持者的角色存在冲突之处。

由于民办园在满足一部分学龄前儿童的学前教育需要方面，仍能发挥一定功能，政府受投入资源不足的限制而暂不能满足所有学龄前儿童的学前教育需要，因而，当前政府支持民办园发展。并且，学前教育方面的法律法规也予以支持。然而，政府作为普惠性学前教育的支持者，与其作为监管者的角色存在冲突之处。公民个人利用非国家财政资金办园，政府当前的财政补助很有限，民办园又大多存在办园资金不足，而举办者又主要是希望获得合理回报的公民个人，这些现实条件决定了政府充当普惠性民办园的支持者，就不宜完全按管理公办园的思维来监管民办园。例如，有些低端民办园，一些软件不达标，没有做到每个班"两教一保"。假如地方政府学前教育管理部门按学前教育政策严格执行，这类民办园应当被关闭。但是，这类民办园确实满足了一些中低收入家庭的需要。假如政府关闭它，就给一些家庭带来不便。如果这类民办园举办者提升办学条件，必然推高保教费，有些中低收入家庭又难以负担。另外，地方政府学前教育管理部门支持这类民办园继续办，不予取缔，确实又违反了学前教育政策。在此很明显，政府的监管者角色与支持者角色存在冲突之处。

第二，不同层级政府的学前教育管理部门之间的监管角色存在冲突之处。

我国监管普惠性民办学前教育的基本政策，通常是中央政府的教育管理部门及相关部门制定，具体监管工作则由地方政府落实。地方政府一般包括省（区、市）级、县（市、区）级、乡（镇、街道）级政府。其中，省（区、市）级政府会根据国务院的基本政策要求制定具体的监管政策。对民办园的具体监管任务再下派到县（市、区）级政府教育管理部门。县（市、区）级政府教育管理部门最后将监管任务下派到乡（镇、街道）级的学前教育管理部门。对民办学前教育的监管任务，最终落到区（县）级政府教育管理部门驻乡（镇、街道）的学前教育管理部门的职责范围内。可见，不同层次政府的教育管理部门对民办园具体监管任务的难易程度不同，如果要进行有效监管，越到基层，监管的任务越重，难度也越大，形成"上面千条线，下面一根针"的状态。因此，有的基层学前教育管理部门工作人员对上级下派的诸多任务颇有微词。

另外，当上级政府教育管理部门制定的学前教育政策，与基层现实存在较大张力，而上级确立的任务又必须限期完成时，一些地方政府学前教育管理部门更是处于尴尬的境地。例如，根据江西省教育厅、江西省发改委、江西省财政厅共同印发的《江西省普惠性民办幼儿园认定及扶持办法》（修订稿）规定，被认定为普惠性民办幼儿园的须同时具备下列要件：①资质合格。幼儿园设置符合县（市、区）城乡建设总体规划及幼儿园布局规划，经审批取得办学许可证，办园时间3年以上（含3年）。②条件达标。办园条件达到《幼儿园建设标准》（建标175—2016）、《江西省幼儿园基本办园条件标准》，园舍内外布局合理、适用，园舍安全检测合格，无危房和其他安全隐患。③师资稳定。按照教育部《幼儿园教职工配备标准（暂行）》的要求，配足配齐教职工，且教职工符合任职资格条件。④收费合理。收费一般不超过区域内同类型、同等级公办园收费标准的50%；不超过规定的收费上限。收费项目及收费标准对外公开，规范收费，无乱收费现象。⑤管理规范。法人治理结构健全；办园规模适中，班额严格控制在国家规定范围内；财务、会计和资产管理制度完善，人事管理、考核制度规范，教职工依法签订《劳动合同》，工资待遇合理，并依法办理养老、医疗等社会保险；安全管理制度、安全预案健全，近3年内无违规办园行为、无群体性事件、无安全责任事故。⑥质量较高。实施科学保教，坚持以游戏为基本活动形式，教育内容和要求符合《幼儿园教育指导纲要（试行）》及《3~6岁儿童学习与发展指南》的规定，无"小学化"倾向；建立良好的家园共育机制，家长、社会对幼儿园的认可满意度较高，社会评价良好。本来，只有符合条件的才能被认定为普惠性民办园，然而，2018年11月28日，时任教育部基础教育司司长吕玉刚指出，未来公办园大概占50%，普惠性民办园占30%，实现80%的目标；① 确立普惠性民办园占全国幼儿园的30%，这就在一定程度上给地方政府下达了必须完成的硬指标，地方政府也大多不甘落后，结果普惠性民办园占比很快就超额完成了任务。事实上，很多普惠性民办园认定只是地方政府学前教育管理部门在压力下降低了标准而已，并非这些民办园确实都达到了普惠性幼儿园的认定标准。

概括来说，在一些地方，不同层级政府学前教育管理部门之间的监管角色存在冲突之处。

第三，政府监管的内容繁多而专业性强，监管力量不足。

有些民办园举办者称学前教育为高危行业。这在一定程度上反映出学前教育行业存在很多风险因素。而要保障民办学前教育持续健康发展，政府必须对其中的很多方面进行监管，包括安全、消防、收费、财务、保育教育质量、食

---

① 教育部. 未来公办园占50%，限制过度逐利，不限制民办教育发展［EB/OL］. (2018-11-28) ［2023-08-23］. http: //www. moe. gov. cn/jyb_ xwfb/xw_ fbh/moe_ 2069/xwfbh_ 2018n/xwfb_ 20181128/mtbd/201811/t20181128_ 361817. html.

品卫生、医疗保健、雇佣关系等。这些监管内容繁多，涉及很多专业知识，要全面掌握这些监管内容很不容易。并且，这些监管内容不单单涉及学前教育管理部门一个政府部门，还涉及消防、价格、审计、卫生、社保等其他政府部门。若要有效监管民办园，就需要各种专业人员构成的多个政府部门密切协同配合，并将这种监管常态化制度化，才有可能实现监管目标。但要达到这样的监管条件比较困难。以当前民办园主要是由地方政府学前教育管理部门监管的现实情况来看，监管力量有限、一些监管人员缺乏相关专业知识，也难以协调其他政府部门共同采取行动，因而，在民办园需要监管的很多方面难以实施有效监管。在课题组的调研中发现，地方政府学前教育监管部门最主要的是监管民办园的安全等方面，而财务等重要内容则缺乏有效监管。这在其他研究者的调研中也有体现。例如，王声平等人的研究显示，2016年至2017年，政府评估反馈幼儿园内容最多的是幼儿园安全，占比为83.7%，财务等方面未涉及。[①]

此外，政府作为普惠性民办学前教育监管者存在角色冲突，在其他方面也有不同程度的体现。

总而言之，在扶持社会力量提供普惠性学前教育资源中，政府作为普惠性民办学前教育政策供给者、资金支持者、监管者明显存在角色失调的现象，需要予以调适。

[①] 王声平，皮军功，关荆晶. 政府发展和管理普惠性民办幼儿园的现状及其改进建议［J］. 学前教育研究，2018（8）：21-22.

第六章 国外社会力量在提供学前教育资源中的角色

他山之石，可以攻玉。虽然在英文文献中很少见到普惠性学前教育的研究成果，但是，国外社会力量在提供学前教育资源中的角色状况，无疑也是值得研究的重要课题，它可为我国提供有益的经验启示。世界各国中，美国是当今世界最强的发达国家，2022年，GDP达25.46万亿美元，居世界第一，占世界的25.32%[①]；英国则是世界上最早的资本主义国家；朝鲜是世界上为数不多的传统社会主义国家；俄罗斯则是由传统社会主义转型而来的资本主义国家。因此，本章在分析国外社会力量提供学前教育资源概况的基础上，一是探讨以美国、英国为代表的发达国家的社会力量在提供学前教育资源中的角色状况；二是探讨以朝鲜为代表的传统社会主义国家的社会力量在提供学前教育资源中的角色状况；三是探讨以俄罗斯为代表的转型国家的社会力量在提供学前教育资源中的角色状况。

一、国外社会力量提供学前教育资源的概况

从世界私立学前教育机构入学率、私立机构幼儿教育发展项目入学率，可反映国外社会力量提供学前教育资源的概况。

（一）私立学前教育机构入学率

联合国教科文组织统计了228个国家和地区的私立学前教育机构入学率，详见表6-1。

表6-1　1971年至2021年世界私立学前教育机构入学率　　（单位：%）

序号	国家或地区名	1971年	1980年	2000年	2010年	2018年	2019年	2020年	2021年
1	阿尔巴尼亚	—	—	3.07	4.86	8.81	9.35	12.94	13.15
2	阿尔及利亚	—	—	—	14.42	—	—	—	1.56

---

① 资料来源：世界银行网站统计数据：https://data.worldbank.org.cn/indicator/NY.GDP.MKTP.CD?view=chart。

续表

序号	国家或地区名	1971年	1980年	2000年	2010年	2018年	2019年	2020年	2021年
3	安道尔	—	—	—	1.66	1.50	2.17	2.34	3.00
4	安哥拉	—	—	—	0.80[2]	—	—	—	—
5	安圭拉	—	—	100	100	—	100	—	—
6	安提瓜和巴布达	—	—	100	98.89	95.27	—	—	—
7	阿根廷	31.73	31.72	28.18	32.14	31.08	29.92	28.90	—
8	亚美尼亚	—	—	—	—	3.30	2.66	2.74	8.79
9	阿鲁巴	—	—	81.77	74.90	—	—	—	—
10	澳大利亚	—	22.47	—	74.97	84.73	85.61	85.77	—
11	奥地利	36.25	28.80	25.61	28.12	29.28	29.37	29.08	—
12	阿塞拜疆	—	—	—	0.55	1.95	2.44	2.90	2.32
13	巴哈马	—	—	—	—	53.53	44.43	—	—
14	巴林	100	100	99.25	100	100	100	100	—
15	孟加拉国	—	—	—	48.48[2]	52.48	—	55.23	—
16	巴巴多斯	—	15.96	16.54	15.65[2]	15.15	15.14	14.73	14.74
17	白俄罗斯	—	—	—	—	0.08	0.09	0.10	0.09
18	比利时	58.65	58.09	54.51	52.77	52.94	53.00	52.98	—
19	伯利兹	—	—	99.73	85.25	79.78	80.52	81.52	79.68
20	贝宁	—	—	22.99	24.97	32.22	33.57	29.83	29.92
21	百慕大	74.44	61.19	—	—	—	—	—	—
22	不丹	—	—	100	—	19.34	—	13.74	—
23	玻利维亚	5.59	—	9.07	12.72	14.08	13.88	13.40	9.71
24	波黑	—	—	—	15.47	29.07	—	33.30	33.95
25	巴西	38.14	46.24	—	—	23.03	23.14	21.64	—
26	英属维尔京群岛	—	—	100	—	98.09	96.55	95.57	98.06
27	文莱	—	50.53	61.48	72.03	77.14	77.68	77.12	—
28	保加利亚	—	—	—	0.16	0.82	1.81	2.11	2.29
29	布基纳法索	27.89	92.16	—	75.99	75.49	78.86	80.74	80.22
30	布隆迪	71.94	—	44.98[2]	20.27	46.45	30.04	30.39	—
31	柬埔寨	—	—	22.51	—	18.70	18.18	20.01	—
32	喀麦隆	68.50	40.78	58.70[1]	65.34	—	67.46	—	69.75
33	加拿大	2.64	2.54	—	—	7.31	—	7.37	—
34	佛得角	—	—	—	54.35	58.70	57.61	—	—

续表

序号	国家或地区名	1971年	1980年	2000年	2010年	2018年	2019年	2020年	2021年
35	开曼群岛	—	100	93.24[②]	—	78.54	—	59.39	—
36	乍得	—	—	—	45.56	72.65	74.37	—	71.95
37	智利	29.40	20.42	—	65.93	63.24	63.59	63.92	—
38	中国	—	—	—	42.67	55.92	56.70	56.20	49.36
39	中国香港	100	100	—	98.97	98.99	98.95	98.86	98.85
40	中国澳门	—	—	91.73	97.32	96.70	96.39	96.40	96.07
41	哥伦比亚	82.00[④]	64.19	40.82	27.93	21.09	18.89	18.54	13.27
42	科摩罗	—	—	100	—	51.59	—	—	—
43	刚果	—	—	86.51	72.41	83.55	—	—	—
44	库克群岛	—	—	—	31.64	30.93	33.41	33.80	32.95
45	哥斯达黎加	16.15	12.87	15.94	12.51	10.21	10.69	11.46	—
46	科特迪瓦	56.98	79.92	—	27.54	28.47	28.68	29.83	
47	克罗地亚	—	—	—	13.68	18.82	19.16	19.82	—
48	塞浦路斯	88.18	60.08	52.30	51.14	50.42	51.29	51.50	—
49	捷克	—	—	1.49	1.61	3.88	3.99	4.04	—
50	刚果	—	—	—	—	50.79	—	38.20	—
51	丹麦	—	7.76	—	20.91	22.58	22.50	22.10	—
52	吉布提	—	—	100	—	80.66	76.03	77.65	74.82
53	多米尼加	—	—	100	100	—	84.29	79.80	74.11
54	多米尼加共和国	—	—	45.48	59.10	52.77	54.13	51.23	28.02
55	厄瓜多尔	24.11	43.29	39.34	33.54	29.30	30.27	20.57	20.09
56	埃及	100	95.16	51.23	—	24.89	24.72	—	—
57	萨尔瓦多	14.70[③]	20.38	22.69	15.00	16.72	17.21	16.64	11.95
58	厄立特里亚	—	—	94.56	53.02	57.42	—	—	—
59	爱沙尼亚	—	—	0.88	2.61	—	—	—	—
60	斯威士兰	—	—	—	100	—	—	—	—
61	埃塞俄比亚	—	—	100	95.20	—	—	23.08	—
62	斐济	—	100	—	—	—	—	—	—
63	芬兰	—	—	9.75	8.84	13.41	13.94	14.59	—
64	法国	14.58	13.24	12.64	12.88	13.42	13.57	13.53	—
65	法属圭亚那	31.65	10.70	—	—	—	—	—	—
66	法属波利尼西亚	25.68[①]	22.73	—	—	—	—	—	—

续表

序号	国家或地区名	1971年	1980年	2000年	2010年	2018年	2019年	2020年	2021年
67	冈比亚	—	—	—	76.67	73.01	72.38	71.43	71.69
68	格鲁吉亚	—	—	0.19	—	—	—	—	—
69	德国	—	—	—	—	64.94	65.00	64.85	—
70	加纳	—	—	32.57	—	29.69	—	31.51	34.48
71	直布罗陀	—	—	9.56	—	—	—	16.35	14.88
72	希腊	14.53	9.87	3.41	7.44	9.86	10.50	11.17	—
73	格林纳达	100	—	—	53.87	52.38	—	—	—
74	瓜德罗普岛	22.21	10.48	—	—	—	—	—	—
75	关岛	—	10.12①	—	—	—	—	—	—
76	危地马拉	—	—	19.61	14.19	15.44	15.86	15.93	9.69
77	几内亚	—	—	—	72.40	—	—	99.68	—
78	几内亚比绍	—	—	62.18	84.28	—	—	—	—
79	圭亚那	—	—	—	6.20	—	—	—	—
80	洪都拉斯	21.77	16.02	—	14.10	—	13.64	13.22	8.74
81	匈牙利	—	—	3.36	6.14	11.00	11.34	11.64	—
82	冰岛	—	—	5.53	11.96	14.16	14.69	15.07	—
83	印度	—	—	—	—	19.13	21.72	25.39	—
84	印度尼西亚	88.48	—	99.20①	97.49	94.62①	—	—	—
85	伊朗（伊斯兰共和国）	83.25	—	12.66	20.08	—	96.26	98.04	—
86	伊朗	32.63	—	—	—	—	—	—	—
87	爱尔兰	100	100	—	—	99.00	99.07	99.20	—
88	以色列	—	22.09	—	4.43	35.94	35.17	34.94	—
89	意大利	—	38.83	29.39	31.38	28.09	27.84	27.64	—
90	牙买加	—	76.35	88.21	81.84	82.25	75.57	75.93	—
91	日本	75.36	73.46	—	76.40	76.91	78.21	—	—
92	约旦	100	98.66	99.64	83.37	73.40	72.23	70.74	43.70
93	哈萨克斯坦	—	—	7.50	—	—	26.51	30.42	—
94	基里巴斯	—	—	—	—	—	—	78.77	—
95	科威特	33.43	38.47	26.00	42.55	46.36	45.04	45.10	31.29
96	吉尔吉斯斯坦	—	—	1.12	3.04	3.35	3.86	4.37	4.26
97	老挝	82.60④	—	16.64	—	17.72	17.80	18.55	—

续表

序号	国家或地区名	1971年	1980年	2000年	2010年	2018年	2019年	2020年	2021年
98	拉脱维亚	—	—	—	3.35	7.26	7.99	8.90	—
99	黎巴嫩	80.63	78.08	76.54①	80.84	74.88	74.70	73.05	64.75
100	莱索托	—	—	100					
101	利比里亚	—	42.39	—	—	—	—	49.66	—
102	利比亚	43.37							
103	列支敦士登	—	—	—	2.81	3.00	1.80	1.80	2.51
104	立陶宛	—	—	0.28	0.53	4.20	5.27	5.90	—
105	卢森堡	1.11	0.53	5.30	8.42	10.92	10.55	9.57	—
106	马达加斯加	—	—	93.02	91.42	27.86	28.89	—	—
107	马来西亚	—	—	48.06	45.50	50.36	50.53	49.58	47.01
108	马尔代夫	—	—	—	90.82	35.02	35.82	—	—
109	马里	—	—	—	—	72.37	80.94	—	—
110	马耳他	100	51.52	38.09	33.80	28.67	28.73	27.78	—
111	马绍尔群岛	—	—	—	—	—	31.22	22.36	20.72
112	马提尼克岛	4.62	3.17						
113	毛里求斯	100	100	82.60	81.90①	79.59	79.75	—	80.36
114	墨西哥	7.03	7.60	9.39	14.14	15.33	15.90	15.71	—
115	密克罗尼西亚联邦	—	—	—	—	—	9.56	9.63	—
116	摩纳哥	31.55④		27.15	20.30	30.38	28.93	29.97	32.55
117	蒙古国	—	—	—	5.23	14.28	15.00	—	—
118	黑山共和国	—	—	—	—	4.70	4.61	4.78	3.06
119	蒙特塞拉特	—	—	20.33①	—	22.35	32.22		
120	摩洛哥	—	—	100	92.16	87.11	83.83	75.71	65.37
121	莫桑比克	100							
122	缅甸	—	—	—	60.96	32.58			
123	纳米比亚	—	—	—	—	14.75			
124	尼泊尔	—	—	—	11.51	—	—	47.47	—
125	荷兰	74.99	69.93	—	—	27.82	27.95	29.15	—
126	荷属安的列斯群岛	—	—	74.47					
127	新喀里多尼亚	51.26	24.71						
128	新西兰	—	—	—	—	98.75	98.76	98.77	—
129	尼加拉瓜	70.01	42.91	16.87	15.93	—	—	—	—

续表

序号	国家或地区名	1971年	1980年	2000年	2010年	2018年	2019年	2020年	2021年
130	尼日尔	—	56.94	36.28	17.70	33.33	9.90	—	11.22
131	尼日利亚	—	—	—	27.46	36.32	—	—	—
132	北马其顿	—	—	—	—	3.00	3.43	2.82	—
133	挪威	—	—	40.06	44.93	48.36	48.69	48.80	—
134	阿曼	—	—	—	—	74.25	77.70	83.20	75.07
135	巴基斯坦	—	—	—	—	38.35	38.65	—	—
136	帕劳	—	—	19.46	—	—	—	13.88	—
137	巴勒斯坦	—	—	99.83	99.77	97.80	96.57	95.19	92.88
138	巴拿马	53.40	34.20	22.03	17.63	—	22.88	—	14.72
139	巴布亚新几内亚	—	—	—	—	0.75	—	—	—
140	巴拉圭	52.25	—	27.23	30.18	—	—	26.17	23.11
141	秘鲁	23.42	26.64	15.68	25.04	28.69	28.74	23.80	18.53
142	菲律宾	96.80	—	48.52	10.75	12.30	12.28	—	—
143	波兰	—	—	3.89	13.33	24.91	25.54	26.10	—
144	葡萄牙	100	35.91	49.87	48.60	46.91	47.27	47.03	—
145	波多黎各	—	—	—	26.84	28.57	—	—	—
146	卡塔尔	100	100	100	—	81.42	81.79	82.76	81.59
147	韩国	99.64	97.07	—	—	77.31	75.31	73.45	—
148	摩尔多瓦	—	—	—	0.11	0.20	0.68	0.71	0.83
149	留尼汪岛	16.31	9.01	—	—	—	—	—	—
150	罗马尼亚	—	—	0.57	1.82	4.97	5.58	5.88	—
151	俄罗斯	—	—	—	—	1.57	1.55	—	—
152	卢旺达	—	—	—	99.42	37.94	—	—	31.51
153	圣基茨和尼维斯	—	—	—	63.68	—	—	—	55.71
154	圣卢西亚岛	—	—	100	100	—	—	87.36	—
155	圣皮埃尔和密克隆	66.58	78.86	—	—	—	—	—	—
156	圣文森特和格林纳丁斯	—	—	—	—	89.08	—	—	—
157	萨摩亚	—	100	—	100	100	100	100	100
158	圣马力诺	51.02	—	—	—	—	—	—	—
159	沙特阿拉伯	—	—	—	51.26	47.18	47.18	46.83	20.80
160	塞内加尔	—	81.97	69.20	49.61	—	43.58	44.72	42.36

续表

序号	国家或地区名	1971年	1980年	2000年	2010年	2018年	2019年	2020年	2021年
161	塞尔维亚	—	—	—	0.97	6.47	8.40	9.83	10.39
162	塞舌尔群岛	—	—	4.60	9.54	12.79	14.81	14.51	19.35
163	塞拉利昂	—	—	—	—	34.78	28.77	28.97	29.47
164	新加坡	100	62.59	—	—	97.28	96.34	94.69	—
165	斯洛伐克	—	—	0.45	3.59	7.07	7.43	7.90	—
166	斯洛文尼亚	—	—	1.07	3.59	4.67	5.06	5.24	—
167	所罗门群岛	100③	—	—	—	21.11	20.79	—	—
168	南非	—	—	10.80	—	5.54	5.99	6.32	—
169	西班牙	55.73	47.28	—	—	32.72	32.68	32.48	—
170	斯里兰卡	—	—	—	—	79.37	75.55	80.17	—
171	苏丹	—	—	—	24.67	—	—	—	—
172	苏丹（分裂前）	100	69.79	90.38	—	—	—	—	—
173	苏里南	68.00	—	—	2.74	2.04	42.32	38.96	40.89
174	瑞典	—	—	11.74	16.21	17.56	17.94	18.23	—
175	瑞士	—	8.54	7.34	3.85	5.07	5.15	5.13	—
176	阿拉伯叙利亚	100	100	67.31	71.55	—	—	71.40	64.39
177	泰国	56.14	58.96	—	—	32.96	32.69	32.78	—
178	东帝汶	—	—	—	—	37.94	39.57	—	—
179	多哥	71.20	48.63	52.22	33.43	31.15	30.94	33.20	31.38
180	特立尼达和多巴哥	—	—	100	—	82.69	71.77	70.89	—
181	突尼斯	—	—	84.60	—	—	—	—	—
182	土耳其	95.91	—	5.80	8.97	15.75	16.53	17.75	—
183	特克斯和凯科斯群岛	—	—	51.42	—	49.58	—	48.04	38
184	乌干达	—	—	—	100	—	—	—	—
185	乌克兰	—	—	1.10	0.83	0.83	0.81	1.88	
186	阿拉伯联合酋长国	—	68.48	68.18	79.46	—	—	—	—
187	英国	—	—	6.00	20.98	53.11	55.17	55.61	—
188	坦桑尼亚	—	—	—	4.52	6.19	6.59	7.15	7.11
189	美国	30.23	33.33	—	—	40.37	39.94	40.16	—
190	美属维尔京群岛	23.79①	28.86	—	—	—	—	—	—
191	乌拉圭	—	25.10	19.73	37.72	34.23	33.54	33.62	—
192	乌兹别克斯坦	—	—	—	0.52	2.16	3.19	6.19	8.20

续表

序号	国家或地区名	1971年	1980年	2000年	2010年	2018年	2019年	2020年	2021年
193	瓦努阿图	29.33	66.47	—	—	—	80.11	81.58	82.31
194	委内瑞拉	49.22	19.93	18.23	17.41	—	—	—	—
195	越南	—	—	51.08	44.53	16.18	15.99	17.18	18.05
196	也门	—	—	—	—	51.52	—	—	—
197	津巴布韦	—	—	—	—	14.88	15.44	15.60	—
198	内陆发展中国家	—	12.26	29.88①	30.97	25.76①	26.16①	26.99①	—
199	最不发达国家	—	46.98①	42.10①	36.87	36.83①	37.16①	37.91①	—
200	小岛屿发展中国家	28.85④	46.21①	44.57①	52.01	47.62	47.84①	46.71①	—
201	撒哈拉以南非洲	—	—	32.09	34.95	31.22①	31.28①	31.57①	—
202	北非和西亚	41.68①	48.42①	52.70	36.68	36.56①	36.49①	36.11①	—
203	北非	59.14①	69.67①	70.08	42.02	37.53	37.34	36.45①	—
204	西亚	26.97①	27.80①	35.41	30.80	35.53①	35.59①	35.73①	—
205	中亚和南亚	33.11	41.29①	31.44①	20.81①	25.56	27.78	30.87	—
206	南亚	54.98	57.25①	33.41①	21.37①	26.09	28.39	31.61	—
207	东亚和东南亚	—	22.57	30.21①	49.74	54.95	55.57	55.63	—
208	东亚	—	17.60	22.55①	46.20	57.01	57.66	57.15	—
209	东南亚	36.70	41.28①	57.96	59.75	48.53	49.03①	50.68①	—
210	拉丁美洲和加勒比地区	26.33	31.42	22.91①	25.19	25.16	25.33	23.91	—
211	大洋洲	33.62④	44.02①	56.60①	53.93①	53.35	53.24①	52.96①	—
212	澳大利亚和新西兰	—	41.87	67.79①	82.45	87.21	87.87	88.03	—
213	大洋洲（不含澳大利亚和新西兰）	65.25	66.75①	23.34①	16.11①	8.62	8.19①	—	—
214	欧洲和北美	22.58	18.77	22.56①	23.12①	26.26	26.32	26.52	—
215	欧洲	21.34①	16.04①	18.62①	19.23①	21.63	21.85	22.05	—
216	北美	28.17	31.09	32.20①	33.08①	38.30	37.93	38.13	—
217	世界	27.17①	25.31①	28.28①	31.77①	36.10	36.92	37.76	—
218	阿拉伯国家	63.84①	67.68①	68.01	48.35	44.40①	44.10①	43.33①	—
219	中欧和东欧	0.15①	0.11①	3.05①	3.51	6.36	6.67	7.02①	—
220	中亚	—	—	1.42①	2.17	10.39①	11.56	12.61	—
221	东亚和太平洋地区	—	22.98	30.63①	49.95	55.08	55.69	55.74	—
222	北美和西欧	38.04	34.94	30.66①	32.03①	37.59	37.69	37.89	—

续表

序号	国家或地区名	1971年	1980年	2000年	2010年	2018年	2019年	2020年	2021年
223	南亚及西亚	54.98	57.25①	33.41①	21.37①	26.09	28.39	31.61	—
224	低收入国家	28.84④	27.55①	32.92①	41.16	32.77①	32.45①	32.56①	—
225	中低收入国家	35.33	37.58①	39.21①	29.42①	30.45	31.99	34.29	
226	中等收入国家	17.82①	19.92①	25.92①	29.99①	35.11	36.19	37.22	
227	中上收入国家	—	7.27	17.06①	30.69	40.47	41.01	40.56	—
228	高收入国家	37.44	34.18	34.65①	37.83①	42.95	43.02	43.04	—

注：①联合国教科文组织的估计；②国家的估计；③1970年的数据；④1972年数据。
数据来源：联合国教科文组织统计研究所数据库 http://data.uis.unesco.org.

从表6-1可见以下几点。

其一，1971年及前后，在世界私立学前教育机构入学率方面，有据可查的国家和地区有93个（暂不考虑区域范畴）。其中，私立学前教育机构入学率为100%及接近100%的共有17个；80%以上的共有25个；50%以上的共有47个；20%以下的只有10个。此外，世界私立学前教育机构入学率为27.17%；高收入国家为37.44%；低收入国家为28.84%；中等收入国家为17.82%；欧洲为21.34%。显然，社会力量在提供学前教育资源方面的作用在多数国家和地区很大。

其二，1980年，有据可查的国家和地区有99个（暂不考虑区域范畴）。其中，私立学前教育机构入学率为100%的有8个，比1971年减少9个；80%以上的共有13个，比1971年减少12个；50%以上的共有36个，比1971年减少11个；20%以下的只有23个，比1971年增加了13个。此外，世界私立学前教育机构入学率为25.31%，比1971减少了1.86%；高收入国家为34.18%，比1971年减少了3.26%；低收入国家为27.55%，比1971年前后减少了1.29%；中等收入国家为19.92%，比1971年增加了2.10%；欧洲为16.04%，比1971年减少了5.30%。整体而言，社会力量在提供学前教育资源方面的作用在多数国家和地区仍然很大，在有些国家和地区的作用进一步提升，但在有些国家和地区的作用则下降。

其三，2000年，有据可查的国家和地区有133个（暂不考虑区域范畴）。其中，私立学前教育机构入学率为100%及接近100%的有19个，比1980年增加了11个；80%以上的共有29个，比1980年增加了16个；50%以上的共有49个，比1980年增加了13个；20%以下的有41个，比1980年增加了18个。此外，世界私立学前教育机构入学率为28.28%，比1980年增加了2.97%，世界社会力量在提供学前教育资源方面的作用整体上升；高收入国家为34.65%，与1980年大体相当，社会力量在提供学前教育资源方面的作用基本未变；低收入国家为32.92%，增加了5.37%，社会力量在提供学前教育资源方面的作用明显上升；中等收入国家为25.92%，比1980年增加了6.00%，社会力量在提供学前教育资源方面的作用也明显上升。

其四，2010年，有据可查的国家和地区有153个（暂不考虑区域范畴）。其中，私立学前教育机构入学率为100%及接近100%的有9个，比2000年减少了10个，比1971年减少了8个；80%以上的共有23个，比2000年减少了6个，比1971年减少了2个；50%以上的共有48个，比2000年减少了1个；20%以下的有53个，比2000年增加了12个，比1971年增加了43个。这些反映出，越来越多的国家和地区重视政府在提供学前教育资源中的作用。此外，世界私立学前教育机构入学率为31.77%，比1971年增加了4.6%，这反映出世界整体情况是，社会力量在提供学前教育资源方面的作用上升；高收入国家为37.83%，比2000年增加了3.18%，高收入国家的社会力量在提供学前教育资源方面的作用也略微上升；低收入国家为41.16%，比2000年增加了8.24%，比1972年增加了12.32%，这表明低收入国家的社会力量在提供学前教育资源方面的作用上升幅度较大；中等收入国家为29.99%，比2000年增加了4.07%，比1971年增加了12.17%，这表明中等收入国家的社会力量在提供学前教育资源方面的作用也明显上升。

其五，2020年，有据可查的国家和地区有150个（暂不考虑区域范畴）。其中，私立学前教育机构入学率为100%及接近100%的仅3个，比2010年减少了6个，比1971年减少了14个；80%以上的共有18个，比2010年减少5个，比1971年减少了7个；50%以上的共有45个，比2010年减少了3个，比1971年减少了2个；20%以下的有52个，比2010年减少了1个，比1971年增加了42个。这些反映出，越来越多的国家和地区重视政府在提供学前教育资源中的作用。此外，世界私立学前教育机构入学率为37.76%，比2010年增长了5.99%，比1971年增长了10.59%，这表明，世界社会力量在提供学前教育资源方面的作用整体上升；高收入国家为43.04%，比2010年增加了5.21%，比1971年增加了5.60%，这表明高收入国家的社会力量在提供学前教育资源方面的作用上升；低收入国家为32.56%，比2010年降低了8.60%，这表明，低收入国家的社会力量在提供学前教育资源方面的作用下降；中等收入国家为37.22%，比2010年增加了7.23%，比1971年增加了19.40%，这表明中等收入国家的社会力量在提供学前教育资源方面的作用上升较大。

概括来说，从1971年以来，世界社会力量在提供学前教育资源中的作用整体在上升，但完全或主要靠其发挥作用的国家和地区则越来越少。

（二）私立机构幼儿教育发展项目入学率

幼儿教育通常指3岁以下的幼儿的教育。幼儿教育发展项目在2000年之前并不多见。进入 21 世纪，许多国家和地区日益重视幼儿教育，因而这类指标才纳入统计范畴。联合国教科文组织统计了 75 个国家和地区的私立机构幼儿教育发展项目入学率，详见表 6-2。

表 6-2　2000 年至 2022 年私立机构幼儿教育发展项目入学率　　（单位：%）

序号	国家或地区名	2000 年	2010 年	2017 年	2018 年	2019 年	2020 年	2021 年	2022 年
1	安提瓜和巴布达	—	—	95.96	94.07	—	—	—	—
2	阿根廷	44.68	45.82	56.64	55.80	53.57	49.82	—	—
3	奥地利	—	—	67.11	64.69	62.87	60.97	—	—
4	阿塞拜疆	—	0.19	—	1.67	2.03	3.09	2.03	—
5	巴林	100	100	100	100	100	100	—	—
6	白俄罗斯	—	—	0.02	0.04	0.05	0.05	0.04	—
7	波黑	—	—	35.23	33.19	—	38.35	41.02	—
8	巴西	—	—	34.65	34.43	34.58	33.10	—	—
9	英属维尔京群岛	—	—	98.37	98.53	98.85	100	98.60	—
10	开曼群岛	—	—	—	100	—	100	—	—
11	智利	—	—	4.14	9.88	9.49	9.51	—	—
12	刚果	—	—	—	—	97.46	—	—	—
13	哥斯达黎加	99.64	77.94	76.04	74.14	74.17	70.44	—	—
14	克罗地亚	—	—	18.88	19.39	19.35	19.35	—	—
15	塞浦路斯	—	—	97.85	97.72	97.42	96.93	—	—
16	丹麦	—	—	13.88	14.45	14.62	14.68	—	—
17	多米尼加	—	—	—	—	100	100	100	—
18	萨尔瓦多	—	87.82	15.27	13.43	12.05	9.19	4.73	—
19	芬兰	—	—	19.90	22.89	24.01	23.90	—	—
20	德国	—	—	73.02	73.06	73.05	73.20	—	—
21	加纳	—	—	95.93	96.13	96.90	97.61	97.80	—
22	直布罗陀	—	—	100	—	98.41	98.59	98.68	—
23	希腊	—	—	40.48	—	—	—	—	—
24	格林纳达	—	—	63.64	—	—	—	—	—
25	危地马拉	—	—	23.08	20.39	20.58	19.16	5.09	—
26	匈牙利	—	—	14.41	16.07	17.63	17.41	—	—
27	冰岛	—	—	20.22	20.75	20.92	20.69	—	—
28	印尼	—	—	100	100	—	—	—	—
29	爱尔兰	—	—	100	100	100	100	—	—

续表

序号	国家或地区名	2000 年	2010 年	2017 年	2018 年	2019 年	2020 年	2021 年	2022 年
30	以色列	—	—	100	100	100	100		
31	牙买加	—	—	100	100	100	100	98.80	
32	哈萨克斯坦	—	—	—	—	36.00	37.27		
33	吉尔吉斯斯坦	—	—	4.43	4.81	5.58	6.59	7.07	
34	老挝	—	—	57.06	58.57	59.52	62.42		
35	拉脱维亚	—	—	15.48	16.54	19.18	19.86		
36	立陶宛	0.26	—	10.95	10.74	11.21	12.47		
37	马绍尔群岛	—	—	—	—	—	100	100	
38	毛里求斯	—	—	89.69	93.57	91.60	—	87.04	100
39	墨西哥	—	—	64.41	67.78	70.28	56.32	—	
40	黑山共和国	—	—	5.15	4.62	4.22	4.36	2.03	
41	蒙特塞拉特	—	—	—	51.02	45.16			
42	摩洛哥	—	—	91.41	94.73	95.23	92.80	96.56	
43	纳米比亚	—	—	—	100				
44	新西兰	—	—	98.68	98.84	98.74	98.84		
45	尼日利亚	—	—	—	51.10				
46	北马其顿	—	—	2.68	3.99	4.019	3.86		
47	挪威	—	—	52.06	51.98	51.74	51.28		
48	巴拿马	—	—	24.54	—	41.44	—	30.63	
49	巴拉圭	—	—	—	—	—	58.13	75.49	
50	秘鲁	—	—	15.38	17.74	17.28	10.65	2.34	
51	波多黎各	—	—	—	76.16	—	—	—	
52	卡塔尔	—	—	100	100	100	100	100	
53	韩国	—	—	90.32	89.34	86.79	83.00		
54	摩尔多瓦	—	—	0.076	0.05	0.59	0.83	1.04	
55	罗马尼亚	—	—	4.57	3.92	3.44	3.06		
56	俄罗斯	—	—	1.48	1.57	1.55			
57	卢旺达	—	—	63.09	55.43	—	—	23.73	
58	圣基茨和尼维斯	—	56.43	—	—	—	—	57.73	
59	圣卢西亚岛	—	—	76.32	—	79.31			
60	圣马力诺	—	—	22.07	22.26	21.59	22.18		
61	塞尔维亚	—	—	9.36	13.84	15.12	15.80	15.49	—

续表

序号	国家或地区名	2000 年	2010 年	2017 年	2018 年	2019 年	2020 年	2021 年	2022 年
62	塞拉利昂	—	—	—	—	—	27.49	19.99	
63	新加坡	—	—	—	100	100	100		
64	斯洛文尼亚	—	—	5.98	6.66	6.71	6.66		
65	西班牙	—	—	48.51	48.96	48.83	47.99		
66	瑞典	—	—	20.20	19.97	19.92	20.48		
67	泰国	—	—	2.26	2.61	3.46	2.25		
68	土耳其	—	—	100	100	100	100		
69	特克斯和凯科斯群岛	—	—	—	—	—	100	100	
70	乌克兰	—	—	0.54	0.49	0.55	0.63	1.89	
71	阿拉伯联合酋长国	—	—	—	—	—	—	—	100
72	英国	—	—	—	—	—	82.40		
73	乌拉圭	—	—	99.81	99.70	99.75	99.81		
74	委内瑞拉	—	13.15	17.16	—	—	—		
75	越南	—	—	29.32	32.82	31.18	33.18	36.05	

数据来源：联合国教科文组织统计研究所数据库：http://data.uis.unesco.org。

从表 6-2 可见以下几点。

其一，2000 年，联合国教科文组织统计的私立机构幼儿教育发展项目入学率中，只有 4 个国家有据可查，其中巴林为 100%，哥斯达黎加为 99.64%，阿根廷为 44.68%，立陶宛为 0.26%。这些表明，社会力量在提供幼儿教育资源方面各国情况不一。

其二，2010 年，有 7 个国家有据可查。私立机构幼儿教育发展项目入学率中，最高仍是巴林，为 100%，最低的阿塞拜疆只有 0.19%，哥斯达黎加则由 2000 年的 99.64% 降至 77.94%，阿根廷由 2000 年的 44.68% 增至 45.82%。

其三，2017 年，有 57 个国家有据可查，比 2010 年增加了 50 个国家，反映出越来越多的国家重视幼儿教育发展项目。其中，私立机构幼儿教育发展项目入学率占 100% 的有 8 个国家；80% 以上的共有 17 个国家；50% 以上的共有 27 个国家；20% 以下的有 21 个国家。这些反映出，越来越多的国家的政府重视提供幼儿教育资源，而社会力量在其中的作用仍然是非常重要的，在有些国家则是主导作用。近几年的情况仍是大同小异。

总而言之，从私立机构幼儿教育发展项目入学率状况来看，社会力量在提供幼儿教育资源中的作用在不同国家不一样，从世界的整体情况来看，目前仍然是非常重要的。

二、美国社会力量在提供学前教育资源中的角色

美国学前教育的历史不长。它萌芽于欧文的空想社会主义实验。1824 年,曾在英国创办幼儿学校的欧文来到美国,在印第安纳州建立"新和谐村",并于 1826 年建立了幼儿学校。这是美国最早的学前教育实践。此后,美国的许多州纷纷效仿,建立了幼儿学校。19 世纪 30 年代,美国的幼儿学校风靡一时。此时的幼儿学校大都是社会力量举办的慈善性质的幼儿教育机构,政府对其没有资助。后来,美国兴起公立学校运动,带动了学前教育发展。1873 年,美国第一所公立幼儿园在圣路易斯市建立,其他各州纷纷效仿。到 19 世纪末 20 世纪初,美国的公立幼儿园有 2996 所,各大城市都建立了公立幼儿园。这类幼儿园一般附设于小学内,促进幼小衔接。[①] 到 1971 年,美国学前教育毛入园率已经达到 37.90%,1980 年为 48.59%,1995 年增加到 69.59%,2020 年进一步增至 72.40%。[②]

目前,美国的学前教育机构分为以下几类。

第一,学前班(Preschool)。这种学前教育机构是小学的预备班,招收 5~6 岁儿童,为他们提供小学前的预备教育。学前班分公立、私立两种,为期一年。学前班大多附设在小学,虽不属于义务教育的范畴,但受国家资助,实行免费制。

第二,日托中心(Day Care)。美国日托中心的服务对象是出生后 2 周至 4 岁的儿童,大多是私立的,实行全日制,费用主要由家长承担。日托中心主要提供保育服务,活动以游戏为主。日托中心由各州政府的社会服务部(Department of Social Services)管辖,必须有各州颁发的营业执照,执照的标准由州社会服务部门制订,有完整详细的法律法规制约,具体由执照办公室监督实施,对从业人员、建筑、设施、食品、教师和孩子的比例等有相应规定,以保证所提供的服务、活动、软硬件都能达标。日托中心按年龄一般分成三个级别:婴儿班(infant,1~12 个月)、幼儿班(toddler,1~3 岁)、大班(preschool,4~5 岁)。婴儿班的师生比为 1∶4,婴儿需要自己携带配方(或母乳)、辅助食品、尿不湿等,老师负责按一定的时间间隔喂婴儿和换尿布,每个婴儿有固定的小床,也有适合婴儿的小秋千、小按摩椅之类的给不会走路的婴儿使用,还有一块比较开阔的区域给稍大的婴儿爬行使用。幼儿班的儿童则分成两组,一组是刚会走路的幼儿(1~2 岁),师生比为 1∶5;另一组是大一些的幼儿(2~3 岁),师生比为 1∶8。大班师生比为 1∶10,从该年龄段开始起渐渐强调智育,学习认字母、算术和读书等。

---

① 王莹主编. 比较学前教育 [M]. 武汉:武汉大学出版社,2016:133.
② 世界银行网站统计数据:https://data.worldbank.org.cn/indicator/SE.PRE.ENRR?view=chart。

第三，保育学校（Nursery School）。保育学校招收 3~4 岁儿童，大多实行半日制。保育学校不仅为儿童提供看护，还将文化教育融入其中，促进儿童全面和谐发展。保育学校分为公立、私立两种，公立保育学校包括附设于公立小学内的和由政府"开端计划"出资兴办的保育学校。私立保育学校主要由基金会、教会、福利机构、民间团体等社会力量出资兴办。对于来自贫困家庭、弱势家庭、移民家庭等弱势群体儿童，可以申请减免学费，每周孩子的托管费由家庭收入水平而定，其余由州政府补贴，4 岁儿童可以申请上公立小学的免费学前班。①

1892 年，美国私立幼儿园所占比重为 64.99%，后逐年降低，1901 年已降到 41.34%。② 尽管美国学前教育中私立的所占比重日益降低，但目前所占比重仍然不小。2019 年，美国私立学前教育机构的入学率为 39.94%。③ 其办学主体多元，办学形式多样。④ 美国社会力量在提供学前教育资源中充当很重要的角色，主要包括以下方面。

第一，高校提供的学前教育资源。美国高校通常设有儿童发展中心，作为修读儿童学、儿童发展、早期儿童教育或心理学课程的实习基地。这些机构被称为实验学校、校园托儿所等。这些学前教育机构的经费部分来自政府拨款，部分来自特别指定用于为需要托儿服务的学生提供校园托儿服务。因为得到部分公共基金资助，所以有些实验学校、校园托儿中心及两者合并的机构是完全免费的。有些则不是，家长需要支付少量费用，费用的多少按家庭大小与收入情况而定。校园儿童保育的一个特别之处在于，开放的时间非常长。和其他托儿中心晚上六七点的时候关门不同，一些校园儿童保育机构通常会开放到很晚，以配合修读夜间课程的儿童家长的需要。此外，受学区直接管辖的成人教育部门及少数高中也成立了学前班。这些学前班是为修读儿童发展或者亲职教育课程的成人和高中学生提供实习基地。此类学前班得到政府补助，但是也并非完全免费，家长可能要根据家庭人口数和收入支付少量费用。

第二，连锁集团提供的学前教育资源。美国有大规模的营利性机构在不同的社区里，有时候甚至是在不同的州里，经营着许多或者是一系列托儿所或早期儿童中心。例如，全美国最大的民营托儿集团——知识学习公司（Knowledge Learning Corporation）在 30 多个州有 2300 多个儿童中心。服务对象从婴儿到学龄儿童，总共为 35 万多名儿童服务。小小学院（La Petite Academy）在 36 个州拥有 643 个儿童中心，招收了 7.5 万名从婴儿到 12 岁的儿童。美国还有许多中

---

① 王莹主编. 比较学前教育 [M]. 武汉：武汉大学出版社，2016：135-136.
② 周采. 十九世纪美国学前教育发展概况 [J]. 教育研究与实验，1985（3）：39.
③ 数据来源：联合国教科文组织统计研究所数据库：http：//data.uis.unesco.org.
④ 王莹主编. 比较学前教育 [M]. 武汉：武汉大学出版社，2016：35

等规模和小规模的儿童保育连锁机构,许多其他连锁机构也经营着私立五岁班幼儿园。

第三,家庭提供的学前教育资源。家庭提供的学前教育资源可称家庭式托儿所,也叫作家庭日托、家庭托儿之家、家庭日托之家,是一种规模比较小的、营利性的托儿服务。通常,经营者在自己家中为几个孩子提供托儿服务。如果招收的孩子较多,也可能会另有一个成人协助。婴儿和学步儿的托儿服务主要由家庭托儿者提供。大多数州政府会要求家庭保育机构必须遵守一定规则。美国州政府对不同家庭托儿机构采取的规范和管理差别很大。州政府的法规一般是根据家庭托儿的规模、成人与儿童的比例的不同作出相应调整,以决定执照的核发与豁免。虽然州政府尽力规范家庭托儿,仍旧有很多人经营着没有政府许可证的家庭托儿之家。家庭保育从业者所受的教育和培训程度参差不齐。拥有家庭托儿执照的家庭托儿从业人员多少受过一些托儿培训,通常也是家庭托儿协会的成员。在加利福尼亚州一些华裔人士聚集的社区里,华人家庭日托从业者已经成立了华人家庭托儿协会,把协会成员组织起来,为说汉语的家长提供托儿服务。

第四,雇主提供的学前教育资源。为了提供福利与留住员工,美国有大量的由政府、民间公司和机构在工作所在地或者工作场所附近出资为员工开办的托儿中心。每年儿童权利维护组织以及托儿资源和转介中心都会选择并表扬一批提供优质托儿服务的机构,以提升并彰显家长的托儿需要及其重要性。主办托儿服务的雇主通常只提供场地和设备,或者只部分资助场地的购买或租用。使用托儿服务的家长需要付费,雇主通常不会降低托儿费用。即使雇主降低了托儿费,降低的额度也非常有限。同时,即使雇主提供了场地与设备,雇主通常也不会拥有或者管理托儿机构。一般而言,大规模的托儿集团会承包并专业化地经营雇主出资的托儿和早期教育园(所)。例如,美国最大的雇主出资的托儿管理公司——黎明家庭排忧之家(Bright Horizons Family Solutions)为超过400家公司经营着500多家托儿中心,为5.7万名儿童服务。另外,一些托儿集团,比如知识学习公司(Knowledge Learning Corporation)、小小学院也都经营雇主出资的托儿所。

第五,教会提供的学前教育资源。美国有些学前教育机构附属于教会,教会经营的学前幼儿园和托儿中心经常把幼儿保教与宗教信仰结合在一起。然而,也有私人机构仅仅向教会租用场地,但不笃信教会的宗教信仰。因此,他们的保教项目不灌输宗教信仰。无论是否把宗教与教学结合在一起,教会附属的幼儿园、托儿中心通常不会对儿童及其家长是否加入教会提出要求。美国99%的教会附设的保教项目是由基督教、天主教和犹太教教会设立的,其他宗教团体主办的则十分罕见。由于美国政教分离的政策,包括学前教育在内的公办教育系统禁止宗教教学。许多宗教信仰虔诚的家长希望子女接受宗教教育而选择把孩子送到和他们的信仰相一致的教会学校。除了宗教以外，附属于教会的学前教育机构与托儿机构在教学与运作上与其他的无显著差别。教会附属机构属于非营利性质，家长付费以支付园所的运作费用与教师的薪水，有一小部分收益可能会被用于补助牧师的薪水。

第六，合作社提供的学前教育资源。美国的中产阶级社区仍有少数合作社学前班（cooperative preschool，Coop）。它是早期合作性质的幼儿园的现代版，由家长成立董事会，监管和经营合作性的学前班。董事会负责聘请教师，但是家长们必须轮流在教室里协助教师的工作，家长也必须为他们的孩子上幼儿园付费。然而，因为是非营利的组织，所有收入除了支付园所的运作费用与教师薪水外，都用来改善幼儿园设备。合作性学前班的规模通常很小，每个幼儿园只有一两个或者少数几个班级。除了合作社学前班外，与之有关联的是游戏小组（play group）。典型的游戏小组是为2岁半~3岁的幼儿提供的。因为年龄较小，一部分幼儿可能还无法参加每周五天、每天3~3.5小时的学前班。因此，他们可能只能参加每周一到两天、每次2~2.5小时的活动。他们的母亲经常陪伴他们一起参加。对幼儿来说，这是一个与母亲及同伴进行社会化互动的机会。除了时间短、日数少之外，游戏小组和传统的幼儿园（traditional nursery school）非常相似。幼儿们在一起唱歌，做体能活动，讲故事，画画，做手工；独自或者和同伴一起在室内外做游戏；自由表达，自由创造；吃点心。与合作社幼儿园一样，游戏小组常见于中上阶层社区。一些提供亲职教育的成人教育班的学区也会主办游戏小组作为学生的实习基地。一些由政府资助的游戏小组可能是完全免费的，也可能不是。如果不是免费的，由于上课时间和次数有限，费用非常合理。①

综上，美国的高校、企业、家庭、教会等社会力量在提供学前教育资源中，至今仍然承担了不可忽视的重要角色。

三、英国社会力量在提供学前教育资源中的角色

英国通过1640—1688年的资产阶级革命建立了君主立宪制政体，确立了资本主义制度，从此走上了发展资本主义的道路。资本主义制度的确立以及科技、经济的发展，又为英国的工业革命提供了条件。18世纪60年代开始的工业革命，使用机器化大工业生产，极大地推动了英国生产力的发展，对教育也产生了极大影响。英国是最早产生近代学前教育机构的国家。在英国19世纪前期的幼儿学校运动中，以英国空想社会主义思想家欧文的幼儿学校最为重要。1816年，欧文创办的新兰纳克幼儿学校，是世界上最早的学前教育机构，它的产生为英国近代学前教育的发展开了先河。英国19世纪后期学前教育的发展主要是

---

① ［美］林秀锦. 美国的早期保育与教育［M］. 南京：江苏教育出版社，2006：53-60.

受到福禄培尔幼儿园的影响，引进和推广福禄培尔的教育理论和教育经验，对本国的学前教育进行改革。20 世纪前期是英国现代教育发展的第一个阶段，逐步形成了比较系统的国民教育体制。① 目前，英国的幼儿教育以 5 岁为界，2~5 岁为一个阶段，属于非义务教育阶段；5~7 岁为另一个阶段，属义务教育的范畴。② 1976 年，英国学前教育毛入园率为 34.23%，1983 年为 45.21%，2000 年为 79.86%，2020 年进一步增长到 105.76%。③

根据资金来源的不同，英国学前教育机构可分为三种基本类型：①由国家或地方政府等提供经费支持的非营利性公立幼教机构。②由民间团体或个人兴办、接受政府财政资助及监督的营利性幼教机构。③符合政府办园标准、自筹经费与自行管理的独立营利性幼教机构。第一种以 3~5 岁幼儿为主要服务对象。后两种均以 0~3 岁幼儿为主要服务对象，并兼顾 3~5 岁幼儿。后两种因为是营利性机构，家长需要承担大部分保教费用。公立的学前教育机构通常着眼于 3~5 岁幼儿的保教，私立的学前教育机构则主要着眼于 0~3 岁幼儿保教。英国私立学前教育机构的入学率，2015 年为 49.27%，2019 年增加到 55.17%。2020 年，英国私立机构早期发展项目的入学率为 82.40%。④ 可见，英国学前教育资源提供中，社会力量发挥着主导作用。社会力量提供的学前教育资源包括托儿所、幼儿学校（班）、学前游戏小组、儿童保育中心。⑤ 具体而言，主要有以下方面。

第一，幼儿学校（班）。

幼儿班主要附设在小学里，招收 3~4 岁儿童，进行 1~2 年的学前教育。幼儿学校单独设立或者附设在小学里，招收 5~7 岁儿童，与小学教育合称初等教育，属于义务教育范畴，幼儿学段没有明确规定的家庭作业。幼儿学校（班）以半日制为主，全日制为辅，半日制分为上午来校来班（9：00—13：30）或下午来校来班（13：00—15：30），适龄儿童就近入校入班。其中，幼儿学校每班人数从 40 名到 120 名不等，师幼比例达到 1：13~1：10。1990 年，英国私立幼儿学校在校生约占 6%，为 4.76 万人。幼儿学校（班）无正式课程，日常活动以游戏为主，比较重视从儿童的需要出发设计课程，为儿童提供安全、轻松的环境，为儿童入学做好准备。教师带领幼儿做各种户内、户外游戏及唱歌、跳舞、画画、讲故事等，还会指导儿童以泥、沙、木材等为原料做简单的手工作业，并进行一些简单的读、写、算教学。⑥

---

① 唐淑主编. 学前教育史［M］. 北京：人民教育出版社，2013：275-276.
② 周采主编. 比较学前教育［M］. 北京：人民教育出版社，2010：49-55.
③ 世界银行网站统计数据：https://data.worldbank.org.cn/indicator/SE.PRE.ENRR?view=chart.
④ 数据来源：联合国教科文组织统计研究所数据库：http://data.uis.unesco.org.
⑤ 周小虎. 为了儿童的利益：美英学前教育政策比较研究［M］. 济南：山东教育出版社，2015：55.
⑥ 周小虎. 为了儿童的利益：美英学前教育政策比较研究［M］. 济南：山东教育出版社，2015：49.

第二，托儿所或日托中心。

第二次世界大战时，由于战时需要，英国出现一种由企业或私人团体举办的幼教机构，即日托中心（day care center）。当时这种机构曾得到政府扶持，战后继续发展，保留至今。它属于社会服务性质。招收社会救济部门选送的5岁以下幼儿，或者劳动妇女的无人照看的幼儿，属全日制。幼儿由保姆负责保育，重在生活照顾及卫生保健，归卫生部门领导。① 也有些托儿所是社区举办的。并且，近年来，英国以社区为中心的私立托儿所呈上升态势，满足了社区家庭工作和生活的需要。但也出现一些问题，例如，师资不足，以至于有些私立托儿所招收没有资质的保育员。国家儿童局建立了有关的行业协会，指导托儿所的日常工作。②

第三，民间志愿组织举办的游戏小组。

"二战"后，由于经济原因，英国的幼儿教育发展受挫，幼教机构难以满足大量儿童受托、受教的需要。20世纪60年代，本部设在伦敦的自由团体儿童救济基金会发起"幼儿游戏小组运动"（Movement of Preschool Playgroup），并迅速发展起来。它以为幼儿提供游戏场地为明确目标，以大城市为中心开始设立，收容2~5岁的幼儿。这种游戏小组由民间志愿组织举办，多设在教会大厅、社会福利中心或学校中。经费由儿童家长自筹和管理，一些宗教及社会慈善团体、福利中心和学校也提供捐助，有些地方教育当局给予适当补贴。这种游戏小组有全日制的，也有每周开放两三次，每次两三个小时的。每班人数15~20人。游戏小组没有固定教师，由热心幼教工作的母亲轮流值班，有时也请专业教师进行指导。活动内容主要有两方面：一是利用各种资源进行自由游戏，有些玩具还可借回家玩一两周；二是开展唱歌、跳舞、讲故事等集体活动。管理人员主要是中产阶级家庭妇女。游戏小组提出的口号是"为孩子们争得一块游戏场地"。在正规幼儿教育设施不足的情况下，幼儿游戏小组担负了补缺救急的任务。这种学前教育资源后来并未消亡，一直保留至今。③

第四，家庭提供的学前教育资源。

在英国，家庭可以开办保育机构，这是英国幼儿教育的一个特色。这种家庭必须符合健康、安全标准，在地方社会服务部注册后才有资格开业。近年来，英国十分重视对家庭保育的管理，资助保育者的培训，成立国家儿童保姆协会等，以提高儿童保育者的素质。承担家庭保育工作的家庭全年全日开放，由主妇担当教育自己孩子和别人孩子的任务。最多只允许照看3个5岁以下的儿童

---

① 李贺，杨云舒主编. 学前教育史［M］. 北京：北京理工大学出版社，2019：169.
② 王莹主编. 比较学前教育［M］. 武汉：武汉大学出版社，2016：60.
③ 李贺，杨云舒主编. 学前教育史［M］. 北京：北京理工大学出版社，2019：168.

(包括自己的孩子)。①

第五,学前教育中心。

学前教育中心具有多重目的。每个中心都立志迎合当地的特殊需求,以及为幼儿提供最好的照料与教育,为父母及儿童提供良好的设备。有些还成立妈妈娃娃班、游戏小组及其他一些非正式的托儿班,提供看护与养育服务。工作人员包括一位合格教师,几位受过专业训练的护士,有时还有一位社会工作者和一位医护人员。学前教育中心有一种比较有名的组织形式,叫作父母婴儿小组。父母婴儿小组的前身是母亲婴儿小组。后来,由于父亲的参与,母亲婴儿小组发展成为父母婴儿小组,主要为3岁以下儿童服务。大多数婴儿小组每周活动一次,每次2小时,孩子们在一起做游戏,保教工作者和家长(如孕妇、父母、祖父母)或其他对婴儿教育感兴趣的人共同讨论子女教育问题,分享彼此的快乐。②

此外,英国社会力量提供的学前教育资源还有如下几种:一是课前和课后社团(Before and After School Club)。这是一种私立学前教育机构,招收3岁以上的儿童,设在社区中心,为上学前及放学后的幼儿提供保育服务。二是假日社团(Holiday Club)。这是一种私立学前教育机构,招收3岁以上的儿童,实行全日制或时段制,在假期为幼儿提供保教服务。三是保姆。这是一种私人定制的幼儿保教服务。面向0~5岁的幼儿,保姆必须持有地方教育当局颁发的执照,并按时接受审查,为有需要的家庭提供上门服务。③

四、朝鲜社会力量在提供学前教育资源中的角色

朝鲜在解放前只有社会力量提供学前教育资源,即教会举办的七八所托幼机构。④

1945年8月朝鲜获得解放时,几乎所有学龄儿童都进不了学校,在校生也由于过重的学费负担,每年有不少学生辍学。1945年9月20日,金日成提出建立人民的、民主的教育制度。此后一年多的时间,朝鲜建立了人民的、民主的教育制度。⑤ 1945年10月,金日成了解到不少妇女因无人替她们照管孩子而不能参加建设工作,他就提出办托儿所。不久,朝鲜办起了第一所托儿所,随后朝鲜全国各地建起许多托儿所,使妇女从繁重的家务负担中解放出来。⑥ 1946

---

① 周玉衡,范喜庆编著. 学前教育史[M]. 上海:复旦大学出版社,2009:164.
② 周小虎. 为了儿童的利益:美英学前教育政策比较研究[M]. 济南:山东教育出版社,2015:54.
③ 王莹主编. 比较学前教育[M]. 武汉:武汉大学出版社,2016:61.
④ 焦敏. 朝鲜幼儿教育简介[J]. 学前教育研究,1996(2):62.
⑤ 鲁明心编著. 朝鲜的教育[M]. 朝鲜平壤:外文出版社,2014:1-9.
⑥ 开办托儿所[EB/OL]. (2023-06-01)[2023-08-28]. http://naenara.com.kp/main/search_first?sVal=%E6%89%98%E5%84%BF&csrf_test_name=23a7d3bbf46fa99d8892c93bd941425c.

年，朝鲜建立起第一所保育院。保育院为了实行为期一年的学前义务教育，把教育班分为初级班和高级班，按照幼儿园的课程和教学纲要进行教育。[①]

1948年9月9日，朝鲜民主主义人民共和国成立。[②] 1948—1949年，托儿所已发展到104所，幼儿园为132所。[③]

1959年3月2日，朝鲜通过了《关于普遍废止学生的学费》的决定，从1959年4月1日开始，朝鲜所有教育机关实行普遍的免费教育制。[④] 同年10月，朝鲜通过了《关于改组人民教育体系》的法令，建立起新的人民教育体系。

1975年4月，朝鲜通过法令，决定从1975年9月1日开始，在全国的所有地区完全实行普遍的11年制义务教育。其中，包括在全国的幼儿园统一对所有5岁儿童进行1年制学前义务教育。[⑤] 与此同时，虽然朝鲜的学前教育没有完全纳入11年制义务教育的范畴，但1976年4月颁布的《朝鲜民主主义人民共和国儿童保养法》中明确规定：在费用上实行由国家和社会共同负担的政策，使所有儿童从出生6个月开始直到入学前在托儿所、幼儿园接受平等的免费教育。[⑥] 托儿所招收进幼儿园以前的孩子。20世纪70年代，朝鲜适龄儿童的入托入园率已达70%以上。[⑦]

到20世纪90年代中期，在朝鲜城乡的每个洞（街道）、里（乡）以及有妇女工作的单位都有托儿所和幼儿园，孩子满3个月即可去托儿所，直到3周岁。4岁上幼儿园低班，5岁在幼儿园高班接受为期一年的学前义务教育。全国共有4万多所托儿所和幼儿园，入托率为80%，入园率为98%，入托入园儿童总数达166万。[⑧]

2012年9月，朝鲜民主主义人民共和国第十二届最高人民会议第六次会议上通过法令，即《朝鲜民主主义人民共和国关于实行普遍的12年制义务教育》，这一法令规定，经过两年的准备阶段，从2014年4月1日起，在朝鲜全国范围实施普遍的12年义务教育。普遍的12年制义务教育制，由1年制学前教育、5年制小学、3年制初级中学和3年制高级中学教育组成。其中，为期1年的学前义务教育给儿童打下能够接受小学教育的基础。[⑨]

[①] 鲁明心编著. 朝鲜的教育[M]. 朝鲜平壤：外文出版社，2014：23.
[②] 李成焕. 21世纪的朝鲜[M]. 朝鲜平壤：外文出版社，2014：14.
[③] 焦敏. 朝鲜幼儿教育简介[J]. 学前教育研究，1996（2）：62.
[④] 鲁明心编著. 朝鲜的教育[M]. 朝鲜平壤：外文出版社，2014：43.
[⑤] 鲁明心编著. 朝鲜的教育[M]. 朝鲜平壤：外文出版社，2014：10-18.
[⑥] 金日成. 朝鲜民主主义人民共和国儿童保育教养法[EB/OL].（2017-12-05）[2023-09-02]. http：//korean-books. com. kp/KBMbooks/ch/work/leader1/1044. pdf.
[⑦] 焦敏. 朝鲜幼儿教育简介[J]. 学前教育研究，1996（2）：62.
[⑧] 李麦浪. 学前教育在朝鲜[J]. 早期教育，1996（2）：24.
[⑨] 鲁明心编著. 朝鲜的教育[M]. 朝鲜平壤：外文出版社，2014：18-19.

2014年，在朝鲜的教育制度中特别突出的是学前教育体系，全国共有近10万所托儿所和幼儿园，其中成长着几百万名儿童。①

朝鲜的托儿所、幼儿园根据其服务对象工作特征的差异分为日托制、周寄宿制、日寄宿制、十日寄宿制和季节性幼儿园，一般城市托幼机构以日托制、周寄宿制为主，农村以十日制和季节性幼儿园为主。②

朝鲜的学前教育在管理上实行"中央指导地方负责"的方针，即中央的教育及保健行政机关负责组织和领导有关儿童保育教养的全盘工作，地方行政机关负责组织和领导自己管辖地区内的托儿所和幼儿园工作。托儿所由保健部门负责，幼儿园由普通教育部门负责管理，各合作农场和工厂、企业的幼儿园、托儿所，则由各部门内儿童保育教养机关管理，国家教育委员会和保健部门实行检查和监督。托儿所每班配备2名保育员，幼儿园每班配备1名教养员。③ 教养员则由朝鲜的教员大学培养。④

朝鲜幼儿园的办园形式多，层次安排好，服务半径恰当。在朝鲜各道、市、区有托儿所、幼儿园，各合作农场、工厂、企业有托儿所、幼儿园，各居民小区也有社区托儿所、幼儿园，国家本着"就近入托，方便入托"的原则，安排托幼机构，一般幼儿园的服务半径为500米，即在500米范围内原则上设置一所托儿所、一所幼儿园。⑤ 朝鲜的托儿所、幼儿园从管理体制上可分为三种，即国立、公立、集体三种。国立即国家创办的，公立即地方政府创办的，而由农村、农场、各大工矿企业创办的则称为集体。一般国立的规模大一些。在经费来源上，国立的纳入国家预算，公立的纳入地方预算，集体的则以各单位的资助为基础。⑥ 朝鲜以合作农场、工厂、企业为内容的社会力量，在提供学前教育资源中也发挥了重要作用。

在朝鲜，根据《朝鲜民主主义人民共和国儿童保养法》的规定，社会力量在提供学前教育资源中的作用还体现在以下方面：①国家和合作社要按照"最好的东西要给孩子"的原则，负责保障儿童保育教养工作所需要的一切。②国家机关和合作社要在最好的地方设置具有良好的保育教养设备和体育、游戏设备的现代化的托儿所和幼儿园。国家机关和合作社要给托儿所和幼儿园置备乐器、玩具、出版物和用品等。③国家机关和合作社在城市、村庄，凡是有儿童的地方都要建设儿童公园和游戏场，置备各种游戏设备。④国家机关和合作社要供应托儿所和幼儿园奶类、肉类、蛋类、水果、蔬菜等和糖果类及其他各种

---

① 李成焕. 21世纪的朝鲜[M]. 朝鲜平壤：外文出版社，2014：33.
② 焦敏. 朝鲜幼儿教育简介[J]. 学前教育研究，1996（2）：62.
③ 焦敏. 朝鲜幼儿教育简介[J]. 学前教育研究，1996（2）：63.
④ 鲁明心编著. 朝鲜的教育[M]. 朝鲜平壤：外文出版社，2014：48.
⑤ 焦敏. 朝鲜幼儿教育简介[J]. 学前教育研究，1996（2）：64.
⑥ 周采主编. 比较学前教育[M]. 北京：人民教育出版社，2010：232-233.

经过加工的食品。供应托儿所和幼儿园儿童的食品的经费由国家和合作社负担。⑤合作社必须按照国家规定的标准,保障托儿所和幼儿园的物质条件。⑥合作农场要大量饲养鸡、山羊、奶牛等家畜,妥善储藏水果和蔬菜,向农场的托儿所和幼儿园充分供应食品。①

综上,在当前朝鲜学前教育资源提供中,以集体性质组织为主的社会力量发挥了重要作用。

五、俄罗斯社会力量在提供学前教育资源中的角色

1763年,俄国妇女教育工作的先驱——别茨科伊在莫斯科开办了第一所儿童教养院,收容孤儿。这是俄国最早的幼托机构。1802年,圣彼得堡近郊的葛岑村开设了儿童教养院。1837年,圣彼得堡开办了儿童收容所,教儿童识字、读书、唱歌。1860年,俄国第一批幼儿园在莫斯科、圣彼得堡产生。19世纪下半叶,福禄培尔的幼儿园教育法传入俄国。19世纪末,平民幼儿园开始出现。俄国政府推广孤儿院,招收流浪儿童。慈善团体也开始开办幼儿保教机构。1894年,圣彼得堡开办了俄国第一家免费平民幼儿园。② 俄罗斯学前教育在沙皇俄国时期发展得非常缓慢,当时的幼儿园只服务于少数特殊人群,是帮助资产阶级家庭进行教育或政府收养孤儿的机构,③ 学前教育资源主要是由私人、慈善团体等构成的社会力量提供,政府的作用有限。

1917年十月革命后,苏俄教育人民委员部学前教育局成立,统领学前教育事务。1919年苏共第八次全国代表大会规定了学前教育的两大任务,一是促进儿童全面发展,二是建立健全儿童保教机构。1932年,苏联颁布了《幼儿园教学大纲(草案)》。这是苏联的第一份学前教育大纲,规定了幼儿园的任务与教育内容,包括政治教育、劳动教育、体育、自然、音乐、美术、数学和识字。1944年,教育人民委员部修订了《幼儿园教育大纲》,对幼儿园的教育对象、性质和任务作出了详细规定。1962年,苏联公布了第一个综合性的幼儿教育大纲——《幼儿园教育大纲》,将0~6岁儿童分为七个年龄班。后来又先后四次对该大纲进行了修订。④

苏联的学前教育机构主要有四种类型:托儿所、托儿所幼儿园、特殊幼儿园和学校幼儿园。托儿所是幼儿日间教育机构,招收3~7岁的儿童。为数最多的是托儿所幼儿园,招收从出生到7岁的儿童。特殊幼儿园设在疗养院,以弱小的儿童为对象。这种机构一般设在郊区,是一种田园式的教育机构。它主要

---

① 金日成. 朝鲜民主主义人民共和国儿童保育教养法 [EB/OL]. (2017-12-05) [2023-09-02]. http://korean-books.com.kp/KBMbooks/ch/work/leader1/1044.pdf.
② 王莹主编. 比较学前教育 [M]. 武汉:武汉大学出版社,2016:105.
③ 肖甦,王彩胤. 21世纪俄罗斯学前教育均衡发展策略探析 [J]. 教育参考,2022(3):39.
④ 王莹主编. 比较学前教育 [M]. 武汉:武汉大学出版社,2016:105.

关心儿童的身体健康,通过适当的营养、远足、游戏和体育锻炼来增进儿童的健康。1984 年以后,还出现了一种学校幼儿园,招收学龄前儿童和学龄儿童,主要设在人烟稀少的乡村。最大的学前教育机构可容纳五六百名儿童。所有学前教育机构都有定制的家具、电器设备、运动器材。苏联的学前教育机构都是公立的,不许私人开办幼儿园。党和国家通过教育法、幼儿园章程、规则和大纲等,对学前教育实行统一管理,以保证教育的质量。① 1981 年,苏联的学前教育毛入园率为 67.95%,苏联解体前的 1990 年为 75.54%。②

20 世纪 90 年代,俄罗斯的社会巨变和剧烈的经济衰退影响了民众的生育意愿,人口持续负增长。政府无法为学前教育机构提供充足的资金支持和物质保障,导致许多新颁布的教育政策、法律未能落实。在复杂的社会背景下,学前教育机构数量迅速减少,在园幼儿数和幼儿入园率持续下降。一些学前教育机构建筑被挪作他用、卖给私人或被拆掉。1995 年,俄罗斯学前教育机构缩减到了 6.86 万所,在园幼儿总数 558.36 万。2000 年左右,俄罗斯在园幼儿数达到 426.3 万的最低点,学前教育机构数量也持续下降。这一时期,民众对学前教育的需求减弱,学前教育的质量也受到经济形势恶化等因素的强烈冲击,无法维持良好的教学状态。

21 世纪初期,普京担任总统后进行了大刀阔斧的改革。2001 年颁布了《2010 年前俄罗斯教育现代化构想》,将教育现代化确立为 21 世纪教育改革的基本框架。21 世纪的俄罗斯坚持教育优先发展战略,重视教育的普及性、公平性和基础性,重视提高教育质量。同时,在各类教育发展规划纲要及发展计划中,学前教育受到高度重视。学前教育现代化是教育发展的最重要目标之一。在此背景下,俄罗斯学前教育事业迎来新的机遇,其发展与改革越来越均衡化,逐渐走出 20 世纪 90 年代的疲软态势。③

俄罗斯学前教育机构以公办为主,社会力量办园仅起补充作用。按照 1992 年俄罗斯政府颁布的《俄罗斯联邦教育法》规定,学前教育机构的创办者可以是国家政权机关、国家管理机关、地方行政机关;本国或外国的各种所有制形式的联合公司、企业、机关和组织;社会、宗教组织及其联合组织;俄罗斯联邦公民和其他国家的公民等。④ 1994 年,俄罗斯私立学前教育机构入学率为 6.90%,2000 年为 7.31%,2011 年为 1.04%,2019 年为 1.55%。⑤ 俄罗斯的私立幼儿园由各单位、企业、社会团体组织兴办,收费高昂,招收的多为社会上

---

① 周采主编. 比较学前教育 [M]. 北京:人民教育出版社,2010:117.
② 世界银行网站统计数据:https://data.worldbank.org.cn/indicator/SE.PRE.ENRR?view=chart。
③ 肖甦,王彩胭. 21 世纪俄罗斯学前教育均衡发展策略探析 [J]. 教育参考,2022(3):39.
④ 冯永刚. 形式多样的俄罗斯学前教育机构之二:幼儿园——俄罗斯学前教育机构的主要类型 [J]. 教育导刊(幼儿教育),2007(6):59.
⑤ 数据来源:联合国教科文组织统计研究所数据库:http://data.uis.unesco.org。

层的子女。① 其私立幼儿园属于非营利机构，政府对私立幼儿园提供税收优惠政策。创办私立幼儿园首先要在俄司法部注册局注册，再由俄各联邦主体教育主管机构对园舍、占地面积、卫生条件、活动设施（休息室、娱乐室、运动场所和用餐室）、医务室等方面指标进行审核评估。评审合格后，颁发学前教育办学许可证，许可有效期为 5 年，许可到期后，须再次考核合格后方可继续办学。②

总之，俄罗斯学前教育较大程度延续了苏联传统，公办学前教育发挥了最主要的作用，社会力量举办的学前教育处于很小的补充角色。2019 年，俄罗斯学前教育毛入园率为 85.99%。③

---

① 冯永刚. 形式多样的俄罗斯学前教育机构之二：幼儿园——俄罗斯学前教育机构的主要类型 [J]. 教育导刊（幼儿教育），2007（6）：60.
② 刘彬彬. 俄罗斯学前教育简况 [J]. 基础教育参考，2011（15）：28-29.
③ 世界银行网站统计数据：https：//data.worldbank.org.cn/indicator/SE.PRE.ENRR？view=chart.

第七章 对策与建议

本章将依据国家设定的普惠性学前教育发展目标,结合社会力量在办学方面的目标及其在学前教育资源提供中的实际角色,并吸取国际上的经验教训,提出相应的策略与建议。首先,应采用科学合理的普惠性学前教育发展模式,重点推行政府主导型普惠性学前教育模式。其次,政府财政补助应重点支持集体利益取向的社会力量办园。在此基础上,再充分发挥个体利益取向的社会力量办园的补充作用。

一、重点采用政府主导型普惠性学前教育发展模式

关于"普惠性学前教育发展模式",目前国内外尚缺乏专门的研究,但在国内已经取得了一些较为丰硕的相关成果。学者们主要依据如下基准研究学前教育发展模式:①地域,有"松滋模式"[①]"洛河模式"[②]。②办园主体,包括:非正规学前教育的志愿者主体模式、家长(家庭)主体模式、社区主体模式[③];公办民办并举、竞合、统筹的发展模式。[④⑤⑥⑦] ③幼儿园的创建方式,包括:西部少数民族地区农村学前教育的内生型发展模式[⑧];乡镇中心幼儿园的投资

---

① 张才生,肖昌斌. 普及·普惠·优质——学前教育发展的松滋模式纪略 [J]. 湖北教育(综合资讯), 2011 (6): 18-21.
② 杨争鸣. "洛河模式":农村发展学前教育的样本 [J]. 云南教育(视界时政版), 2015 (10): 10-11.
③ 吉执来. 非正规学前教育发展模式探析 [J]. 教育导刊(幼儿教育), 2009 (6): 13-14.
④ 李立敏,陈锦泉. 建立公办民办并举、竞合、统筹的学前教育发展新模式——以福建省为例 [J]. 发展研究, 2018 (1): 94-97.
⑤ 洪秀敏,范明丽. 政府主导强力推进农村学前教育三年普及——河北省"三为主"学前教育发展模式的探索和启示 [J]. 学前教育研究, 2011 (11): 12-16.
⑥ 杨会良,张朝伟,刘山. 河北省农村学前教育发展:模式、经验与启示 [J]. 河北学刊, 2012, 32 (6): 190-191.
⑦ 吴冬梅. "社区+"幼儿园发展模式探究 [J]. 学前教育研究, 2019 (2): 93-96.
⑧ 黎平辉. 资源开发与文化传承——西部民族地区农村学前教育内生型发展模式探究 [J]. 民族教育研究, 2014, 25 (1): 100-104.

新建模式、校舍改建模式、征（租）地扩建模式、收购（兼并）完善模式①；贵州农村地区发展学前教育的三种模式，即政府统一规划下的小学改建模式、政府扶持社会力量开设寄宿制幼儿园、开办新农庄幼儿园。② ④办园形式，包括：西北农村学前教育的乡（镇）中心幼儿园模式、村办幼儿园模式、小学附设的学前班模式③；农村学前教育的乡镇中心模式、城乡一体化模式、农村小学附设模式、农村家庭作坊模式、非正规学前教育模式等④；农村学前教育的"六统一"（学前教育经费管理、教师调配、工资发放、工作考核、教玩具配备、办学质量评估）、"一园多点"发展模式⑤；适合偏远农村的社区幼儿班模式⑥。⑤幼儿园的运营方式，主要有：集团化发展与管理模式⑦、公办幼儿园集团化发展模式⑧、"公建民营零租金"模式⑨、公私合作模式⑩、"中心园辐射村园"与"幼小一体化"模式⑪。⑥城乡学前教育关系，包括：城乡结对互助模式⑫、"以城带乡"模式⑬。⑦学前教育的动力或资源，如"行政+专业"的"双轮"驱动模式⑭。

  上述方面是当前对学前教育发展模式研究的基准，但根据何种基准进行研究更为科学，仍有待深入研讨；而对于普惠性学前教育发展模式，目前尚缺乏专门研究。

---

① 李兵. 建设发展农村中心幼儿园的意义与模式 [J]. 学前教育研究, 2006 (Z1): 83-84.
② 王文乔, 赵云友. 贵州农村地区发展学前教育新模式探索 [J]. 学前教育研究, 2012 (4): 22-24.
③ 郑名, 马娥. 西北农村幼儿园办园模式分析与现实选择 [J]. 中国教育学刊, 2006 (9): 63-64.
④ 何静, 严仲连, 王海英. 我国农村学前教育现行主要发展模式探析 [J]. 教育导刊（下半月）, 2011 (11): 17-20.
⑤ 滕瓅, 吕苹. 新农村建设背景下农村学前教育发展模式之探索——以杭州市余杭区为例 [J]. 幼儿教育（教育科学）, 2009 (36): 32-35.
⑥ 彭俊英. 探索适合偏远农村地区的学前教育发展模式——来自云南镇康县社区幼儿班的经验 [J]. 幼儿教育, 2014 (28): 44-46.
⑦ 罗英智, 雷宁. 农村学前教育集团化发展和管理模式探析——以辽宁省三个县为例 [J]. 现代教育管理, 2014 (11): 77-81.
⑧ 江家发, 余捷, 陈海燕. 公办幼儿园集团化发展模式研究 [M]. 合肥: 安徽师范大学出版社, 2020.
⑨ 张学军. 公开招投标 办好普惠园 [N]. 中国教育报, 2013-02-27 (4).
⑩ 李辉. 我国学前教育发展中的公私合作: 模式与特点 [J]. 教育发展研究, 2012, 32 (20): 22-28.
⑪ 李琳. 农村学前教育普及中地方管理实践模式探究——"中心园辐射村园"与"幼小一体化"管理模式的比较分析 [J]. 全球教育展望, 2012, 41 (11): 63-67.
⑫ 刘令燕. 建构城乡结对互助模式, 促进学前教育均衡发展 [J]. 山东教育, 2013 (35): 14-16.
⑬ 刘见. 海南省琼海市实行"以城带乡"发展学前教育新模式 [N]. 中国教育报, 2010-11-22 (1).
⑭ 潘科. 县域学前教育均衡发展"行政+专业"驱动模式的探索 [J]. 幼儿教育研究, 2021 (6): 60-62.

由于发展普惠性学前教育需要相应资源,而资源配置的手段除市场外主要就是政府。因此,如果基于政府在普惠性学前教育发展资源配置中的作用状况来研究普惠性学前教育发展模式,这就抓住了关键。其理由主要在于:①政府的独特地位。政府是现代社会最重要的公共组织①,也是唯一能合法使用暴力的组织。②这使政府在发展普惠性学前教育方面,具有一般组织难以比拟的优势。②政府筹集资源的能力。尽管世界上绝大多数国家实行市场经济体制,以市场手段配置资源,但政府筹集资源的能力仍是普通组织难以超越的。例如,美国政府常被一些学者视为"小政府"的典型,1972—2020年,其财政收入(不含捐赠)占GDP的比例在最低15.67%、最高20.58%的区间波动③,而1948—2015年美国制造业利润率最低仅4.15%、最高14.62%。④由此反映出,政府有很强的筹资能力,这为满足普惠性学前教育发展的资源需要提供了优越条件。③政府提供公共服务的职能。从发达资本主义国家来看,政府普遍为民众提供内容丰富的公共服务。如保障水平较低的美国,其公共服务仍包括就业、社会保障、教育、公共卫生和基本医疗、基础设施等。⑤从社会主义国家来看,如朝鲜政府,为民众提供免费的教育、医疗、住房等诸多福利⑥,古巴政府也为民众提供类似福利⑦。可见,许多不同性质的国家都视提供教育服务为政府职责。

基于政府在普惠性学前教育发展资源配置中的作用状况,可将普惠性学前教育发展模式分为三种:①政府主导型普惠性学前教育发展模式。它是指政府在普惠性学前教育发展资源配置中发挥了主导作用的发展模式。例如,在古巴,出生45天至6岁的儿童可到幼儿中心接受免费的学前教育。⑧古巴的学前教育发展模式实际属于此类。从第六章中探讨的朝鲜、俄罗斯的学前教育也可看出,两国无疑都属于这类发展模式。②准政府主导型普惠性学前教育发展模式。它是指政府在普惠性学前教育发展资源配置中接近发挥主导作用的发展模式。例如,美国政府通过学前教育项目、开端项目、特殊教育项目使4岁儿童入园率达到43%⑨,美国4岁儿童的学前教育发展模式实际属于此类。(3)市场主导型

---

① 靳继东主编. 公共组织概论 [M]. 北京:中国商业出版社,2008:7.
② 王绍光. 多元与统一:第三部门国际比较研究 [M]. 杭州:浙江人民出版社,1999:43.
③ 数据来源:世界银行网站数据库 https://data.worldbank.org.cn.
④ 崔云. 科学认识平均利润率趋向下降规律——基于《资本论》本义与1948—2015年美国利润率等数据 [J]. 学术论坛,2017,40 (5):115-116.
⑤ 吴爱明等. 服务型政府职能体系 [M]. 北京:人民出版社,2009:134-143,155-156.
⑥ 荀寿潇. 朝鲜社会主义经济发展历程 [J]. 海派经济学,2007 (5):9-21.
⑦ 宋国栋. 论古巴社会经济公平制度 [J]. 改革与战略,2013,29 (11):117-120.
⑧ 李协京. 政府直接提供公共教育服务类型研究——以朝鲜和古巴为例 [J]. 中国教育政策评论,2011 (00):76-87.
⑨ A H Friedman-Krauss et al. The State of Preschool Yearbook 2018 [R]. NIEER (the National Institute for Early Education Research),2018:7-11.

普惠性学前教育发展模式。它是指在普惠性学前教育发展资源配置中，不是政府而是市场发挥主导作用的发展模式。2020 年，科特迪瓦、尼日尔、吉布提等低收入国家的学前教育入园率不足 20%①，这些国家的学前教育发展模式实际都属于此类。我国 3 岁以下儿童的普惠性学前教育发展模式也属市场主导型，入园率低。

综上，我国普惠性学前教育到底应选择何种发展模式？这是当前亟须解决的重要的理论与实践问题。探讨该问题不仅有利于总结普惠性学前教育的实践经验，丰富普惠性学前教育发展模式理论，对政府制定更为科学合理的普惠性学前教育政策具有理论参考价值，也有利于普惠性学前教育实践顺利开展，提升我国的生育率与儿童及家庭的福利水平。基于各方面条件以及我国普惠性学前教育的发展目标，我国应选择政府主导型普惠性学前教育发展模式。

社会政策通常是政府制定的，它包括主体、对象、资源和运行机制四个要素。② 学前教育政策属社会政策的一部分，构建政府主导型学前教育发展模式应抓好四个着力点，即政府主导学前教育的主体、对象、资源和运行机制。

（一）政府主导学前教育的主体

学前教育的主体是幼儿教师。他们是决定学前教育质量的关键因素。政府首先应将他们纳入主导范畴。政府主导学前教育的主体，即政府决定并引导幼儿教师队伍建设。这是构建政府主导型学前教育发展模式的核心。假如政府放任学前教育主体，政府主导型学前教育发展模式就会因人才匮乏而难以构建。政府主导学前教育的主体，主要包括以下内容：①政府主导学前教育人才的培养，以保障有足够的合格人才可加入幼儿教师队伍。这就要求政府高度重视学前教育专业的高等教育。当前的公费师范生政策应将幼儿教师的培养作为一个重点。②政府主导幼儿教师的准入，以保障德才兼备者担任幼儿教师，排除无资质者。③政府主导幼儿教师的职业地位，尤其应充分保障其编制需要，以使幼儿教师成为具有较高社会地位的职业。④政府主导幼儿教师的工资福利待遇，保障其工资福利待遇至少能达到专业技术人员的平均水平，扭转当前幼儿教师工资福利待遇低、流失率高的局面。⑤政府主导完善幼儿教师的职称评定，拓宽其向上流动的渠道等。

（二）政府主导学前教育的对象

学前教育的对象即学龄前儿童，他们对学前教育的需要是政府发展学前教育的前提。政府主导学前教育的对象，实质是满足学龄前儿童对学前教育的需

---

① 数据来源：世界银行网站数据库 https://data.worldbank.org.cn。
② 关信平主编. 社会政策概论［M］. 3 版. 北京：高等教育出版社，2014：93-127.

要。这是构建政府主导型学前教育发展模式的起点。假如政府放任学前教育的对象,政府主导型学前教育发展模式就会因有效需求不足而难以构建。政府主导学前教育的对象,从不同角度考察,可包括不同层面的内容。例如,从学前教育对象的范围看,是政府主导多数学龄前儿童的学前教育需要;从学前教育对象的年龄段看,可包括政府主导3岁及以上学龄前儿童的学前教育需要,政府主导3岁以下学龄前儿童的学前教育需要;从儿童发展的内容看,可包括政府主导学龄前儿童的语言能力、运动能力、认知能力等多方面能力的发展;从学前教育对象的家庭背景看,是政府着重主导中低收入家庭学龄前儿童的学前教育需要。

(三) 政府主导学前教育的资源

学前教育的资源包括财力资源、物力资源、人力资源,核心是财力资源。政府主导学前教育的资源,即政府决定并引导学前教育资源的配置。这是构建政府主导型学前教育发展模式的基石。政府主导学前教育的资源,主要包括以下内容:

第一,政府主导学前教育的财力资源。学前教育的财力资源,是指可用于开展学前教育的资金或经费,它是向学前教育领域投入的人力、物力、财力以货币形式表现的资源。财力资源是学前教育的基础性资源。一方面,幼儿教师的如下费用需财力资源支付:①工资,要达到合理水平,以鼓励优秀人才从事学前教育,提供高质量的专业服务。②社会保险,包括基本养老保险、基本医疗保险、失业保险、工伤保险等。③职业福利与补贴,如住房公积金、职业年金、工龄补贴、农村或偏远山区补贴等。④差旅费及差旅补贴,如幼儿教师因工作原因需外出开会、交流学习等,应支付差旅费及补贴。⑤继续教育费用,用于幼儿教师参加培训,以持续提升工作技能。⑥办公经费,包括工作场所的水电费、通信费,购买电脑、打印机等办公用品的费用等。⑦其他费用。另一方面,幼儿园的其他工作人员也需财力资源支付工资、社会保险等费用。

第二,政府主导学前教育的人力资源。学前教育的人力资源,主要是指具有一定学前教育专业知识和技能,在学前教育领域直接提供学前教育服务的专门人员。它与学前教育主体的内容相一致。此外,幼儿园还需要保育员、专兼职行政人员等其他人力资源。

第三,政府主导学前教育的物力资源。学前教育的物力资源,是指开展学前教育工作可供使用的物质资源。它是学前教育服务再生产不断循环的重要条件。学前教育物力资源的价值形式往往表现的是幼儿园的总资产,主要包括:①幼儿教师开展教育活动的教室。②幼儿活动的场地。③幼儿玩具。④办公用品。⑤图书资料。⑥其他物力资源。

(四) 政府主导学前教育的运行机制

学前教育的运行机制有广义与狭义之分。广义的学前教育运行机制涵盖了学前教育工作所有阶段与环节的运行机制，包括学前教育主体的组织方式、资源调动机制、受益者选择机制及学前教育服务传递机制等各方面。狭义的学前教育运行机制一般是指学前教育服务的传递机制，即如何将学前教育服务传递给服务对象的方式。从内容上看，学前教育工作中的服务传递机制，包括服务传递过程的组织安排、运行、使用及服务活动中的各种规范等。① 科学合理的运行机制是学前教育服务的要素之一。政府主导学前教育的运行机制，是政府主导型学前教育发展模式运行的动力。它应包括如下方面。

第一，政府主导学前教育的组织建设与治理。任何社会都是组织的社会。② 由学前教育领域的人力资源构成结构合理的组织（即幼儿园），是传递学前教育服务的前提。幼儿教师提供服务要依托幼儿园。内容丰富、高质量的专业学前教育服务难以依靠个别幼儿教师，以原子化的形式来提供，需要一定数量的幼儿教师及相关人员以组织的形式，互相配合与协调，才能较好地提供。因此，政府主导学前教育的运行机制，首先要主导学前教育服务传递的组织建设。与此同时，幼儿园的日常治理工作，如工作计划、保育教育内容、人事与财务管理等重要事项，政府都应当主导，以保障学前教育服务传递高效进行。

第二，政府主导学前教育服务传递的过程。学前教育可视为社会行动，是幼儿教师有目的、有意识地保育教育学龄前儿童的活动。政府不应忽视这一行动或活动过程的原因在于：①学前教育的运行机制涉及服务传递过程的各个环节，政府要有效主导学前教育的运行机制就应涉及其服务传递过程。②学前教育服务传递过程直接关涉学前教育运行机制的效率，低效的运行机制会导致学前教育资源的浪费。③学前教育服务传递过程的各环节都有可能影响学龄前儿童及其家庭的服务满足，决定着政府发展学前教育的目标能否实现。所以，为保障学龄前儿童获得高效服务，政府必须主导学前教育服务传递过程。

第三，政府主导学前教育服务结果的评估。这里的"结果"是指，学前教育服务给学龄前儿童带来的成长变化。科学评估学前教育的结果，对于全面评价学前教育绩效，改善服务方式，提升服务质量，以及确保服务达到预设目标，都具有重要意义。政府是公共利益的代表，是一般的社会组织无法替代的公共权威机构，学前教育的资源也由政府主导，因此，政府如主导学前教育的运行机制，对于评估服务结果这一重要环节也必须主导。

第四，政府主导学前教育服务内容的改进与调整。政府主导对学前教育服

---

① 关信平主编. 社会政策概论 [M]. 3 版. 北京：高等教育出版社，2014：121.
② 周雪光. 组织社会学十讲 [M]. 北京：社会科学文献出版社，2003：6.

务结果进行评估后,并不意味着政府主导学前教育运行机制的结束,还应根据评估结果情况,要求学前教育组织作出相应的优化与调整。这是政府主导学前教育服务结果评估的延续,也是政府主导学前教育运行机制的一部分。当学前教育服务质量欠佳时,学前教育组织及从业者应想方设法予以改进。

总之,紧抓政府主导学前教育的主体、对象、资源和运行机制四个着力点,基本能保障构建起政府主导型学前教育发展模式。当政府在提供普惠性学前教育资源中充分发挥主导作用,我国普惠性学前教育资源的提供就有了充分保障。只有在这个基础上,再科学定位社会力量在提供普惠性学前教育资源中的角色,才有利于进一步解决入园难入园贵问题,推动我国学前教育高质量发展。[①]

二、政府财政补助重点支持集体利益取向的社会力量办园

当前绝大多数社会力量举办的幼儿园都是登记为非营利性的,只有少数民办园登记为营利性的。多数民办园因此能或多或少得到政府的一些财政补助。但是,当前这种补助政策并不合理,没有起到应有的鼓励作用,政府的财政补助应当调整为重点支持集体利益取向的社会力量办园。具体而言,在于以下两个方面。

第一,当前政府给予普惠性民办园的财政补助,离实现补助目标有难以弥合的差距。

基于调动社会力量提供普惠性学前教育资源的政策目标,政府给予普惠性民办园以一定财政补助。虽然政府提供的财政补助有限,但这些财政补助非常可贵,应努力发挥最大的社会效益,不宜浪费。并且,这些补助均来自全民税收,本就不应浪费。然而,地方政府学前教育管理部门并未有效监管民办园的财务,并不清楚民办园资金的具体用途,政府的财政补助实际最终大都流入了举办者的腰包,成为他们额外的利润。与此同时,既没有明显证据显示,这些已被认定的普惠性民办园的保育教育质量有明显提升,也没有充分资料表明,这些民办园的保教费等各种费用下降。实际上普惠性民办园的保教费等各种费用,近些年来仍在上涨。所以,政府的财政补助在很大程度上并未实现政策目标。或许有人认为,只要加强政府监管即可,但这种监管的技术可行性很低,也很难通过其他技术手段弥合其间的差距。概括来说,当前社会力量的多数属个体利益取向的社会力量,举办者的主要办园目的在于追求个人利益,这种本性决定着政府无论采取何种技术手段,都很难使他们提供真正的普惠性学前教育资源。

第二,多数民办园的衰弱趋势不可避免,给予其补助及追加补助的意义日

[①] 查明辉. 我国普惠性学前教育发展模式政策选择的研判研究[J]. 教育学术月刊,2024(3):23-31.

益降低。

学前教育是重要的社会事业，近些年来，国家大力发展公办园，而整个社会对学前教育服务的需求市场并不是无限的。随着中国年结婚人数的减少与生育率的下降，幼儿园的生源问题日益凸显。2021年，中国大陆结婚登记数降到了764.30万对，比1980年下降了6.23%，比2013年1346.93万对的最高峰下降了43.26%。① 结婚人数的减少直接导致生育率下降。尽管我国于2013年开始推行"单独二孩"，2015年又实施了"全面二孩"政策，② 也未扭转下降趋势。2022年，中国人口出现61年来的首次负增长，比2021年减少85万。③ 在新生婴儿日益减少的背景下，一般家庭会首先寻求公办园满足子女的学前教育服务需要，日益发展的公办园也必然会逐步满足这些需要；而富裕阶层则寻求高端的民办园满足需要。因此，普通幼儿园（主要是普通民办园）的生源问题就会越来越严重，乃至倒闭。例如，2019年，民办园总数为173236所；2020年减少到167956所，减少了3.05%；2021年又减少到166702所，又比上年减少了0.75%；④ 2022年进一步减少到16.05万所，比上年减少3.72%。⑤ 在乡村，民办园衰弱的趋势更加明显。2019年，乡村民办园达到近几年的最高点，为42378所；2020年减少到38902所，比2019年减少了8.20%；2021年进一步减少到36608所，又比2020年减少了5.90%。⑥ 按目前的人口发展趋势，未来很有可能最终生存下来的主要是公办园与高端民办园，多数普通的民办园将因缺乏生源而消失。从这个意义上说，政府给予及追加对民办园的财政补助的意义也将越来越小。

概括上述两个方面，尽管我们赞成政府的财政补助投向非营利性学校，而不投向营利性学校，但由于很难有效监管民办园，特别是民办园的财务，很难精准识别哪些是真正的非营利性民办园，这种财政补助难以实现调动越来越多的社会力量提供普惠性学前教育资源的政策目标。所以，我们不主张继续给予民办园以财政补助或追加补助。

不过，社会力量并非铁板一块，而有较大的异质性。它除了主要是由公民个人构成的个体利益取向的社会力量外，还有少数由地方企业、事业单位、集体等构成的集体利益取向的社会力量。2021年，这类社会力量举办的幼儿园数

---

① 数据来源：《全国民政统计资料》（1980）、《中国统计年鉴》（2022）。

② 顾宝昌，侯佳伟，吴楠. 中国总和生育率为何如此低？——推延和补偿的博弈［J］. 人口与经济，2020（1）：52.

③ 赵语涵. 去年年末全国人口比上年末减少85万人——为近61年来首次人口负增长［N］. 北京日报，2023-01-18（5）.

④ 数据来源：《中国教育统计年鉴》（2019—2021）。

⑤ 数据来源：《2022年全国教育事业发展统计公报》。

⑥ 数据来源：《中国教育统计年鉴》（2013—2021）。

量有 17810 所，在全部社会力量举办的幼儿园中占 9.65%。① 尽管数量占比不多，但它们是社会力量中真正提供普惠性学前教育资源的主体，并且有较大潜力。政府的财政补助重点应支持这类社会力量，即集体利益取向的社会力量。其具体理由在于以下方面。

第一，集体利益取向的社会力量办园动机不同于个体利益取向的社会力量，一般不存在通过办园营利的问题。个体利益取向的民办园旨在通过办园而营利。一方面，这些民办园举办者通过逐年增加保育保教费，开办兴趣班或特色课程等增加收入；另一方面，努力减少民办园的支出，压低教职工的工资福利待遇，甚至不给教职工办理社会保险或者社会保险的项目不全，以增加利润。两个方面使举办者能最大限度取得利润，而学龄前儿童在这类民办园实际很难获得普惠性学前教育服务。相比之下，集体利益取向的社会力量一般是出于为所在集体的成员解决子女学前教育问题而办园，并非通过办园而从集体成员处赚取利润。这就为集体利益取向的社会力量提供普惠性学前教育资源奠定了坚实基础。

第二，集体利益取向的社会力量有较好的财务管理制度。个体利益取向的社会力量出于个人营利目的而办园，为掩盖目的，往往缺乏规范的财务管理制度。而集体利益取向的社会力量所在组织，如国有企业、事业单位，属于共有产权，这些组织一般都会按国家的相关规定建立健全的财务管理制度。如果这类社会力量举办幼儿园，这些幼儿园的产权也属于共有产权，一般也都会按相关规定建立健全的财务管理制度，能够做到《民办教育促进法》规定的"民办学校收取的费用应当主要用于教育教学活动和改善办学条件"，保障所举办的幼儿园成为真正的非营利性幼儿园。

第三，集体利益取向的社会力量一般都会较好遵守学前教育政策，依规办园。个体利益取向的社会力量办园，基于个人营利目的往往不能较好遵守学前教育政策。而集体利益取向的社会力量基于集体利益目的办园，一般能够遵守学前教育政策。例如，按政府规定配备合格的师资力量，按规定为教职工提供社会保险，反对"小学化"等。这就使学前教育质量能够得到较好保障。

综上三点，集体力量取向的社会力量办园，能避免个体利益取向的社会力量办园的天生缺陷，政府财政补助的重点应支持集体利益取向的社会力量办园。这具有多方面的意义：一是有利于政府有限的财政资金发挥较大效益。当前，政府以撒胡椒面式的方式资助大部分民办园，由于资金很有限，民办园又并未真正提供普惠性学前教育服务，因而，所产生的社会效益较小。如将补贴资金重点支持集体利益取向的社会力量办园，则是真正将资金用到实处，发挥其应有的社会效益，鼓励越来越多的集体利益取向的社会力量办园。二是有利于政府监管。集体利益取向的社会力量有较好的财务管理制度，政府的财政补助使

---

① 数据来源：《中国教育统计年鉴》（2021）。

用情况可得到有效监管。三是有利于推动集体利益取向的社会力量所在组织的发展。学前教育问题是所有幼儿家长都关心的重要问题。政府的财政补助重点支持集体利益取向的社会力量，为所在组织成员的子女提供普惠性学前教育服务，组织成员会进一步增加对组织的忠诚度，为其努力工作。这就有利于这些组织的发展。四是使集体力量取向的社会力量举办的幼儿园中的幼儿及其家庭能真正从中受益。此外，无论是在朝鲜，还是在美国，都有一些集体利益取向的社会力量办园的实践经验可借鉴。这类幼儿园的学费比较合理，质量有保障，能真正推动普惠性学前教育发展，使一些群众受益。

三、发挥个体利益取向的社会力量办园的补充作用

随着中国人口生育率的下降与公办学前教育的大力发展，以及鼓励集体利益取向的社会力量提供普惠性学前教育服务，社会对个体利益取向的社会力量提供的学前教育服务需要必然会减少。虽然这类社会力量并不能真正提供普惠性学前教育服务，难以在提供普惠性学前教育资源中充当重要角色，但在未来相当长时期内，我国仍要继续发挥它们对提供学前教育资源的补充作用。这就需要做好以下几点。

（一）实事求是地确立普惠性民办学前教育的发展指标

正确确立普惠性民办学前教育的发展指标，需要深入实地进行科学的调查研究。

关于调查研究，习近平总书记高度重视，作了许多非常重要的指示，很值得学前教育政策制定者学习贯彻。关于调查研究的重要作用，习近平总书记指出，"调查研究是我们党的传家宝，是做好各项工作的基本功"①；"调查研究是工作有新思路的源泉，是提高决策水平的有效途径，是领导机关的基础性工作和领导干部的基本功"②；"调查研究是谋事之基、成事之道。没有调查，就没有发言权，更没有决策权"③。关于调查研究的要求，习近平总书记提出，"要改进调查研究，切忌走过场、搞形式主义"④；倡导把调查研究"贯彻于决策全

---

① 中共中央党史和文献研究院编. 习近平关于力戒形式主义官僚主义重要论述选编［M］. 北京：中央文献出版社，2020：90.

② 《秘书工作》采访组. 实干才能梦想成真——习近平同志在福州工作期间倡导践行"马上就办"纪实［J］. 秘书工作，2015（2）：10.

③ 霍小光，王绚，何雨欣，等. 聆听伟大复兴的时代足音——党的十八大以来习近平总书记国内考察全纪实［N］. 人民日报，2017-10-09（1）.

④ 审议关于改进工作作风、密切联系群众的有关规定 分析研究二〇一三年经济工作——中共中央总书记习近平主持会议［N］. 人民日报，2012-12-05（1）.

过程"①;"多下基层调查研究、掌握第一手情况"②;"调查研究要找准问题、有的放矢";"调查研究要深入实际、深入基层、深入群众";"调查研究要坚持实事求是的原则";"调查研究要制度化经常化";③ 调查研究千万不能搞形式主义,不能搞浮光掠影、人到心不到的"蜻蜓点水"式调研,不能搞做指示多、虚心求教少的"钦差"式调研,不能搞调研自主性差、丧失主动权的"被调研",不能搞到工作成绩突出的地方调研多、到情况复杂和矛盾突出的地方调研少的"嫌贫爱富"式调研。关于调查研究的方法,习近平总书记指出,开展调查研究,要扑下身子、沉到一线,迈开步子、走出院子,到车间码头,到田间地头,到市场社区,亲自察看、亲身体验;调查研究要紧扣人民群众生产生活,紧扣经济社会发展实际,紧扣全面从严治党面临的现实问题,紧扣贯彻落实党的十九大精神需要解决的问题;调查研究要了解民情、掌握实情,搞清楚问题是什么、症结在哪里,拿出破解难题的实招、硬招,使调研的过程成为加深对党的创新理论领悟的过程,成为保持同人民群众血肉联系的过程,成为推动事业发展的过程;调查研究要拜人民为师、向人民学习,放下架子、扑下身子,接地气、通下情,既到工作局面好和先进的地方去总结经验,又到群众意见多的地方去,到工作做得差的地方去,到困难较多、情况复杂、矛盾尖锐的地方去调查研究,真正把功夫下到察实情、出实招、办实事、求实效上。习近平总书记多次号召党员领导干部多做调查研究,号召全党大兴调查研究之风;④ 勉励年轻干部要提高调查研究能力⑤;靠深入调查研究下功夫解难题⑥。此外,习近平总书记还批评有的领导干部,"发展产业不进行调查研究,靠拍脑袋决策,去年让贫困户养鸡,今年让贫困户养羊,明年让贫困户种药材,扶贫项目和贫困户产业需求严重脱节"⑦;批评有些部门,"调查研究不深入,指导工作脱离实际,政策不落实、不到位、不精准"⑧,希望大家引以为戒。

习近平总书记的上述重要论述,对于正确确立普惠性民办学前教育的发展指标,有极其重要的指导意义,很值得学前教育政策制定者学习贯彻。只有实

---

① 习近平谈治国理政 [M]. 北京:外文出版社,2014:426.
② 大力学习弘扬焦裕禄精神 继续推动教育实践活动取得实效 [N]. 人民日报,2014-03-19 (1).
③ 十六、提高解决改革发展基本问题的本领——关于科学的思想方法和工作方法 [N]. 人民日报,2016-05-12 (9).
④ 中共中央党史和文献研究院编. 习近平关于力戒形式主义官僚主义重要论述选编 [M]. 北京:中央文献出版社,2020:90.
⑤ 张洋. 习近平在中央党校(国家行政学院)中青年干部培训班开班式上发表重要讲话强调,年轻干部要提高解决实际问题能力 想干事能干事干成事 王沪宁出席 [N]. 人民日报,2020-10-11 (1).
⑥ 习近平谈治国理政(第三卷)[M]. 北京:外文出版社,2020:507.
⑦ 中共中央党史和文献研究院编. 习近平关于力戒形式主义官僚主义重要论述选编 [M]. 北京:中央文献出版社,2020:56.
⑧ 习近平. 在打好精准脱贫攻坚战座谈会上的讲话(2018年2月12日)[J]. 求是,2020 (9).

施了正确的调查研究,所确立的普惠性民办学前教育的发展指标才是符合实际和切实可行的。

尽管中国经济已取得了举世瞩目的巨大成就,但中国仍处于并将长期处于社会主义初级阶段的基本国情没有变。中国发展不平衡不充分问题依然突出。正如李克强总理在2020年5月的记者会上所说:"6亿人平均每个月的收入也就1000元左右。"① 并且,许多地方政府实际已债台高筑,中央政府负债也不少。国家尚不富裕及政府财力有限,在很大程度上制约了对教育的投入。中国早在1986年就已经颁布了《义务教育法》,但到2006年才开始逐步推行义务教育免费化②,江西南昌2009年才实现这一目标③,有的地方甚至更晚。完成义务教育免费化尚且如此艰难,更不能低估义务教育之外的普惠性学前教育发展的长期性、艰巨性。例如,2020年8月23日,江西省ZW县基教股Z股长告诉课题组:"我们义务教育都(尚且)欠账,拖欠,投入都(尚且)不能到位,所以——上面是有政策,有规定,普惠性幼儿园。但地方财政要投入还是很难。说实话哪个县都是一样的。"2023年8月28日,江西省PL市GH镇中心幼儿L园长告诉课题组:"公办园补助都落实不了,不要说民办园了!"加之,至少85%的民办园举办者属投资办园,没有主动提供普惠性学前教育服务的动机。所以,当前普惠性民办学前教育的发展指标不宜定得过高。应将目前普惠性民办园(在园幼儿)占全部民办园的比例60%左右的指标,降至20%以内,将来根据情况变化再调整。这既可减少政策偏差,也可减轻地方政府在这方面过高的行政压力。

(二)满足民办园举办者合法合理地取得回报的诉求

当前,个体利益取向的社会力量办园实际已取得回报,包括大部分已被认定为普惠性幼儿园的民办园。但是,这并不合法。因为普惠性民办园通常来说属于非营利性民办学校,而《民办教育促进法》规定,"非营利性民办学校的举办者不得取得办学收益,学校的办学结余全部用于办学",只有营利性民办学校的举办者才可以取得办学收益。在国际上,有许多国家,如欧美国家,通常将教育组织归于非营利组织之列,不能将非营利组织的结余分配给举办者,这是许多国家对非营利组织管理的常规。④ 所以,我国的民办园如果已认定为普惠性幼儿园,而这些幼儿园的举办者仍取得办学收益就是违反法律规定。

国外非营利组织的员工并非都是义工,而主要是领薪水的雇员。⑤ 在美国,

---

① 新华社. 李克强总理出席记者会并回答中外记者提问 [J]. 中国经济周刊, 2020 (10): 35.
② 林锦鸿. 免费义务教育政策与城乡教育差距 [J]. 中国农村观察, 2021 (3): 128-131.
③ 彭淑婧, 骆辉. 免费义务教育政策覆盖城乡 [N]. 南昌日报, 2010-01-28 (2).
④ 王绍光. 多元与统一: 第三部门国际比较研究 [M]. 杭州: 浙江人民出版社, 1999: 10-15.
⑤ 王绍光. 多元与统一: 第三部门国际比较研究 [M]. 杭州: 浙江人民出版社, 1999: 7, 62-63.

有些非营利组织的行政人员拿着极高的工资。例如，20世纪90年代，管理GRE考试的教育考试服务中心的总裁年薪为32万美元，超过当时美国总统克林顿20万美元的年薪。① 在英国，社会关照委员会②作为一家管理社会工作者的非营利组织，其总裁2012年的薪酬达14万多英镑，高级经理为5.76万英镑。③ 暂不讨论这些非营利组织的领导的薪酬是否合理，可以发现，国外非营利组织的领导者可公开合法地获得较高的薪酬。在中国，《民办教育促进法》规定，"民办学校应当依法保障教职工的工资、福利待遇和其他合法权益，并为教职工缴纳社会保险费"；"国家鼓励民办学校按照国家规定为教职工办理补充养老保险"。但是，该法仍存在一处不明确之处，即举办者的工资福利待遇问题尚未明确规定。2021年修订的《民办教育促进法实施条例》以及其他教育政策对此也未规定。另外，我国的《劳动法》规定，劳动者有"取得劳动报酬的权利"。所以，我国应尽早对非营利性民办园举办者的工资福利待遇作出合理规定。不允许他们取得办学收益，并不意味着不允许获得合理的工资福利待遇。解决这一问题有利于满足多数民办园举办者合法合理地取得回报的诉求。

或许有人认为，《民办教育促进法》对教职工的工资福利待遇作出规定，即包括了举办者。这种说法当然有一定道理。假如举办者作为幼儿园的创办者不算作教职工，显然不合理。但是，如果将举办者视为一般教职工，也不合理。因为举办者与一般的教职工的作用并不一样。举办者作为民办园产生的关键人物，有初始资金投入，大多数平时从事民办园的日常组织与管理，也是办园风险的主要和最终承担者，有的甚至也亲身从事保育教育工作。因此，举办者的工资福利待遇如按一般的教职工来支付并不太合理。

解决非营利性民办园举办者的合理回报问题，其实主要是对他们的工资福利待遇问题作出合理规定。因为这不仅仅涉及非营利性民办学校，而且涉及其他社会组织，可由我国社会组织管理部门统一解决。我国社会组织管理部门可以牵头，召集教育、税务、人力资源等政府部门工作人员、学前教育领域的研究专家、民办园举办者、民办园教职工等人员，进行共同调研与商讨，制定出合理的政策。对于非营利性民办园举办者的工资福利待遇，可在参考营利性民办园举办者的平均回报、公办园园长的平均工资福利待遇，以及民办园教职工的平均工资福利待遇的基础上，对其明确作出合理规定。这既符合民办园分类管理改革的基本精神及《劳动法》的规定，也可基本满足多数民办园举办者合法合理地取得回报的诉求。

---

① 王绍光. 多元与统一：第三部门国际比较研究 [M]. 杭州：浙江人民出版社，1999：110-112.
② 英国社会工作局的前身。
③ General Social Care Council Annual Report and Accounts 2011-12 [EB/OL]. (2012-07-13) [2023-09-06]. https://assets.publishing.service.gov.uk/government/uploads/system/uploads/attachment_data/file/229049/0234.pdf.

（三）在保障幼儿安全的前提下允许低端民办园存在

如今在英美国家，并不是所有的私立幼儿园的软硬件都是一流的，有些幼儿园甚至是家庭办的。这给我国提供了一点非常重要启示，即在保障幼儿安全的前提下，允许一些低端民办园存在。具体而言，可从以下方面分析。

第一，我国的经济发展水平决定了目前不宜将民办园的标准定得过高。2022年的人均GDP，美国为7.64万美元，英国为4.59万美元，中国为1.27万美元，① 中国分别只有前二者的16.62%、27.67%。因此，在英、美等发达国家尚且存在低端幼儿园的情况下，我国作为发展中国家，显然不宜将民办园的标准定得过高。

第二，一部分幼儿家庭分担学前教育成本的能力有限。尽管我国已实现了全面小康，正在向共同富裕迈进，但有许多家庭仍处于低收入状态，分担学前教育成本的能力有限。假如民办园都按政府要求配备软、硬件，必然大大提高办园成本，进而导致保育保教费增加。这是许多幼儿家庭难以承担的。所以，从幼儿家庭分担学前教育成本能力的角度而言，政府不宜将民办园的准入门槛定得过高，应允许存在低端民办园。

第三，让一部分幼儿家长多一种合适幼儿园的选项。如今中国早已普及了九年义务教育，高等教育也早已实现了大众化。因此，一般来说，幼儿家长都有一定的文化水平。他们会根据自己的经济条件选择合适的幼儿园；如果经济条件允许，他们会将子女送至高端民办园，如果经济条件不允许且也没有公办园选择，他们只能将子女送至自身经济条件允许的民办园。如果没有这些低端民办园，一些幼儿将无园可入，给幼儿家长带来诸多不便。

第四，从一些民办园举办者的角度而言，办园成本过高导致保教费提高，将会因难以招到合适的幼儿而倒闭。只有维持较低成本和低收费，适合一部分低收入的幼儿家庭，这类民办园才能生存，举办者因此才能获得一些回报。

综上，所有民办园都应将安全放在第一位。现实中，地方政府学前教育管理部门监管民办园常将安全列为重点。在保障安全的前提下，政府应允许低端民办园存在，幼儿家长会"用脚投票"，市场也会优胜劣汰。

（四）构建针对民办园的社会化网络监管平台

《民办教育促进法》规定，国家对民办教育实行积极鼓励、大力支持、正确引导、依法管理的方针。这表明，国家对民办教育既有积极鼓励、大力支持的一面，也有正确引导、依法管理的一面。该法既有专门一章规定"管理与监督"，也有专门一章规定"扶持与奖励"。二者共同服务于"促进民办教育事业

---

① 数据来源：世界银行网站数据库：https://data.worldbank.org.cn。

健康发展"。为更好发挥个体利益取向的社会力量办园的补充作用,还应建立针对民办园的社会化监管平台。

近年来,国务院及地方政府不仅出台了许多关于监管民办园的法规与政策,地方政府教育管理部门也采取了不少监管行动。例如,2010 年,福建省漳州市开展了民办园安全专项整治工作。① 2023 年 3 月,四川省达州市教育局决定开展为期 1 年的全市民办幼儿园规范办园行为专项整治,重点整治办园条件不达标、教育乱收费、教职工管理不规范、违规招生入园、保育教育不规范、安全工作不达标、后勤卫生不达标等方面的突出问题。②

然而,由于当前针对民办园的监管,主要是政府教育管理部门及相关部门实施,而它们的人员有限,很难进行有效监管以取得常态化的良好效果。因此,需要构建针对民办园的社会化网络监管平台,即通过构建一个监管平台,调动以民办园家长、教职工等为主的全社会力量来监管民办园。具体操作内容包括以下几个方面。

第一,建议由教育部统一采购或开发一种软件,以乡(镇、街道)为最基层单位,各地政府民办园管理部门在当地政府的教育网站统一安装,以建立类似于淘宝网卖家评价的网络监管平台,便于民办园家长等在该监管平台上反馈民办园办园行为。

第二,乡(镇、街道)政府民办园管理部门要求所有民办园,无论是否有办园许可证,首先都必须到政府社会组织部门登记,将相关信息录入监管平台。并告知幼儿家长及相关人员可在该平台反馈、评价民办园,包括民办园的收费、保育教育质量、安全、卫生等内容。每个学期结束,幼儿家长等可给予好评、中评、差评。

第三,将幼儿家长等反馈的民办园的一些违规行为向全社会公开,并严格保护幼儿家长等人员的隐私,以免其遭受打击报复。政府民办园管理部门责成民办园整改违规行为,整改情况也要及时、公正地发布,让幼儿家长及全社会了解。

第四,乡(镇、街道)政府民办园管理部门对每个学期民办园办园的整体情况进行总结,客观地进行奖优罚劣。这些情况也向全社会公开发布。

此外,政府也应要求幼儿家长及其他人员所反馈的关于民办园的信息真正可靠,避免无端的诋毁和污蔑。

总之,政府如能建立起针对民办园的社会化网络监管平台,则可以有效对

---

① 戴岚岚. 以安全为底线 规范民办幼儿园——全市民办幼儿园安全专项整治工作阶段性总结会召开 [N]. 闽南日报, 2010-07-20 (A01).
② 邱霞, 文莉萍. 我市开展全市民办幼儿园规范办园行为专项整治 [EB/OL]. (2023-03-13) [2023-09-07]. http://ydznews.dzrbs.com/Share/ArticleShare?ArticleId=140618.

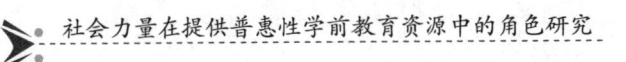

民办园办园行为进行常态化监管，大大缓解政府民办园管理部门的监管压力，提高行政效率，有利于对民办园实行"优胜劣汰"，促进民办学前教育整体健康发展。

结　语

　　为解决入园难入园贵问题，2010年11月出台的《国务院关于当前发展学前教育的若干意见》提出，发展学前教育，必须坚持公益性和普惠性；鼓励社会力量以多种形式举办幼儿园；积极扶持民办幼儿园特别是面向大众、收费较低的普惠性民办幼儿园发展；引导和支持民办幼儿园提供普惠性服务；等等。这表明，国家希望社会力量在提供普惠性学前教育资源中发挥重要角色。然而，社会力量能不负国家所望，在其中充当重要角色吗？这是一个值得研究的重要问题。研究这一问题，理论上，可总结、提炼各地推动社会力量提供普惠性学前教育资源的实践，利于将其上升至理论的高度；增加有关社会力量提供普惠性学前教育资源中的角色的相关理论知识，为相关研究者进一步研究奠定一些基础，丰富社会大众相关方面的知识；对于政府教育及相关部门制定民办学前教育政策具有理论参考意义。实践上，有利于政府教育及相关部门进一步优化学前教育政策，使其更符合现实的需要，更好地推动普惠性学前教育发展；有利于社会力量认清现实情况，把握国家当下及未来发展的大趋势，努力服务群众和社会，提升教育保育质量；有利于提升广大学龄前儿童及其家庭的教育福利水平，增进人民福祉；有利于解决一些家庭学前教育方面的后顾之忧，提升生育率等。

　　从《国务院关于当前发展学前教育的若干意见》《关于加大财政投入支持学前教育发展的通知》《关于实施第二期学前教育三年行动计划的意见》《中共中央 国务院关于学前教育深化改革规范发展的若干意见》等文件来看，社会力量在提供普惠性学前教育资源中的理论角色，是在普惠性学前教育资源提供中充当重要角色。其内在机理在于，我国已有社会力量提供普惠性学前教育资源的实践、政府财力有限、新兴的集体利益取向的社会力量有提供普惠性学前教育资源的较大潜力。

　　无论是从社会力量举办的幼儿园的数量、在园幼儿数量，还是教职工数量，都可以看出，社会力量在提供学前教育资源中的实践角色是主要角色。但是，社会力量在提供普惠性学前教育资源中的实践角色，仅是补充角色。它反映在：民办园的举办者及教师对普惠性幼儿园缺乏相关认知、普惠性民办园的保教费居高不下、普惠性民办园提供服务的条件有待提升、一些家长对普惠性学前教育需要的满足感较低等等。社会力量可分个体利益取向的社会力量、集体利益取向的社会力量。个体利益取向的社会力量提供学前教育资源实践角色的内在机理包括：国家学前教育政策的变化、独生子女政策的出台、城乡居民财富的增长等等。集体利益取向的社会力量提供学前教育资源实践角色的内在机理包括：集体利益取向的社会力量有共同的利益基础、它们举办的幼儿园的产权属共有产权、集体利益取向的社会力量基本是生产性的社会组织、有集体主义的文化氛围等等。

个体利益取向的社会力量在提供普惠性学前教育资源中，存在诸多方面的角色冲突，包括个体利益取向的社会力量与政府之间的角色冲突、个体利益取向的社会力量自身的角色冲突、个体利益取向的社会力量与幼儿家长之间的角色冲突、幼儿家长与政府学前教育管理部门之间的角色冲突。

政府扶持社会力量提供普惠性学前教育资源面临角色失调问题，即政府作为普惠性民办学前教育政策供给者的角色失调，作为普惠性民办学前教育资金支持者的角色失调，作为普惠性民办学前教育监管者的角色失调。这些角色失调现象，需要政府制定相关政策予以调适。

"普惠性学前教育"或"普惠性幼儿园"主要是中国的提法，在英文文献中关于普惠性学前教育的研究成果不多。但是，国外社会力量在提供学前教育资源中的角色状况，可为我国提供有益的经验启示。从1971年以来，世界社会力量在提供学前教育资源中的作用整体在上升，但是，完全或主要靠社会力量发挥作用的国家和地区则越来越少。在美国，高校、企业、家庭、教会等社会力量在提供学前教育资源中，至今仍然承担了不可忽视的重要角色，在英国也是如此。在当前朝鲜学前教育资源提供中，以集体性质的组织为内容的社会力量发挥了重要作用。在俄罗斯，社会力量举办的学前教育则处于很小的补充角色。

应对社会力量在提供普惠性学前教育资源中的角色问题，首先，需要重点采用政府主导型普惠性学前教育发展模式。其次，政府财政补助应重点支持集体利益取向的社会力量办园。在这两个方面的基础上，充分发挥个体利益取向的社会力量办园的补充作用。

解决好社会力量在提供普惠性学前教育资源中的角色问题，不仅有利于我国普惠性学前教育持续健康发展，提高我国人口的生育率，提升幼儿及其家庭的福利水平，也有利于推动中华民族伟大复兴的中国梦早日实现。

附录：调查问卷

（一）园长问卷

民办幼儿园现状调查问卷（园长填）

填写时间： 年 月 日

尊敬的园长：您好！我们是江西师范大学的师生，承担了江西省一项课题研究，为了帮助政府部门制定更好的政策，促进幼儿园发展，想向您了解一点情况。您的作答对我们的研究非常重要，所有资料完全匿名、保密，不会有任何不良影响。请在所选的序号上打√，少数地方恳请填写具体内容。衷心感谢您的大力支持！完成后将赠送一份精美的礼品。

1. 性别：①男；②女
2. 居住地：①农村；②城镇
3. 户口所在地：①本乡、镇；②本县、市、区；③本省；④其他＿＿＿＿
4. 年龄：＿＿＿岁
5. 文化程度：①小学或以下；②初中；③高中或中专；④大专；⑤本科；⑥研究生及以上
6. 专业：①幼儿教育；②小学教育；③教育专业；④其他专业；⑤无专业；⑥其他＿＿＿＿
7. 您对幼儿教育的相关理论的掌握情况：①不了解；②了解一点；③熟悉；④比较熟悉；⑤很熟悉
8. 您办幼儿园已经＿＿＿年
9. 目前民办幼儿园教师流动率大概是＿＿＿＿＿％（不清楚就不填）
10. 您知道"普惠性幼儿园"吗？①知道；②不知道
11. 您能不能简单谈谈什么是普惠性幼儿园？（说不清就不用填）

12. 您认为，现在的民办幼儿园园长办园目的主要是：①为了幼儿教育事业发展；②赚钱；③实现人生价值；④帮助人民群众；⑤其他_____

13. 上个学期，您的幼儿园一个学期的保育保教费共_____元（包括中餐），或者每个月_____元（包括中餐等）

14. 您认为，您的幼儿园的保育保教费，相对于普通群众收入来说：①很高；②比较高；③一般；④比较低；⑤很低；⑥不清楚

15. 上个学期，您的幼儿园共有_____名儿童，_____名教师及工作人员

16. 您的幼儿园，开设了哪些兴趣班或者特长班（可多选）：①没有；②音乐班；③舞蹈班；④绘画班；⑤围棋班；⑥拼装班；⑦语言表演班；⑧航模班；⑨英语班；⑩其他_____

17. 普惠性民办幼儿园是指，由社会力量举办的具有办园资质、面向大众、办园规范、收费合理、质量较高的民办幼儿园。您认为，现在的民办幼儿园距离普惠性幼儿园在哪些方面有困难（可多选）：①办园经费不足；②如果收费提高，家长承受不起；③保育教育水平不高；④教师工资福利水平很难提高；⑤幼儿园硬件不足；⑥园长的办园目标需端正；⑦办园不规范；⑧其他_____

18. 您认为，社会力量举办面向大众、办园规范、收费合理、质量较高的幼儿园，是否能做到？①可以；②困难；③不可能

19. 您的幼儿园是普惠性幼儿园吗？①是；②不是

20. 您的幼儿园是否希望成为普惠性民办幼儿园？①很希望；②希望；③不希望；④说不清（如果已经是的，不用答）

21. 您将来准备申请普惠性幼儿园吗？①是；②不是（已经是的，不用答）

22. 您认为，幼儿园能不能成为普惠性幼儿园主要取决于（可多选）：①幼儿园自身因素；②政府教育部门领导的因素；③政府制定的普惠性幼儿园的标准；④园长的公关；⑤其他_____

23. 您认为，政府规定的普惠性民办幼儿园的标准怎样？①很合理；②比较合理；③一般；④不太合理；⑤很不合理；⑥说不清

24. 您认为，本地民办幼儿园中，能够成为普惠性民办幼儿园的比例是_____%（不清楚就不填）

25. 目前一些民办幼儿园不能成为普惠性幼儿园，主要因为：①园长投资太少；②政府制定的标准太高；③幼儿园硬件跟不上；④幼儿园软件跟不上；⑤公关工作没有做好；⑥其他_____

26. 您认为，建设普惠性幼儿园的主要力量是：①民办幼儿园；②公办幼儿园；③公办幼儿园与民办幼儿园；④说不清

27. 您赞不赞同，在举办普惠性幼儿园中，政府应当承担主要责任？①很赞同；②赞同；③不赞同；④很不赞同；⑤说不清

28. 您认为，在民办幼儿园中，政府推动建设普惠性民办幼儿园：①很有

必要；②有必要；③没必要；④很没必要；⑤不清楚

29. 2010年，国家提出建设普惠性民办幼儿园以来，您认为效果怎样？①成效很大；②成效比较大；③成效一般；④没什么效果；⑤毫无效果；⑥不清楚

30. 今年以来，有政府教育部门工作人员来幼儿园检查吗？①没有；②有1次；③有两次；④有多次；⑤不清楚

31. 政府教育部门工作人员来幼儿园检查，主要检查什么？（可多选）①卫生；②教育教学；③财务；④安全；⑤办学条件；⑥教师工资及福利待遇；⑦其他＿＿＿＿

32. 您认为，政府教育部门工作人员来检查工作，做到了客观公正吗？①很不公正；②比较不公正；③一般；④比较公正；⑤很公正；⑥不清楚

33. 政府教育部门工作人员来检查工作，幼儿园一般需要做的工作（可多选）：①事先准备材料；②提前打扫卫生；③请他们吃饭；④准备点土特产；⑤准备其他礼品；⑥其他＿＿＿＿

34. 上级检查工作对提升办园水平：①很有用；②比较有用；③一般；④没有什么用；⑤毫无用处；⑥不清楚

35. 今年以来，有没有家长到幼儿园来闹事呢？①没有；②有1次；③有多次；④每周都有

36. 您认为，群众对您的幼儿园的满意程度：①很满意；②比较满意；③一般；④不满意；⑤不太满意；⑥很满意；⑦不清楚

37. 此外，您对普惠性民办幼儿园还有什么建议或意见？

再次谢谢！

(二) 教师问卷

民办幼儿园现状调查问卷（教师填）

调查时间：　　年　月　日

尊敬的老师：您好！我们是江西师范大学的师生，承担了江西省一项课题研究，为了帮助政府部门制定更好的政策，促进幼儿园发展，想向您了解一点情况。您的作答对我们的研究非常重要，所有资料完全匿名、保密，不会有任何不良影响。请在所选的序号上打√，少数地方恳请填写具体内容。衷心感谢您的大力支持！完成后将赠送一份精美的礼品。

1. 性别：①男；②女
2. 居住地：①农村；②城市
3. 户口所在地：①本乡、镇；②本县、市、区；③本省；④其他_____
4. 年龄：____岁
5. 文化程度：①小学或以下；②初中；③高中或中专；④大专；⑤本科；⑥研究生及以上
6. 专业：①幼儿教育；②小学教育；③教育专业；④其他专业；⑤无专业；⑥其他_____
7. 您对幼儿教育的相关理论的掌握情况：①不了解；②了解一点；③熟悉；④比较熟悉；⑤很熟悉
8. 您在民办幼儿园已经工作了____年
9. 去年一年您所有收入大约_____元（包括工资、年终奖、节日福利等）
10. 您拥有哪些社会保险（可多选）：①基本养老保险；②基本医疗保险；③失业保险；④工伤保险；⑤住房公积金；⑥职业年金；⑦不清楚；⑧其他_____
11. 您签订了劳动合同吗：①有；②没有
12. 您是否愿意长期从事幼儿教育吗？①愿意；②不愿意；③说不清
13. 目前民办幼儿园教师流动性大概是____%（不清楚就不填）
14. 您知道"普惠性幼儿园"吗？①知道；②不知道
15. 您能不能简单谈谈什么是普惠性幼儿园？（不知道就不用填）_____
16. 您认为，民办幼儿园园长办园目的主要是（可多选）：①为了幼儿教育事业发展；②赚钱；③实现人生价值；④帮助人民群众；⑤其他_____
17. 您所在幼儿园一个学期的保育保教费共_____元（包括中餐）

18. 您认为，您所在幼儿园的保育保教费，相对于普通群众收入而言：①很高；②比较高；③一般；④比较低；⑤很低；⑥不清楚

19. 普惠性民办幼儿园是指，由社会力量举办的具有办园资质、面向大众、办园规范、收费合理、质量较高的民办幼儿园。您认为，现在的民办幼儿园距离普惠性幼儿园在哪些方面有困难（可多选）：①办园经费不足；②如果收费提高，家长承受不起；③教师保育教育水平不高；④教师工资福利水平很难提高；⑤幼儿园硬件不足；⑥园长的办园目标；⑦办园不规范；⑧其他_____

20. 您认为，社会力量举办面向大众、办园规范、收费合理、质量较高的幼儿园，是否能做到？①可以；②困难；③不可能；④说不清

21. 您认为，民办幼儿园能够成为普惠性民办幼儿园的比例是____%（不清楚就不填）

22. 您认为，普惠性幼儿园的主要力量是：①民办幼儿园；②公办幼儿园；③公办幼儿园与民办幼儿园；④说不清

23. 今年以来，有没有家长到幼儿园来闹事呢？①没有；②有1次；③有多次；④每周都有

24. 今年以来，有政府教育部门工作人员来幼儿园检查吗？①没有；②有1次；③有两次；④有多次；⑤不清楚

25. 政府教育部门工作人员来幼儿园检查，主要检查什么？（可多选）①不清楚；②卫生；③教育教学；④财务；⑤安全；⑥教师工资及福利待遇；⑦办学条件；⑧其他_____

26. 上级检查工作对提升办园水平：①很有用；②比较有用；③一般；④没有什么用；⑤毫无用处；⑥不清楚

27. 您认为，群众对您所在幼儿园的满意程度：①很满意；②比较满意；③一般；④不满意；⑤不太满意；⑥很满意；⑦不清楚

28. 另外，您对普惠性民办幼儿园还有什么建议或意见？

再次谢谢！

（三）家长问卷

民办幼儿园情况调查问卷（家长填）

填写时间： 年 月 日

尊敬的家长朋友，您好！我们是江西师范大学的师生，承担了江西省一项课题研究，为了帮助政府部门制定更好的政策，促进幼儿园发展，想向您了解一点情况。您的作答对我们的研究非常重要，所有资料完全匿名、保密，不会有任何不良影响。请在所选的序号上打√，少数地方恳请填写具体内容。衷心感谢您的大力支持！完成后将赠送一份精美的礼品。

1. 性别：①男；②女
2. 居住地：①农村；②城市
3. 户口所在地：①本乡、镇；②本县、市、区；③本省；④其他_____
4. 您家有____口人（平时一起吃饭的人）
5. 年龄：____岁
6. 文化程度：①小学或以下；②初中；③高中或中专；④大专；⑤本科；⑥研究生及以上
7. 职业：①农民；②种田兼做小工；③家庭主妇；④公务员；⑤教师；⑥医生；⑦村干部；⑧企业职业；⑨个体户；⑩司机；⑪泥工；⑫木工；⑬服务员；⑭其他_____
8. 您现在的住房类型属于：①私人产权房；②住父母家；③市场租房；④租住单位住房；⑤工作单位提供免费住房；⑥亲戚朋友借房；⑦政府提供的福利房；⑧其他_____
9. 您现住房的建筑面积为_____平方米（仅住房建筑面积，不包括附带的院落等）
10. 目前您住房中的生活设施包括（可多选）：①电视机；②洗衣机；③冰箱；④空调；⑤电脑；⑥电动自行车；⑦摩托车；⑧手机；⑨汽车；⑩贵重物品（古董字画珠宝、金银首饰、钢琴等）；⑪饮水机；⑫电磁炉；⑬微波炉；⑭消毒柜；⑮榨汁机；⑯油烟机；⑰自来水；⑱热水器；⑲网络；⑳其他_____
11. 您家庭的主要收入来源是？（多选择题，并排序）①农业收入；②畜牧养殖；③外出务工；④本地企业上班收入；⑤个体经营；⑥机关、事业单位工资收入；⑦政府低保等救济收入；⑧其他_____

第一_____；第二_____；第三_____

12. 上一年，您家纯收入总共大概_____元
13. 国家法律规定，民办幼儿园分营利性的和非营利性的，您听说过吗？①听说过；②没有听说过
14. 营利性的幼儿园就是老板可以取得开支结余，但是要向国家交税；非营利性的幼儿园就是，幼儿园的开支结余不归老板，只能用于幼儿园办学使用。这两种幼儿园，您愿意送子女上哪一种幼儿园？①营利性幼儿园；②非营利性幼儿园；③无所谓，只要质量好；④说不清楚
15. 您知道"普惠性幼儿园"吗？①知道；②不知道
16. 您送孩子上幼儿园的想法是（可多选）：①有个地方托管一下孩子就行；②孩子能学习一些知识；③养成良好的道德品质；④养成良好的生活习惯；⑤为将来竞争做准备；⑥其他_____
17. 您认为，民办幼儿园园长办园目的主要是：①为了幼儿教育事业发展；②赚钱；③实现人生价值；④帮助人民群众；⑤其他_____
18. 对于民办幼儿园园长办园赚钱，您的看法是：①支持办园完全为了赚钱；②赚钱的同时，要教育好孩子；③办园绝不能赚钱
19. 对于民办幼儿园园长，处理赚钱和教育好孩子的关系，您打____分（0分是最低分，100分是最高分）
20. 如果有条件办一家幼儿园，您愿意选择：①营利性幼儿园；②非营利性幼儿园；③说不清楚
21. 您孩子上幼儿园一个学期的保育保教费大约_____元（包括中餐）。
22. 您认为，孩子所在幼儿园的保育保教费，相对于普通群众收入而言：①很高；②比较高；③一般；④比较低；⑤很低；⑥不清楚
23. 对于幼儿园里的一些兴趣班或特长班，您是什么看法？①很重要；②比较重要；③一般；④不太重要；⑤很不重要；⑥说不清
24. 对于幼儿园里的兴趣班或者特长班，您的选择是（可多选）：①没有选；②音乐班；③舞蹈班；④绘画班；⑤围棋班；⑥拼装班；⑦语文表演班；⑧航模班；⑨英语班；⑩其他_____
25. 上学期，除了保育保教费，您孩子上兴趣班或特长班，花了_____元
26. 对于幼儿园提前学一些小学的内容，比如拼音、加减法等，您的看法是：①很好；②比较好；③一般；④不太好；⑤很不好；⑥说不清
27. 对于未来社会的竞争，孩子在幼儿园就应当做准备，您同不同意？①非常同意；②同意；③不同意；④很不同意；⑤说不清
28. 今年以来，您有没有去幼儿园反映比较严重的情况？①没有；②有1次；③有多次；④每周都有
29. 您孩子的幼儿园的满意程度：①很满意；②比较满意；③一般；④不

满意；⑤不太满意；⑥很满意；⑦不清楚

30. 您认为现在的民办幼儿园在哪些方面需要进一步改善（可以多选）：①没有；②收费比较高；③教师保育教育水平不高；④教师缺乏爱心；⑤幼儿园没有什么玩具；⑥其他_____

31. 您希望政府对民办幼儿园进行监管吗？①希望；②不希望；③说不清

32. 如果政府对民办幼儿园进行资助，您认为需要进行监管吗？①需要监管；②不需要监管；③说不清

33. 您认为，目前政府对幼儿园的监管，效果怎样？①很有效；②比较有效；③一般；④没什么用；⑤毫无用处；⑥说不清

34. 政府对幼儿园进行监管，您认为由谁来监管？（可多选）①政府；②教师；③家长；④媒体（如报纸、电视台等）

35. 另外，您对民办幼儿园还有什么建议或意见？

再次谢谢！

参考文献

著　作

[1] 本书编写组. 中国共产党简史［M］. 北京：人民出版社，2021.
[2] 曹锦清，陈中亚. 走出"理想"城堡：中国"单位"现象研究［M］. 深圳：海天出版社，1997.
[3] 陈鹤琴. 陈鹤琴教育文集（上卷）［M］. 北京：北京出版社，1985.
[4] 成有信，等. 教育政治学［M］. 南京：江苏教育出版社，1993.
[5] 邓小平文选（第3卷）［M］. 北京：人民出版社，1993.
[6] 董银兰，周艳华，解鸿泉. 人口学概论［M］. 北京：科学出版社，2004.
[7] 关信平. 社会政策概论［M］. 3版. 北京：高等教育出版社，2014.
[8] 国家计委经济研究所社队企业调查组. 坚持正确方向 办好社队企业［M］. 北京：农业出版社，1979.
[9] 国家统计局. 1949—1984光辉的三十五年统计资料［M］. 北京：中国统计出版社，1984.
[10] 何齐宗. 教育原理与艺术［M］. 北京：中国社会科学出版社，2004.
[11] 何齐宗. 世纪之交的教育沉思［M］. 北京：中国社会科学出版社，2001.
[12] 何齐宗. 县域义务教育均衡发展研究［M］. 北京：科学出版社，2017.
[13] 江家发，余捷，陈海燕. 公办幼儿园集团化发展模式研究［M］. 合肥：安徽师范大学出版社，2020.
[14] 江苏省镇江市教育局，21世纪教育研究院. 构建普惠优质的学前教育公共服务体系——镇江学前教育体制改革的探索与实践［M］. 北京：教育科学出版社，2016.
[15] 靳继东. 公共组织概论［M］. 北京：中国商业出版社，2008.
[16] 李成焕. 21世纪的朝鲜［M］. 朝鲜平壤：外文出版社，2014.
[17] 李汉林. 中国单位社会：议论、思考与研究［M］. 北京：中国社会科学出版社，2014.
[18] 李贺，杨云舒. 学前教育史［M］. 北京：北京理工大学出版社，2019.

[19] [美] 林秀锦. 美国的早期保育与教育 [M]. 南京：江苏教育出版社，2006.

[20] 刘豪兴，朱少华. 人的社会化 [M]. 上海：上海人民出版社，1993.

[21] 刘岳，沈益民，奚国金. 中国人口分析与区域特征 [M]. 北京：海洋出版社，1991.

[22] 鲁明心. 朝鲜的教育 [M]. 朝鲜平壤：外文出版社，2014.

[23] [法] 让-雅克·卢梭. 爱弥儿（上卷）[M]. 李平沤，译. 北京：商务印书馆，1978.

[24] 陆学艺. 21世纪的中国社会 [M]. 昆明：云南人民出版社，1996.

[25] 马泉山. 新中国工业经济史（1966~1978）[M]. 北京：经济管理出版社，1998.

[26] [美] 欧文·戈夫曼. 日常生活中的自我呈现 [M]. 冯钢，译. 北京：北京大学出版社，2008.

[27] 彭维锋，孙海燕. 华西铁律：成就"天下第一村"的二十五条"金科玉律" [M]. 厦门：鹭江出版社，2007.

[28] 邵晓秋. 产权正义论 [M]. 北京：人民出版社，2014.

[29] 《社队办企业》编辑组. 社队办企业（第1集）[M]. 北京：农业出版社，1976.

[30] 时蓉华. 社会心理学 [M]. 上海：上海人民出版社，1998.

[31] [瑞典] T. 胡森，[德] T. N. 波斯尔斯韦特. 国际教育百科全书（第3卷）[M]. 贵阳：贵州教育出版社，1990.

[32] 谭秋成. 乡镇企业集体产权结构的特征与变革 [M]. 长沙：湖南人民出版社，1998.

[33] 唐淑. 学前教育史 [M]. 北京：人民教育出版社，2007.

[34] 滕大春. 美国教育史 [M]. 2版. 北京：人民教育出版社，2001.

[35] 王绍光. 多元与统一：第三部门国际比较研究 [M]. 杭州：浙江人民出版社，1999.

[36] 王莹. 比较学前教育 [M]. 武汉：武汉大学出版社，2016.

[37] 吴爱明，等. 服务型政府职能体系 [M]. 北京：人民出版社，2009.

[38] 吴怀友. 如何做好调查研究 [M]. 北京：国家行政学院出版社，2023.

[39] 吴玉琦，等. 中国古代教育简史 [M]. 长春：吉林教育出版社，1986.

[40] 习近平谈治国理政 [M]. 北京：外文出版社，2014.

[41] 习近平谈治国理政（第二卷）[M]. 北京：外文出版社，2017.

[42] 习近平谈治国理政（第三卷）[M]. 北京：外文出版社，2020.

[43] 习近平. 在打好精准脱贫攻坚战座谈会上的讲话（2018年2月12日）[J]. 求是，2020（9）.

[44] 幸福新童年学前教育研究中心. 学前教育政策法规规章汇编 [M]. 北京：

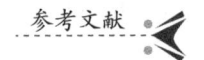

旅游教育出版社，2014.

[45] 熊清华，等. 走向绿色的发展：云南"绿色经济强省"建设理论探索［M］. 昆明：云南人民出版社，2002.

[46] 徐文松，王婧文，赵梅菊. 学前教育政策与法规［M］. 北京：北京理工大学出版社，2021.

[47] 徐永文. 明代地方儒学研究［M］. 北京：中国社会科学出版社，2012.

[48] 杨跃. 普惠性民办幼儿园演进历程研究［M］. 长春：吉林大学出版社，2022.

[49] 杨跃. 普惠性民办幼儿园政策运行研究——以西部革命老区 P 县为例［M］. 成都：西南交通大学出版社，2020.

[50] 喻本伐. 中国幼儿教育发展史［M］. 北京：华中师范大学出版社，2012.

[51] 于驰前，黄海光. 当代中国的乡镇企业［M］. 北京：当代中国出版社，1991.

[52] 袁振国. 教育政策学［M］. 南京：江苏教育出版社，1996.

[53] 曾水兵. 走向"整体人"的教育［M］. 北京：中国社会科学出版社，2012.

[54] 张春兴. 心理学［M］. 上海：上海人民出版社，1994.

[55] 张进清，等. 广西普惠性民办幼儿园发展研究［M］. 桂林：广西师范大学出版社，2022.

[56] 郑杭生. 社会学概论新修精编本［M］. 2 版. 北京：中国人民大学出版社，2014.

[57] 郑杭生. 社会学概论新修［M］. 3 版. 北京：中国人民大学出版社，2003.

[58] 郑杭生. 社会学概论新修［M］. 5 版. 北京：中国人民大学出版社，2019.

[59] 中共中央党史和文献研究院. 习近平关于力戒形式主义官僚主义重要论述选编［M］. 北京：中央文献出版社，2020.

[60] 中共中央党史研究室. 中国共产党的九十年：社会主义革命和建设时期［M］. 北京：中共党史出版社，党建读物出版社，2016.

[61] 中共中央文献研究室. 建国以来毛泽东文稿（第 8 册）［M］. 北京：中央文献出版社，1993.

[62] 中共中央文献研究室. 建国以来重要文献选编（第 11 册）［M］. 北京：中央文献出版社，1995.

[63] 中共中央文献研究室. 毛泽东年谱（1949—1976）（第 4 卷）［M］. 北京：中央文献出版社，2013.

[64] 中共中央文献研究室. 十四大以来重要文献选编（上）［M］. 北京：中央文献出版社，2011.

[65] 中国学前教育研究会. 百年中国幼教［M］. 北京：教育科学出版社，2003.

[66] 中央教育科学研究所. 中华人民共和国教育大事记（1949~1982）[M]. 北京：教育科学出版社，1990.

[67] 周采. 比较学前教育 [M]. 北京：人民教育出版社，2010.

[68] 周洪宇，等. 教育公平论 [M]. 北京：人民教育出版社，2010.

[69] 周小虎. 为了儿童的利益：美英学前教育政策比较研究 [M]. 济南：山东教育出版社，2015.

[70] 周雪光. 组织社会学十讲 [M]. 北京：社会科学文献出版社，2003.

[71] 周玉衡，范喜庆. 学前教育史 [M]. 上海：复旦大学出版社，2009.

[72] 朱昌渝. 普惠性民办幼儿园教育质量评价 [M]. 成都：四川教育出版社，2017.

[73] 朱崇实，陈振明. 中国公共政策 [M]. 北京：中国人民大学出版社，2009.

[74] 祝黄河. 发展——社会与人 [M]. 北京：中国社会科学出版社，2004.

[75] 祝黄河. 论真理 出良策 建真言 建设富裕和谐秀美江西策论 [M]. 北京：社会科学文献出版社，2014.

[76] 祝黄河. 科学社会主义理论与实践 [M]. 南昌：江西高校出版社，2008.

论 文

[77] 财政部预算司，财政部政府债务研究和评估中心. 2020年12月地方政府债券发行及地方政府债务余额情况 [J]. 中国财政，2021（2）.

[78] 陈冠亚. 民办幼儿园"小学化"倾向的现状及对策——以Z市为例 [J]. 东方娃娃·保育与教育，2022（3）.

[79] 陈思，何娟. 农村普惠性民办幼儿园师幼互动质量的调查研究——以湖北省Z市X镇4所农村普惠性民办幼儿园为例 [J]. 教师教育论坛，2022，35（2）.

[80] 陈希. 循证理论在普惠性民办幼儿园管理中的运用探析 [J]. 教育导刊（下半月），2020（10）.

[81] 陈岳堂，李青清. 政府购买学前教育服务绩效优化研究——基于普惠性民办幼儿园的三方演化博弈分析 [J]. 当代教育论坛，2019（1）.

[82] 楚向红. 习近平以人民为中心的发展思想探微 [J]. 学习论坛，2019（1）.

[83] 崔云. 科学认识平均利润率趋向下降规律——基于《资本论》本义与1948—2015年美国利润率等数据 [J]. 学术论坛，2017，40（5）.

[84] 但柳松. 非营利性：普惠性民办幼儿园的必然定位 [J]. 教师，2022（6）.

[85] 邓萍. 民办园教师保教行为不规范的突出表现、成因分析与改进策略 [J]. 早期教育，2023（25）.

[86] 丁秀棠. "普惠性"目标定位下民办学前教育的现状与发展［J］. 学前教育研究，2013（3）.

[87] 段会冬，莫丽娟，王轶哲. "双减"政策背景下如何安放家长的教育焦虑——基于幼小衔接的分析［J］. 广西师范大学学报（哲学社会科学版），2022，38（3）.

[88] 二平. 教育产业［J］. 职业教育研究，1989（5）.

[89] 冯东，周诺. 民办普惠性幼儿园政府监管的逻辑起点与实现路径［J］. 洛阳师范学院学报，2023，42（7）.

[90] 冯永刚. 形式多样的俄罗斯学前教育机构之二：幼儿园——俄罗斯学前教育机构的主要类型［J］. 教育导刊（幼儿教育），2007（6）.

[91] 傅发春. 教育产业——启动内需新引擎［J］. 福建改革，1999（7）.

[92] 付海莲，邱耕田. 习近平以人民为中心的发展思想的生成逻辑与内涵［J］. 中共中央党校学报，2018，22（4）.

[93] 高敬. 公益普惠导向下政府扶持普惠性民办园省思［J］. 现代基础教育研究，2021，43（3）.

[94] 顾宝昌，侯佳伟，吴楠. 中国总和生育率为何如此低？——推延和补偿的博弈［J］. 人口与经济，2020（1）.

[95] 古莉莎，李敏. 普惠性民办幼儿园办园理念的问题分析——以成都市229所普惠性民办幼儿园为例［J］. 教育导刊（下半月），2020（4）.

[96] 郭猛. 建设普惠性民办幼儿园的价值与路径选择［J］. 基础教育研究，2018（18）.

[97] 郭绒. 我国普惠性民办幼儿园监管政策分析及优化研究［J］. 当代教育论坛，2022（6）.

[98] 韩宗礼. 教育产业化 产业教育化——试论社会主义商品经济下教育的趋向［J］. 教育与经济，1989（1）.

[99] 何静，严仲连，王海英. 我国农村学前教育现行主要发展模式探析［J］. 教育导刊（下半月），2011（11）.

[100] 洪秀敏，范明丽. 政府主导强力推进农村学前教育三年普及——河北省"三为主"学前教育发展模式的探索和启示［J］. 学前教育研究，2011（11）.

[101] 呼显岗. 地方政府债务风险的特点、成因和对策［J］. 财政研究，2004（8）.

[102] 黄继宾，郑国中. 教育产业：启动内需的良方［J］. 教育艺术，1999（11）.

[103] 黄俊官，林耿芬. 民办普惠园生存发展的困境与出路［J］. 广西教育，2019（25）.

[104] 黄绍文. 幼儿教育小学化现象辨析［J］. 学前教育研究，2005（9）.

[105] 黄爽，霍力岩. 美国《学前教育机构质量评价系统》的特点及其启示［J］.

外国中小学教育，2018（3）.

[106] 黄鑫，陶志琼. 从"情"到"行"：幼儿园保育员专业发展的有效路径［J］. 学前教育研究，2023（1）.

[107] 吉执来. 非正规学前教育发展模式探析［J］. 教育导刊（幼儿教育），2009（6）.

[108] 焦敏. 朝鲜幼儿教育简介［J］. 学前教育研究，1996（2）.

[109] 雷芳. 长株潭三市普惠性民办幼儿园建设存在的问题与对策建议［J］. 学前教育研究，2014（11）.

[110] 雷万鹏，谢静. 价格约束下民办园向普惠转型的财政支持政策研究——基于湖北省4市6区（县）的实证调查［J］. 教育发展研究，2022，42（6）.

[111] 李兵. 建设发展农村中心幼儿园的意义与模式［J］. 学前教育研究，2006（Z1）.

[112] 李芳，姜勇. 我国普惠性民办幼儿园认定管理政策文本的 ROST 数据挖掘系统分析［J］. 教育经济评论，2019，4（3）.

[113] 李红霞. "分类管理"背景下省域普惠性民办幼儿园可持续发展的路径选择［J］. 现代中小学教育，2018，34（10）.

[114] 李红霞，张纯华，张邵军，等. 普惠性民办幼儿园教育质量保障外部治理机制现状及优化［J］. 教育评论，2017（10）.

[115] 李红霞，张邵军. 西部贫困地区普惠性民办幼儿园扶持政策现状分析［J］. 基础教育研究，2018（1）.

[116] 李辉. 我国学前教育发展中的公私合作：模式与特点［J］. 教育发展研究，2012，32（20）.

[117] 李静，李锦，王伟. 普惠性民办幼儿园教育质量评估与提升策略——基于对C市15所幼儿园的调查数据分析［J］. 学前教育研究，2019（12）.

[118] 李京文. 兴办教育产业是振兴我国经济的根本措施［J］. 宏观经济研究，1999（3）.

[119] 李立敏，陈锦泉. 建立公办民办并举、竞合、统筹的学前教育发展新模式——以福建省为例［J］. 发展研究，2018（1）.

[120] 李琳. 农村学前教育普及中地方管理实践模式探究——"中心园辐射村园"与"幼小一体化"管理模式的比较分析［J］. 全球教育展望，2012，41（11）.

[121] 李麦浪. 学前教育在朝鲜［J］. 早期教育，1996（2）.

[122] 李琪，孙晓轲. 普惠性民办幼儿园家长满意度的调查研究——以淮北市为例［J］. 幼儿教育（教育科学），2021（7，8）.

[123] 李晓洁. CIPP 模式下普惠性民办幼儿园教育质量评价体系的框架构建［J］. 基础教育参考，2022（2）.

[124] 李协京. 政府直接提供公共教育服务类型研究——以朝鲜和古巴为例［J］. 中国教育政策评论, 2011（00）.

[125] 李延方. 普惠性民办幼儿园师幼互动质量：基于课堂评估评分系统的研究［J］. 陕西学前师范学院学报, 2021, 37（3）.

[126] 黎平辉. 资源开发与文化传承——西部民族地区农村学前教育内生型发展模式探究［J］. 民族教育研究, 2014, 25（1）.

[127] 厉以宁. 关于教育产品的性质和对教育的经营［J］. 教育发展研究, 1999（10）.

[128] 梁慧娟. 我国地方普惠性民办园教师政策分析及其启示［J］. 学前教育研究, 2014（6）.

[129] 林锦鸿. 免费义务教育政策与城乡教育差距［J］. 中国农村观察, 2021（3）.

[130] 林娜. 教育均衡视野下普惠性民办幼儿教师队伍调查［J］. 大理大学学报, 2018, 3（11）.

[131] 林榕, 王海英, 魏聪. 嵌入与调适：普惠性民办幼儿园教师生存状态的社会学分析［J］. 教育发展研究, 2019（8）.

[132] 刘彬彬. 俄罗斯学前教育简况［J］. 基础教育参考, 2011（15）.

[133] 刘凤英, 李艳旭. 农村普惠性民办幼儿园师资建设的问题及对策［J］. 当代教育理论与实践, 2016, 8（3）.

[134] 刘磊, 刘瑞. 民办园教育"小学化"的治理困境——新制度主义的视角［J］. 教育科学, 2022, 38（3）.

[135] 刘令燕. 建构城乡结对互助模式，促进学前教育均衡发展［J］. 山东教育, 2013（35）.

[136] 刘天子, 杨立华. 普惠性民办幼儿园教师工资水平较低的理论阐释——一个经济学的分析框架［J］. 教育学术月刊, 2021（5）.

[137] 刘焱, 郑孝玲, 宋丽芹. 财政补贴对普惠性民办幼儿园教育质量的影响路径［J］. 教育研究, 2021, 42（4）.

[138] 刘颖. 普惠性学前教育政策的执行偏差：表现、原因及对策分析［J］. 教育发展研究, 2016, 36（6）.

[139] 路风. 单位：一种特殊的社会组织形式［J］. 中国社会科学, 1989（1）.

[140] 罗英智, 雷宁. 农村学前教育集团化发展和管理模式探析——以辽宁省三个县为例［J］. 现代教育管理, 2014（11）.

[141] 罗泽意, 匡诗文. 普惠性民办幼儿园的转型发展困境与突破策略——基于组织社会学新制度主义视角［J］. 北京教育学院学报, 2023, 37（3）.

[142] 马佳宏. 教育产业化·产业教育化·产学合作［J］. 广西师范大学学报（哲学社会科学版）, 1996, 32（1）.

[143] 马民杰. 教育应成为商品经济中战略性产业 [J]. 广州教育, 1988 (2).

[144] 马媛. 普惠性视角下民办园"转普"的困境及出路 [J]. 教育导刊 (下半月), 2017 (11).

[145] 马月成, 杨斐. 构建普惠性民办幼儿园教育质量内外部保障系统研究 [J]. 基础教育研究, 2023 (7).

[146] 《秘书工作》采访组. 实干才能梦想成真——习近平同志在福州工作期间倡导践行"马上就办"纪实 [J]. 秘书工作, 2015 (2).

[147] 潘科. 县域学前教育均衡发展"行政+专业"驱动模式的探索 [J]. 幼儿教育研究, 2021 (6).

[148] 潘云华. 改革开放以来中国家庭变迁的双重逻辑 [J]. 江西师范大学学报 (哲学社会科学版), 2023, 56 (4).

[149] 潘振勇. 教育产业探讨 [J]. 科学学研究, 1991, 9 (2).

[150] 庞丽娟, 王红蕾, 杨大伟. 创新完善我国普惠性民办园政策：新时代的思考与建议 [J]. 中国教育学刊, 2021 (11).

[151] 彭俊英. 探索适合偏远农村地区的学前教育发展模式——来自云南镇康县社区幼儿班的经验 [J]. 幼儿教育, 2014 (28).

[152] 彭顺绪. 学前教育普惠性政策的效果分析——基于广西南宁市民办普惠园收费标准的考察 [J]. 教育经济评论, 2021, 6 (2).

[153] 彭顺绪, 王骏. 普惠性政策背景下民办园的办园效率——基于南宁市1184所幼儿园的考察 [J]. 上海教育科研, 2022 (1).

[154] 彭茜, 郭凯. 普惠性民办幼儿园法人定位之探讨与重构 [J]. 华南师范大学学报 (社会科学版), 2021 (4).

[155] 骈茂林. 义务教育阶段非营利性民办学校的监管政策走向 [J]. 中国教育学刊, 2018 (8).

[156] 骈茂林. 政府扶持普惠性民办幼儿园的法律问题及其规制路径 [J]. 中国教育法制评论, 2020 (1).

[157] 钱雨. 公平与优质：学前教育免费政策国际比较研究 [J]. 外国中小学教育, 2019 (7).

[158] 秦旭芳, 王默. 普惠性幼儿园的内涵、衡量标准及其政策建议 [J]. 学前教育研究, 2012 (7).

[159] 任慧娟, 边霞. 普惠性学前教育公共服务体系构建困境及政府治理对策研究——以普惠性民办幼儿园为例 [J]. 教育理论与实践, 2021, 41 (29).

[160] 邵媛, 李朝辉. 普惠性民办幼儿园发展困境及破解策略 [J]. 南昌教育学院学报, 2018 (6).

[161] 石纪虎. 普惠性民办幼儿园的制度意蕴及实现路径思考 [J]. 陕西学前

师范学院学报，2020（5）.

[162] 石丽娜，李志华. 县域内普惠性民办幼儿园教育环境质量分析及改进策略——以吉林省为例［J］. 早期教育，2021（9）.

[163] 宋国栋. 论古巴社会经济公平制度［J］. 改革与战略，2013，29（11）.

[164] 宋卫斌，郑一斌，刘新荣. 武汉市普惠性民办幼儿园公用经费投入现状及对策研究［J］. 教育财会研究，2017，28（3）.

[165] 孙绵涛. 关于国家教育政策体系的探讨［J］. 教育研究，2001（3）.

[166] 谭奕林，金金. "虐童现象"扩大化背景下幼儿教师保教行为的个案研究［J］. 现代中小学教育，2019，35（1）.

[167] 唐淑艳，龚向和. 学前教育立法中普惠性民办幼儿园的性质定位［J］. 湖南师范大学教育科学学报，2019，18（6）.

[168] 滕璎，吕苹. 新农村建设背景下农村学前教育发展模式之探索——以杭州市余杭区为例［J］. 幼儿教育（教育科学），2009（36）.

[169] 王海英. 试论普惠性民办幼儿园的制度设计［J］. 幼儿教育（教育科学），2011（6）.

[170] 王海英，刘静，魏聪. "普惠之困"与"营利之忧"：民办幼儿园的两难困境与突围之道［J］. 教育发展研究，2020，40（12）.

[171] 王金霞，智学. 教育政策——教育理论与教育实践的桥梁［J］. 教育理论与实践，2005（12）.

[172] 王建华. 教育产业：社会经济发展新的生长点［J］. 浙江社会科学，1999（5）.

[173] 王丽娟，沈建洲. 新时期我国学前儿童入园难入园贵问题探析［J］. 学前教育研究，2021（9）.

[174] 王声平. 普惠性民办幼儿园教育质量保障机制构建的困境与未来趋向［J］. 教育评论，2017（2）.

[175] 王声平，皮军功. 我国普惠性民办幼儿园内部教育质量保障体系构建［J］. 教育评论，2017（10）.

[176] 王声平，皮军功，关荆晶. 政府发展和管理普惠性民办幼儿园的现状及其改进建议［J］. 学前教育研究，2018（8）.

[177] 王声平，姚亚飞. 普惠性民办幼儿园教育质量管理的现状调查及对策建议［J］. 教育评论，2018（3）.

[178] 王世君. 发展普惠性学前教育的关键：完善保障机制——基于X省普惠性民办幼儿园调查的实证分析［J］. 现代教育科学，2022（2）.

[179] 王文乔，赵云友. 贵州农村地区发展学前教育新模式探索［J］. 学前教育研究，2012（4）.

[180] 王雅君，何昱锡. 我国普惠性民办幼儿园扶持政策分析——以15份政策

文本为研究对象[J].广东第二师范学院学报,2018,38(1).

[181] 王燕,史大胜,李丽.普惠性民办幼儿园诉讼案例中的具体争议及其政策原因分析[J].学前教育研究,2022(7).

[182] 王之泰.教育产业——一个新的经济增长点兼议教育产业对扩大内需的作用[J].教育与职业,1999(4).

[183] 魏聪,王海英,陈镜如,等.民办园举办者对分类管理改革新政的认知理解及其提升策略[J].学前教育研究,2021(4).

[184] 魏聪,王海英,胡晨曦,等.促进普惠性民办幼儿园的非营利转向更适合中国国情[J].中国教育学刊,2018(7).

[185] 魏聪,王海英,林榕,等.普惠性民办幼儿园与非营利性民办幼儿园的关系辨析及路径选择[J].学前教育研究,2019(3).

[186] 吴冬梅."社区+"幼儿园发展模式探究[J].学前教育研究,2019(2).

[187] 吴海龙.幼儿园教师职业幸福感的特点及其与心理资本的关系[J].幼儿教育,2020(9).

[188] 吴航,张铃铃,罗彦之.普惠性民办幼儿园教师激励与职业倦怠的现状及关系研究——以湖北省武汉市X区为例[J].教育导刊(下半月),2021(2).

[189] 吴忠林.教育产业——南京市新的经济增长点[J].江苏统计,1999(12).

[190] 肖宏.教育是第一位的战略产业[J].教育与经济,1987(3).

[191] 肖甦,王彩胤.21世纪俄罗斯学前教育均衡发展策略探析[J].教育参考,2022(3).

[192] 谢德新,陈懿.普惠性民办幼儿园管理政策的区域响应与创新——基于省级政策文本分析的视角[J].早期教育,2022(47).

[193] 谢玉坤.幼儿园教育"小学化"倾向的表现及对策[J].教育探索,2013(5).

[194] 新华社.李克强总理出席记者会并回答中外记者提问[J].中国经济周刊,2020(10).

[195] 许倩倩.幼儿园教师在"去小学化"政策执行中的困境感知与策略选择[J].教师教育研究,2022,34(1).

[196] 徐莹莹,王海英,闵慧祖,等.扶持政策能否优化普惠性民办园教师资源配置?——基于我国三类幼儿园32174名教师的实证研究[J].早期教育,2022(5).

[197] 荀寿潇.朝鲜社会主义经济发展历程[J].海派经济学,2007(5).

[198] 杨大伟.普惠性民办园政策的演进图景与改革展望——基于国家层面政策文本的分析[J].教育导刊,2023(3).

[199] 杨大伟, 王红蕾. 我国普惠性民办园支持政策的现状、问题及其完善建议——基于对 34 份相关政策文本的分析 [J]. 学前教育研究, 2021 (12).

[200] 杨大伟. 委托代理视阈下普惠性民办园发展的困境及治理对策 [J]. 现代教育管理, 2019 (2).

[201] 杨德广. 发展教育产业迫在眉睫 [J]. 探索与争鸣, 1999 (10).

[202] 杨海瑶. 学前教育的公平理念及其实现路径——基于学前教育法的思考 [J]. 现代教育管理, 2012 (3).

[203] 杨会良, 张朝伟, 刘山. 河北省农村学前教育发展: 模式、经验与启示 [J]. 河北学刊, 2012, 32 (6).

[204] 杨建国, 王成文. 论教育公平与政府正义 [J]. 中国行政管理, 2011 (3).

[205] 杨卫安. 普惠性民办幼儿园良性发展的机制、成效与问题 [J]. 教育导刊 (下半月), 2014 (2).

[206] 杨卫安, 袁媛, 岳丹丹. 普惠性民办幼儿园财政补助的问题与改进——基于全国部分地区补助标准的考察 [J]. 教育与经济, 2020, 36 (3).

[207] 杨争鸣. "洛河模式": 农村发展学前教育的样本 [J]. 云南教育 (视界时政版), 2015 (10).

[208] 叶平枝, 赵南. 学前教育 "小学化" 的危害、原因及对策 [J]. 广州大学学报 (社会科学版), 2013, 12 (8).

[209] 尹世杰. 教育将成为最大的新兴产业 [J]. 人民论坛, 1999 (9).

[210] 喻安伦. 社会角色理论磋探 [J]. 理论月刊, 1998 (12).

[211] 余中根. 普惠性民办幼儿园的内涵及其政策价值 [J]. 聊城大学学报 (社会科学版), 2016 (6).

[212] 袁秋红. 政府支持民办园提供普惠性服务的作用机理与改进建议——基于资源依赖理论的分析 [J]. 教育评论, 2022 (4).

[213] 曾建平, 罗红平. 习近平关于调查研究重要论述探析 [J]. 江西师范大学学报 (哲学社会科学版), 2023, 56 (4).

[214] 张才生, 肖昌斌. 普及·普惠·优质——学前教育发展的松滋模式纪略 [J]. 湖北教育 (综合资讯), 2011 (6).

[215] 张菊梅, 欧小军. 政府扶持普惠性民办幼儿园的问题与对策 [J]. 教育探索, 2021 (7).

[216] 张南保. 教育部门不应列入产业的范畴 [J]. 学术月刊, 1987 (1).

[217] 张佩婷. 政府扶持普惠性民办幼儿园的政策设计与实践分析——以珠三角城市为例 [J]. 早期教育, 2021 (21).

[218] 张锐. 普惠性民办幼儿园教师专业发展现状调查与分析——以广东省 D 市为例 [J]. 教育导刊 (下半月), 2021 (4).

[219] 张水华, 查明辉. 普惠性教育政策实施中的问题及其解决 [J]. 江西社会科学, 2021, 41 (7).

[220] 张嵩. 长春市普惠性民办幼儿园存在的问题与对策研究 [J]. 长春教育学院学报, 2020 (10).

[221] 张铁明. 教育科学研究的一个全新视野：教育产业论 [J]. 广州教育, 1993 (4).

[222] 张晓帆. 全国人大教科文卫委员会教育室副主任侯小娟解读《民办教育促进法》[J]. 中国培训, 2003 (5).

[223] 张宇暄, 韩凤芹. 政府奖惩机制对普惠性民办园质量的影响研究——基于演化博弈模型 [J]. 财政研究, 2022 (11).

[224] 赵诗静, 彭涵, 代燕. 乡村振兴背景下乡村普惠性民办园师资队伍水平提升策略研究——以川中丘陵地区为例 [J]. 红河学院学报, 2023, 21 (2).

[225] 郑名, 马娥. 西北农村幼儿园办园模式分析与现实选择 [J]. 中国教育学刊, 2006 (9).

[226] 郑益乐, 周晔, 史文秀. 西部连片特困地区普惠性民办幼儿园教师队伍建设的现实困境与突围路径 [J]. 教师教育研究, 2021, 33 (1).

[227] 郑益乐, 朱敬. 西部连片特困地区普惠性民办幼儿园长效发展机制研究 [J]. 教育评论, 2021 (6).

[228] 郑益乐, 朱敬, 史文秀, 等. 工作嵌入对贫困地区普惠性民办园教师离职倾向的影响：一个条件过程模型 [J]. 教师教育研究, 2022, 34 (3).

[229] 周采. 十九世纪美国学前教育发展概况 [J]. 教育研究与实验, 1985 (3).

[230] 周恩来. 政府工作报告 [J]. 文史哲, 1975 (1).

[231] 周桂勋. 论学前教育的纯粹公共产品属性 [J]. 教育导刊（下半月）, 2012 (8).

[232] 周洁, 白杉. 教育——是一座亟待开发的金矿 [J]. 党政干部学刊, 1999 (10).

[233] 周垚. 学前教育机会与义务教育结果不平等——来自CEPS的经验证据 [J]. 学前教育研究, 2020 (1).

[234] 朱莉雅. 普惠性民办园的发展逻辑：过渡模式还是长期目标 [J]. 中国教育学刊, 2021 (8).

[235] 朱宗顺. 教育公平应从重视学前教育公平开始 [J]. 教育研究与实验, 2008 (2).

[236] 祝贺. 地方政府应如何促进普惠性民办园的发展——来自美国学前教育PPP模式的经验 [J]. 教育发展研究, 2016, 36 (20).

[237] 庄小满，程立生. 发展普惠性民办幼儿园的意义、困境与对策［J］. 学前教育研究，2012（11）.

报　　纸

[238] 陈颖婷. 公办入园难，民办入园贵，怎么办？——人大代表建议加强对普惠性民办幼儿园的建设支持［N］. 上海法治报，2023-03-07（A05）.

[239] 大力学习弘扬焦裕禄精神 继续推动教育实践活动取得实效［N］. 人民日报，2014-03-19（1）.

[240] 戴岚岚. 以安全为底线 规范民办幼儿园——全市民办幼儿园安全专项整治工作阶段性总结会召开［N］. 闽南日报，2010-07-20（A01）.

[241] 霍小光，王绚，何雨欣，等. 聆听伟大复兴的时代足音——党的十八大以来习近平总书记国内考察全纪实［N］. 人民日报，2017-10-09（1）.

[242] 刘见. 海南省琼海市实行"以城带乡"发展学前教育新模式［N］. 中国教育报，2010-11-22（1）.

[243] 骆辉. 江西省聚焦解决"入园难入园贵"突出问题见成效［N］. 江西日报，2019-11-11（1）.

[244] 彭淑婧，骆辉. 免费义务教育政策覆盖城乡［N］. 南昌日报，2010-01-28（2）.

[245] 审议关于改进工作作风、密切联系群众的有关规定 分析研究二〇一三年经济工作——中共中央总书记习近平主持会议［N］. 人民日报，2012-12-05（1）.

[246] 十六、提高解决改革发展基本问题的本领——关于科学的思想方法和工作方法［N］. 人民日报，2016-05-12（9）.

[247] 魏玉坤. 总和生育率1.3，我国是否跌入"低生育率陷阱"？［N］. 新华每日电讯，2021-05-18（2）.

[248] 徐枫，毛伟军."入园难""入园贵"何时了［N］. 金华日报，2022-07-08（A06）.

[249] 张天清，李旭，彭平，等. 扩充普惠性资源 解决幼儿"入园难""入园贵"［N］. 江西日报，2019-02-01（6）.

[250] 张学军. 公开招投标 办好普惠园［N］. 中国教育报，2013-02-27（4）.

[251] 张洋. 习近平在中央党校（国家行政学院）中青年干部培训班开班式上发表重要讲话强调，年轻干部要提高解决实际问题能力 想干事能干事干成事 王沪宁出席［N］. 人民日报，2020-10-11（1）.

[252] 赵语涵. 去年年末全国人口比上年末减少85万人——为近61年来首次人口负增长［N］. 北京日报，2023-01-18（5）.

英文文献

[253] Anat Greenstein. *Radical inclusive education* [M]. London: Taylor and Francis, 2015.

[254] Collet Jordi, Naranjo Mila, Soldevila Pérez Jesús. *Global Inclusive Education: Lessons from Spain* [M]. Berlin: Springer International Publishing, 2022.

[255] Felicity Armstrong, Michele Moore. *Action Research for Inclusive Education* [M]. London: Taylor and Francis, 2004.

[256] Linda J. Graham. *Inclusive Education for the 21st Century: Theory, Policy and Practice* [M]. London: Taylor and Francis, 2020.

[257] O'Hanlon Christine. *Inclusive Education in Europe* [M]. London: Routledge, 2017.

[258] Stacey N. J. Blackman, Dennis A. Conrad, Launcelot I. Brown. *Achieving Inclusive Education in the Caribbean and Beyond* [M]. Cham, Switzerland: Springer, 2019.

[259] Tsediso Michael Makoelle, Michelle Somerton. *Inclusive Education in a Post-Soviet Context a Case of Kazakhstan* [M]. Cham, Switzerland: Springer, 2021.

[260] Wangqian Fu. *Inclusive Education in China: Ideas, Practices and Challenges* [M]. London: Taylor and Francis, 2022.

[261] Wang Yan. *Preparing Teachers for Inclusive Education in China* [M]. London: Taylor and Francis, 2023.

[262] Zeta Brown. *Inclusive Education: Perspectives on Pedagogy, Policy and Practice* [M]. Oxon: Routledge, 2016.

[263] Chairunnisa Rizkiah, Farida Kurniawati. *Relationship Between Personality Traits and Attitude Toward Inclusive Education in Indonesian Preschool Teachers*, paper represented at the Proceedings of the 2nd International Conference on Intervention and Applied Psychology (ICIAP 2018), 2019.

[264] Diana, Sunardi, Gunarhadi, Munawir Yusuf. Preschool Teachers' Attitude Toward Inclusive Education in Central Java, Indonesia, paper represented at the Proceedings of the 3rd International Conference on Learning Innovation and Quality Education (ICLIQE 2019), 2020.

[265] Dini Anggia, Harun Harun. Description of Implementation Inclusive Education for Children with Special Needs in Inclusive Kindergarten, paper represented at the Proceedings of the International Conference on Special and Inclusive Education (ICSIE 2018), 2019.

[266] Guobin Jun. Policy Analysis of Inclusive Private Kindergarten in Western China

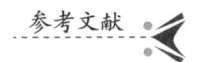

Taking the Three Provinces, Municipalities and Autonomous Regions in the Western Region as an Example, paper represented at the 2020 Conference on Education, Language and Inter-cultural Communication (ELIC 2020), 2020.

[267] Hanifah Sabila, Farida Kurniawati. Parental Attitudes of Preschool Children toward Students with Special Needs in Inclusive and Non-Inclusive Kindergartens: A Comparative Study, paper represented at the Proceedings of the 2nd International Conference on Intervention and Applied Psychology (ICIAP 2018), 2019.

[268] Jian-guang QIU. Problems and Countermeasures in the Inclusive Transformation of Private Kindergartens, paper represented at the 2018 International Conference on Computer, Communication and Network Technology (CCNT 2018), 2018.

[269] Jie Yang. Research on Strategies for Effective Implementation of Inclusive Preschool Education from the Perspective of Ecological systems theory, paper represented at the 2023 International Conference on Economics, Education and Social Research, 2023.

[270] Lilis Madyawati, Hamron Zubadi, Khusnul Laely, Dwi Prihati. Inclusive Early Childhood Education Management in Disaster Areas of Wonosobo Regency, Central Java, paper represented at the Proceedings of the International Conference on Educational Psychology and Pedagogy——"Diversity in Education" (ICEPP 2019), 2020.

[271] Marlina Marlina. Increasing Social Behavior through Self-Management Strategy with Children with Autism in the Inclusive Kindergarten, paper represented at the Proceedings of the International Conference of Early Childhood Education (ICECE 2017), 2017.

[272] Mayasari Arti, Yuliati Nanik, Saputri Senny Weyara Dienda. Communication Skills of 4 to 5 Years Old Autistic Children at Inclusive Kindergarten, paper represented at the 2nd Early Childhood and Primary Childhood Education (ECPE 2020), 2020.

[273] Melina Lestari, Sunaryo Kartadinata, Sunardi. Opportunities Structure in Partnership Between Teachers and Parents in Creating Inclusive Culture at Play Group and Kindergarten, paper represented at the Proceedings of the International Conference on Educational Psychology and Pedagogy——"Diversity in Education" (ICEPP 2019), 2020.

[274] Meng Zhang, Yang Liu, Jing Cheng. International Experience and Reference of PPP Model in Inclusive Preschool Education, paper represented at the Proceedings of 2nd International Workshop on Education Reform and Social Sci-

ences (ERSS 2019), 2019.

[275] Paul A. Samuelson. The Pure Theory of Public Expenditure [J]. *The Review of Economics and Statistics*, 1954, 36 (4).

[276] Siti Hitthotunnahdliyyah Al Badawi, Suparno Suparno. Social Interaction Skills of Children with Special Needs in Inclusive Kindergarten, paper represented at the Proceedings of the International Conference on Special and Inclusive Education (ICSIE 2018), 2019.

[277] Suhendri, Kawai Norimune, Ediyanto, et al. Implementation of Inclusive Kindergartens in Indonesia: Benefits and Challenges, Paper Represented at the 1st International Conference on Early Childhood Care Education and Parenting (ICECCEP 2019), 2020.

[278] Xiu Li. Research on Parents' Acceptance of Preschool Inclusive Education Taking Sichuan Province as an Example, paper represented at the Proceedings of International Conference on Education Studies: Experience and Innovation (ICESEI 2020), 2020.

[279] Yan Jingyi. The Application of Inclusive Education in China, paper represented at the 2022 International Conference on Social Sciences and Humanities and Arts (SSHA 2022), 2022.

[280] Yang Du, Mingzheng Hu. Study on Cost Sharing of Inclusive Kindergartens in Suburban Area——Take RE District of R City in China as an Example, paper represented at the 2nd International Conference on Economic Management and Corporate Governance (EMCG 2022), 2022.

后 记

本书是笔者主持的、2018 年初获批立项的江西省教育科学规划重点项目的成果。

巧妇难为无米之炊。从事社会学研究不能没有第一手资料。首先要感谢调研地为本课题提供了宝贵资料的政府学前教育管理部门的领导及其他工作人员，感谢接受调研的幼儿园的园长与教师及幼儿家长。假如没有他们无私地为本课题研究提供第一手资料，本书的新颖性就会大打折扣。

感谢课题组的其他所有参与人员：江西师范大学马克思主义学院张水华博士、江西师范大学教育学院徐永文副教授和曾水兵副教授、江西师范大学马克思主义学院潘华博士、江西科技学院陈颖副教授、南昌师范学院向绪伟教授、江西省浮梁县蛟潭中学查永辉老师。他们的工作非常繁忙，但他们无私地完成了所分担的课题任务，包括课题设计研讨、问卷发放、咨询访谈、资料整理、英文文献翻译与校对等。

感谢祝黄河教授、郭凌教授、刘仁营教授、王章华教授、汤舒俊教授、蒋贤斌教授、赖华林副教授、邵晓秋副教授、吴郁琴副教授、吴红英副教授、胡传顺副教授、曹开华副教授、金燕副教授、徐秋花副教授、邓美英副教授、毛韵副教授、潘华博士、傅以君老师、杨树明博士、孟斌博士等学院同事，给我们的课题研究工作直接或间接给予了许多帮助和支持。

感谢江西师范大学马克思主义学院院办公室刘艳主任、罗进副主任和朱同秀、李婧、赵青、钟灵毓、李珊珊等学院工作人员，他们为我们的研究提供了大量周到细致的服务。

感谢中国出版集团陈昌文博士、刘建宇编辑，感谢中国出版集团研究出版社孔玉、于孟溪编辑，他们为编审、校对等工作付出大量艰辛的劳动，如果没有他们的努力与付出，本书很难在较短的时间内与读者见面。

特别感谢江西师范大学马克思主义学院院长吴怀友教授、执行院长尤琳教授、党委书记肖华平、副院长彭坚、严文波副院长、院务委员王钰鑫教授和王江伟教授、副书记方旺春等学院领导，为我们的科研工作提供了良好的外部环境；感谢政法学院社会学系主任李建斌教授、副主任周琴教授、王小军教授、冯小林副教授、李立文副教授、王东明副教授、黄天娥博士、林欢欢博士、刘小锋副教授等同人，他们的热情鼓励与大力支持，为我们的研究工作注入了很大动力。

最后，由于笔者的研究水平尚待进一步提高，研究过程又受三年疫情影响，给课题工作开展带来许多不便和局限，因此本书的许多方面仍需要进一步完善，敬请广大读者批评指正。

江西师范大学马克思主义学院　查明辉

E-mail：zhaminghui@126.com

2023 年 10 月 2 日